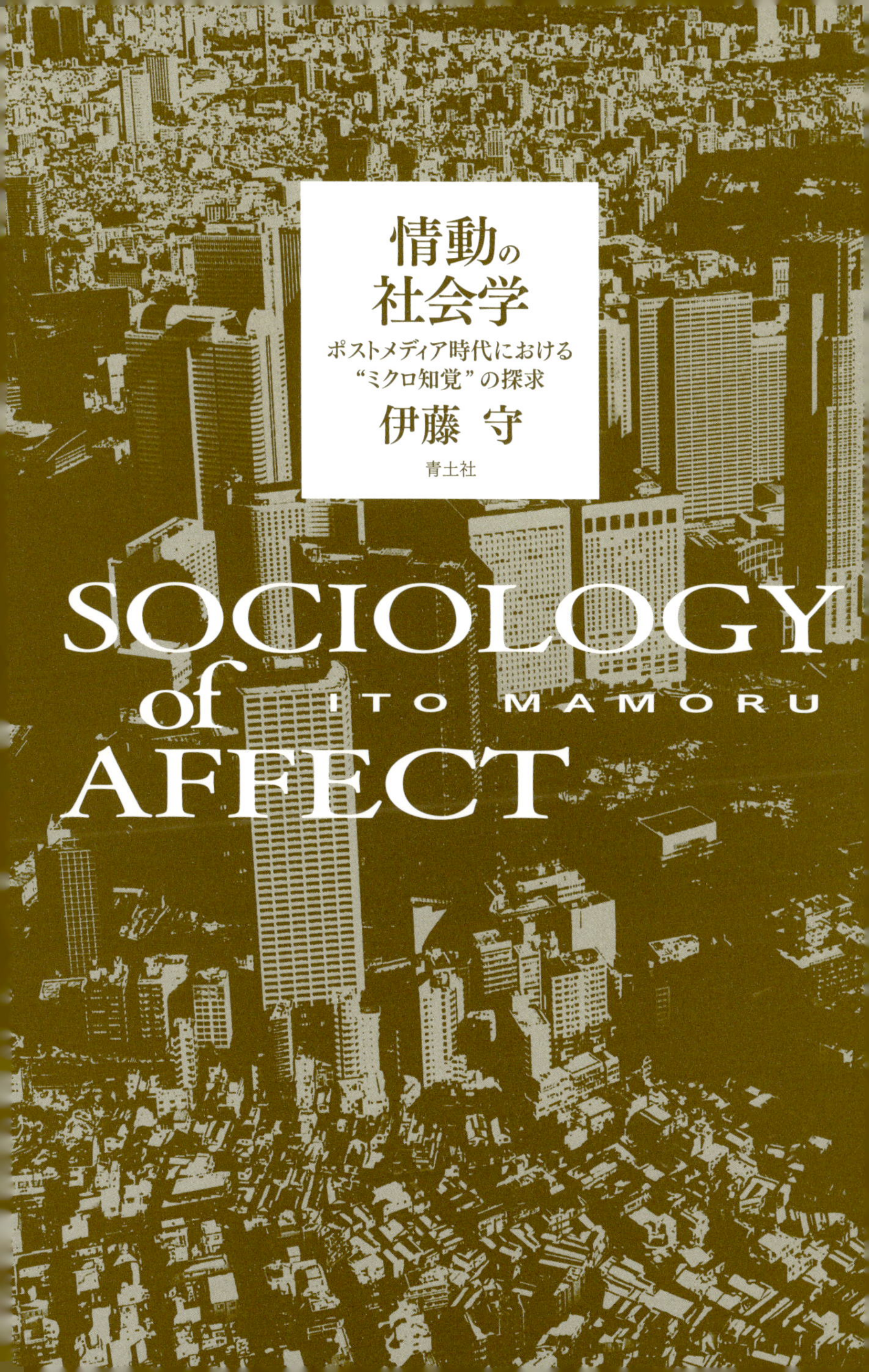

情動の社会学

ポストメディア時代における“ミクロ知覚”の探求

伊藤 守

青土社

SOCIOLOGY of AFFECT

ITO MAMORU

情動の社会学　目次

情動の社会学　ポストメディア時代における〝ミクロ知覚〟の探求

序章　情動化する社会を読み解くために

本書の課題は、情動の成立、情動の生成のプロセスを丹念に検証すること、そして今日のデジタルメディア環境と情動の生成という一つの問題系を考察することにある。そのために、ジル・ドゥルーズがライプニッツやアンリ・ベルグソンとともに大きな知的影響を受けたアルフレッド・ノース・ホワイトヘッドの「抱握（prehension）」という概念と彼の情動論を考察する。さらにパースの記号論を「論理的解釈項」の水準にのみ照準する議論から離れて、記号の第一次性、第二次性、第三次性という記号形式の総体、つまり「論理的解釈項」とともに「情動的解釈項」「力動的解釈項」からなる記号の動的作用の総体から、対象世界と身体の根源的な関わりのうちに生成する情動の問題を考究する。これが本書の一貫した問題関心である。

いま述べた、情動の生成、現在のメディア・テクノロジーによって構成された社会技術環境と情動との問題系という問題設定の重要性を明らかにするために、まずはじめに二つの論考を検討することから始めよう。フェリックス・ガタリが一九八九年に発表した「三つのエコロジー」と「ポストメディア社会にむけて」という二つの論考である。三〇年近く前の作品であるが、そこで述べられた内容はいまだに色あせることなくアクチュアリティをもち続け、むしろいまこそ再読されるべき論文であると考えられるからである。

またガタリがそこで述べた内容は、用語や概念が異なるとはいえ、本書のテーマである情動の問題と通底していると考えるからである。

こうした立論に「違和感がある」との主張もあろう。英語圏とフランス語圏という言語の違いにとどまらず、ホワイトヘッドやチャールズ・サンダース・パースの議論――そして彼らの議論を対象にした本書の記述――と、ガタリの思想や構想との間には大きな隔たりが存在すると想定するならば、この指摘や批判はある意味で妥当なものといえるかもしれない。しかし、批判は承知の上で――ドゥルーズがホワイトヘッドから多大な影響を受けていたこと、さらにガタリが丹念にパースの記号論を読みこんでいたことからして、両者の距離は一般に考えられているほどには離れていないと筆者は考えている――、本書のテーマである情動とメディア環境との問題系を、まず何よりもガタリの問題関心と主張を引き継ぐかたちで設定することにしたいのである。

さらにいえば、ガタリの二つの論考から議論を展開することで、情動とメディア環境との問題が、一時的な一過性の問題などではなく、ある歴史的文脈を背負っていること、そのことが明瞭に示唆されるのではないだろうか。その意味でも、ガタリの二つの論考をまず考察しておきたいのだ。

以下、三つの節に分けて論ずることにする。第一は、ガタリがこの二つの論考で何を主張したのか、その概要をあらためて整理しつつ、この論考のなかで筆者の視点からみて重要と考えられる三つの論点を析出する。第二は、その三つの論点を現時点でいかに評価するか、批判的に検討を加える。第三は、その検討をふまえて、ガタリが「精神的エコロジー」と概念化した問題群が本書の主要なテーマである「情動」の問題とまっすぐにつながっていることを指摘し、本書の狙いを明確にすることにしよう。

1 ガタリの三つのエコロジー論

ガタリの「三つのエコロジー」はそのタイトルが示すように、現代社会の危機とその解決の方途を「環境エコロジー」と「社会的エコロジー」そして「精神的エコロジー」という三つのエコロジー＝生態学という巨視的な視点から考究する内容となっている。その思索と構想の領域に対して彼が付与した概念が、よく知られるように、「エコゾフィー」という概念である。(1)

「環境エコロジー」とは、近代資本主義の大量生産、大量消費、大量廃棄による環境破壊という現実を直視し、自然収奪的ではない関係を構築する方向を展望する。気象、土壌、植物、微生物、動物といった多様な要素から組織される自然の生態系のバランスをいかに回復していくのかが焦眉の課題として提起される。

「社会的エコロジー」とは、現在の、対立と抑圧、差別と分断、によって特徴づけられる集団的生存様式を組み直して、あらたに再構築することを志向する。宗教、人種、階級、ジェンダー、これらが複雑に絡まり合った社会的関係のいたるところに生起する権力的関係を根本的に見直すこと、具体的にいえば、男女間の差別と抑圧、階級的対立、人種や宗教的な対立と紛争、それらを直視し、段階的にであれ、漸次的にであれ、再編することである。

そして第三のエコロジーである「精神的エコロジー」とは、人間の活動を支える価値化の支配的様式を反省し、感性と知性そして欲望の新たな生態を組織することを目指す。ガタリによれば、これら三つの「エコロジー的危機に対する真の答えは、このような事態を地球的規模でとらえ、しかも物質的・非物質的な有形無形の財の生産の目標を新しく設定しなおす正真正銘の政治的・社会的・文化的な革命が行われないかぎり、見出しえない」（Guattari, 1989=2008, 11）という。したがって、この課題は目に見える諸力の力関係だけに関わるのではなく、同時に、「感性、知性、欲望の分子的領域にも当然かかわりをもつもの」でなければならない。

この三つのエコロジーの領域における危機を打開するための要点をガタリはどこに見定めていたのか。その一つは、一つ一つのエコロジーを分離して、その個別的な前進をはかることではけっして問題の解決には至らないことを認識することである。三つの領域のエコロジーの闘争を同時並行的に進める必要がある。「環境エコロジー」を前進させるためには、集団的生存様式の組み替え、そして「精神的エコロジー」の組み替え、が不可欠である。一方で「社会的エコロジー」を進めるためには、自然収奪的な関係の改編と欲望と感性と知性の新たな生態の構築、これらが同時に行われねばならない。これがガタリの主張である。

ところで、いまあらためてガタリの主張を再読するとき、気付かされるのは、これら三つのエコロジーの前進的解決をはかるうえで、当時進展しつつあった三つの特徴ないし徴候に彼が注目していたという事実である。

その一つが「特異性（Singularité）」の増大である。ここで指摘された特異性とは何か。ガタリは次のように述べる。「主観性や財や環境がローラーで圧延されたような最悪の局面は、いまや衰退期に入ろうとしているのではないかとみなすこともできる。あちらこちらで特異性の要求が芽をふきはじめている。この点でもっとも目立った徴候は、つい最近まで周辺におしやられていた少数派民族の要求が増大し、政治的舞台の前面を占めるようになってきているといった現象に見ることができる」（Guattari, 1989=2008, 15）と。この箇所では国民国家という枠組みのなかで抑圧された少数派民族の問題が指摘されている。だがもちろん問題はそれだけにとどまらない。たとえば、グローバリゼーションのもとで生まれている大量の移民も、少数派民族の問題の現代的な現れであり、特異性の前景化の徴候でもある。ガタリが「先進諸国の内部における一種の第三世界化」と表現した事態である（Guattari, 1989=2008, 16）。

つまり、一つの民族からなる一つの国家といった国民国家の神話、単純な抑圧‐被抑圧の二項図式から捉えられた階級対立という図式、これらのイデオロギーが一義的に機能することがもはやできず、ガタリの言葉を引用すれば、「新たなエコゾフィー的参照基準が多様きわまりない領域における人間の実践の再構成の諸線を指し示すことを構想しうる時代」に入ったこと、これをガタリは「特異性」の増大と概念化するのだ。

こうした認識を、理論的にパラフレーズするならば、いま存在する個体を所与のものとするのではなく、「すでに構成された個体」をその生成の現場に遡って考察を加え、前‐個体的で潜在的な相から、個体を考えること、あるいは個体を生成するものが現に存在する個体をも変化させることを考えること、というドゥルーズとガタリの一貫した思索に裏打ちされていることを看過すべきではないだろう。その意味で、特異性とは、固定した普遍の実体などではなく、あくまで生成変化する動態＝出来事を指している（Deleuze&Guattari, 1988=1998, 113）。

この特異性の増大あるいは顕在化という新たな動向が、スポーツや芸術や教育さらに夫婦や家族の関係など、異質な領域を貫通しつつ、人間の個人的‐集団的な生存の新たな様式を展望するうえで看過することのできない、「一種の倫理的‐政治的な領域」として浮上している。このことをガタリは強調するのである。

第二の特徴は、ガタリが多くの著作のなかで繰り返し言及してきた重要な論点であるとはいえ、この二つの論考が受容される文脈ではさほど重視されてこなかったのではないだろうか。それは「言表行為（Enonciation）の動的編成（Agencement）」の強調である。「言表行為」と「動的編成」というこの二つの概念は、これまでも繰り返し検討に付されてきたガタリの理論を理解する上でもっとも重要な概念群の一つであり、慎重な検討が求められるのだが、ここでは簡潔にそのポイントを指摘しておく。言表行為とは、意味作用の機能を相対的に放棄する、もしくは意味を明確に確定できない次元で発動する欲望の表出作用を指している。[2] 重要なのは、それが、ことば、言語といった媒体を介した発話という次元のみならず、その意味作用を特定できない身体運動、身体動作にみられる言表行為も内包するものとして考える必要があるということだ。唸りや叫び、奇声、そして奇妙な身体動作など、標準化された主観性を脱臼させる運動である。ガタリはそれを「異分子的ベクトル」とも述べている。

これらの言表行為、言い換えれば、欲望の表出作用は、その表出なり産出を可能にする社会的機構を前提とする。ドゥルーズとガタリが「機械」と呼ぶものである。[3] たとえば、広告ポスターやテレビCMは社会的機構＝機械の一部であり、それらの広告を見ることで商品を手にすれば、商品を手にした「わたし」も「あなた」もこの社会的な機構の一部として組み込まれたことになる。しかし、場合によっては、ある一つの観念が頭をよぎり、手にすることを躊躇するかもしれない。つまり、広告のメッセージ、テレビ、ポスター、観念、そして物体・エネルギーの流れといった異質な要素が可動的に配列される動的プロセス――これが「動的編成（Agencement）」である――のなかで、つねに言表行為が反復しながら差異化し、差異化しながら反復するということだ。

ガタリが指摘するのは、こうしたマスメディアや広告といった媒体を通じて組織された既存の意味の秩序を再生産することから離れ、個々の対象と自己との意味的連関が中断し、相対化され、半ば解体して、対象世界と主観性の関わりあいが高い「強度」で再創造される契機を「言表行為の動的編成」に見ること、そのプロセスを視野に入れることの重要性である。ガタリは、集団的生存様式の再構築にむけて、この「言表行為の動的編成」という過程が「人間の主観性の本質にかかわる実在的変化」（Guattari, 1989=2008, 19）の中心に位置するとみなしている。(4)

「一般に芸術家のとる方法に近い」とガタリが述べる「言表行為」は、本書のテーマである「情動」という、対象世界との根源的な関係の過程と、その過程で生成する「現働化」と「実在化」のプロセスを考察する上できわめて示唆的な、決定的に重要な概念として把握しておく必要がある。ここではそのことを示唆するにとどめるが、ただこの「言表行為」が「エコロジー的実践」の核心部分をなしていることだけはあらためて強調しておいてよいだろう。

さて第三の特徴は、ガタリの主張のなかでもっともよく知られている「ポストメディア社会」と彼が呼んだ、メディア・テクノロジーの前進に関する肯定的な評価である。それは端的にいえば、メディア技術の革新のもとでテレビ的なメディア環境による想像的機能を転覆する契機が生まれていることへの期待であった。当時のガタリの眼に映ったのは「メディアの技術革新、わけても極小化、コストの削減などによって、非資本主義的な目的への使用の可能性」（Guattari, 1989=2008, 61）を広げる動向である。(5)現時点でいえば、スマートフォンに代表されるように極小化し、モバイルメディアとして誰もが活用できる小型化したコンピュータ搭載型デジタルメディアへとつながるようなメディアの技術革新によって、「メディアを再特異化の道にひきこんでいくことのできる多数の主体集団がメディアをあらためてわがものとする」（Guattari, 1989=2008, 60）ことへの展望をガタリは語っていたのである。

2　ガタリの議論から三〇年が経過した「いま」

「三つのエコロジー」と題された論考の中心にあると思われる三つの特徴的な指摘を前述した。「新たな連帯、新しい優しさ、ミクロな政治的・社会的実践が、新しい美的実践と結びつくこと」(Guattari, 1989=2008, 44) を希求したガタリの主張の核心にある三つのポイントである。

そこで、いまわれわれが行うべきは、ガタリの主張を参照軸としたとき、この論考から約三〇年が経過した現時点において、実際に現代社会がいかに変貌してきたか、批判的にとらえ直すことだろう。何が進行したのか、ガタリが照準した三つの特質はいかなる変容をとげたのかが測定されねばならない。

あらかじめ結論を先取りしていえば、三つのエコロジーの危機を打開する契機としてガタリが想定した三つの特徴的な変化の芽が、実際には、グローバル化した資本の増殖過程に取り込まれ、内部化され、新たな統合と制御のメカニズムとして組織されてしまったのではないか、ということだ。

たとえば、特異性に関してはどうだろう。この二〇年近い間、グローバル資本主義の進展と新自由主義的政策のもとで「多様性」が称賛されるなか、実際に生起したのは、移民労働者の劣悪な経済労働環境の拡大と極度の経済的格差の放置であり、福祉国家の弱体化のもとでの伝統的家族像の復権を求める保守的主張の拡大であり、人種差別に侵されたポピュリズム的なナショナリズムの台頭であり、外国人嫌悪の強化、そして宗教的原理主義の台頭である。

ミクロな水準でみれば、ガタリが「新たな人間の実践の再構成の諸線を指し示すことを構想しうる」と述べた特異性の増大が、市場の開発と拡大に貢献できる「個性」と「独創性」といった、固定した一般的なことがらへと読み替えられ、転用され、称賛される一方で、こうした能力を発揮できずに惨めな境遇にいるとすればそれはあなた自身に問題があるのだと述べる途方もない言説が組織された。

マクロな水準でいえば、前述したように、「搾取の重層化の発生源たる新興工業国」の世界資本主義への組み入れによる「貧窮地帯」の成立と、それに随伴した本質主義的な宗教的原理主義の台頭である。特異性の動的編成による新たな連帯というガタリの構想とは真っ向から対立する、宗教的、民族的対立が昂進している。これらはいずれも、特異性が歪んだかたちで資本に流用され、対立と抗争を掻き立てるかたちで転用されていることを示している。

ガタリは、こうした事態が生起することを予期していなかったわけではない。

　若者、老人、被差別労働者、移民労働者などの周辺化の亢進などによって「絶望をかてとする社会的緊張と刺激」が増大し、一方で「少数派民族の自閉への逆行と反動化」(Guattari, 1989=2008, 16) が生まれる危険性を彼は十分に予測していたからである。

われわれの前に広がる世界は、ガタリが危惧した事態がいわば現実のものとなったかのようである。では、「ポストメディア社会」というガタリの指摘はどうだろうか。メディア・テクノロジーの革新は、ガタリが想像した以上の速度で進展したといえる。しかしそれは、たしかにテレビが特権的な位置を占めていたメディア環境を変革したとはいえ、ガタリが期待した「ポストメディア社会」の到来を実現させたとは到底いえない状況を創り出しているのではないだろうか。

ガタリが展望したのは、あくまで「非資本主義的な目的への使用の可能性」に開かれた、そして「メディアを再特異化の道にひきこんでいくことのできる多数の主体集団がメディアをあらためてわがものとする」ようなコミュニケーション回路を造形し、増殖させることにあった。だが、いまわれわれが目にするのは、Googleであり、Amazonであり、そしてTwitterやFacebookなどソーシャルメディアといわれるプラットホームである。それらはいずれもすでに世界有数の多国籍メディア企業として立ち現われている。もしガタリがこの光景を眼にしたならば、いかなる言葉を発するだろうか。

では、ガタリがとりわけ注視した「言表行為の動的編成」という特徴ないし徴候はどのような変化を経験してきたのだろうか。この三〇年近い期間の間に、「エコロジー的実践」の核心に位置し、知性と感情と欲望のエコロジー＝生態を生成変化させるとガタリがみなした「言表行為の動的編成」はどのように推移してきたのか。

誤解を恐れずにいえば、「意味否定的な表現的切断は、非身体的な対象、抽象機械、価値世界といったものを作り上げる創造的な反復を呼び寄せる」（Guattari, 1989=2008, 16）というガタリの期待を裏切り、一貫性を喪失して、新たな対立と憎しみの連鎖を創り出すことで『疑似的な共同性』を創出する反時代的な、反動的な動向を生み出しているといえるのではないだろうか。対象世界、技術、メディア、物質的・エネルギー的な流れといった様々な項が集合的に配備された「機械的動的編成」のなかで、言葉へと昇華するだけでなく、身体動作という回路を通じても生起する言表行為は、絶望と怒りをかてとして、嫌悪と排除の欲望を増殖させ表出させているかのようである。(6)

3 あらためてガタリの構想に立ち返る

あまりに悲観的な現状認識であるとの指摘が寄せられるかもしれない。あるいは、このあまりに

「困難な」状況を前にして、ガタリの構想や見通しは誤っていた、彼の構想を捨て去るべきだ、との声が届くかもしれない。

本書の立場は、もちろん、「否」である。

彼の構想が現時点で実現されていないとはいえ、彼の構想を捨て去るべきではない。それは、ホワイトヘッドが強調したように、われわれが経験する与件には「実現された事態」および「事態の潜勢態」という二つの種類があり、「こうした潜勢態は、与件もしくは結末に現れる実現との特殊な関連を離れて、純粋な抽象的潜勢態へと分析される一方、そのような実現とのある親密な関連があるがために受け入れられるような潜勢態へと分析される」という立場に、本書が立脚しているからである。

そしてこのホワイトヘッドの観点が、すでに実現された個体あるいは特定の事態を「現実」として見るのではなく、その個体や事態を生成するなかに潜在している力、そしてそれら潜在性がいま現に存在する個体や事態を変化させる動的過程を重視し、「微分化＝差異化」という関係性のなかで生起する諸要素間の動的編成に「特異性」を捉えたドゥルーズやガタリの議論とも接続しているからである(7)。

「ガタリの構想と分析の視座を継承する」と述べた。だが、ガタリの構想と比べれば、本書の考察はきわめて限定されたものである。前述のガタリの議論に立ち返るなら、本書の焦点化は、「ポストメディア社会」におけるデジタルメディア環境と「精神的エコロジー」の関係性を問題化するという一点に限定されているからである。現在のデジタルメディアの特性がいかなるものであり、それがどのような社会的機構を構築しているのか、そしてその機械機構のなかで知性と感性と欲望、そして情動がいかに産出されているのか。本書が試みているのは、このことを解明すること、あるいは解明するために諸概念を手繰り寄せ、実際の分析に手探りながらも活かしていくこと、そのことにかぎられている。

4　本書の構成

本書の構成を簡単に述べておこう。

本書は、大きく二つのパートに分かれている。第一のパートは、情動の生成に関する理論的な検討である。

第1章では、本書全体の見取り図ともなるデジタルメディアが創り出す言説空間の外形的変化とともに生じる、コミュニケーション・モードの変容が情動の産出と関連付けながら論じられている。具体的には、第一に現在の社会的な機械機構の枢軸ともなったデジタルメディアが、社会の制御メカニズムとして機能していること、第二にそのことによって消費社会段階の記号操作による欲望の産出メカニズムから、情報のサーキュレーションを媒介とした情動の操作のメカニズムへの移行が始まっていること、第三にこの移行が政治的文脈において「情動の政治」とでもいうべき特異な状況を生み出していること、こうした諸点が論及される。

第2章では、情動の政治という事態をより深く理解するために、情動とは何か、情動は具体的にいかなるプロセスから生成するのか、という理論的なパースペクティブから、主にホワイトヘッドの論考を参照し、検討を加える。もとよりホワイトヘッドの思想全体を解明することが目指されているわけではなく、彼の後期の著作である『過程と実在』ならびに『思考の諸形態』に依拠して、特異な概念である「抱握（prehension）」に照準しながら考察した。この考察が明らかにしたのは、情動が、原初的な対象との関わりのなかで生ずるだけでなく、記号を介した高次の経験においても一貫して生成すること、そして、感情と関連づけて捉えられることが多いとはいえ、ホワイトヘッドが明確に指摘したように、情動が実際には「知覚、知覚の高揚、知覚そのもの」であることである。

本書では、この情動＝知覚を、ブライアン・マッスミの指摘に即して、「ミクロ知覚＝微小知覚（micro-perception）」と概念化している。

第3章では、前章のホワイトヘッドの議論に内在するかたちで進めた情動の生成のプロセスに関する議論を整理しながら、命題の「抱握」という高次の経験における情動の生成、さらに「抱握」の過程が「私的なことがら」であると同時に「公共的な性格」をもつことをホワイトヘッドの指摘に即しながら明らかにする。すなわち、情動が生成する社会的文脈へと考察を押し広げていくことの重要性が指摘される。

第4章は、その検討を通じて、情動＝知覚という人間存在のもっとも基底にある能力を再評価するとともに、それがいわば、前述した「言表行為の動的編成」とでもいうべき、秩序を宙づりにする力能を発揮する一方で、ある特定の機械機構の作動の下では「真実」であることを理解しながらそれを拒否し、「虚偽」であることを薄々感じながらもそれをあえて受容し、貧困や暴力に引き裂かれ苦悩しながらも逆にそれを引き起こす政治体制を容認し、それに追従し、あたかもそれに自発的に加担するような行為を招く力能でもあることを論じた。情動が社会的空間のなかでいかに生成し、それがいかなる効果をもつのか、その「両価性」を論じている。

あらためて指摘するならば、情動とは、人間存在のもっとも基底にある能力にほかならない。それは、マッスミが概念化したように、「存在権力（ontopower）」なのである。しかし、それは、ある特定の歴史的文脈で機能する機械機構の網の目のなかでは、支配的な記号論的冗長性のもとに掬い上げられ、「情動のハイジャック」とでもいうべき事態を帰結する。第1章で論述した「情動の政治」とは、まさにこうした「情動のハイジャック」として把握し直されねばならないだろう。

第5章では、以上の検討をふまえ、現在の日本社会における情動現象、すなわちマスメディアやモバイルメディアといった境界を超えて構築されたデジタルメディア環境という社会的な機械機構を触媒としながら、情動を触発し、情動が触発される、その生成を基底として様々な政治的言説が生み出されている事態が分析されている。沖縄、フクシマ、東アジアの地政学的問題、そしてオリンピックという政治的論争点はすでに多くの論者によって検討されている。しかし、ここで検討されているのは、これらの問題を政策的に妥当かどうかといった政策論議や論争の領域に限定することで逆に不可視化されてしまう、情動の触発という潜在的な領域の問題である。

繰り返し指摘することになるが、問題は、貧困や暴力に引き裂かれ苦悩しながらも逆にそれを引き起こす政治体制を容認し、それに追従する行為を招く情動の生成の次元にある。たしかに情動と政治の問題は古くからの問題ではある。だが、いま問われるべきは、デジタルメディア環境という現在の機械機構に特有の「情動の権力」が無視できないほどに全面化していることだ。そのことを真剣に、より深く受け止め、考え抜く必要がある。本章がその手がかりになればと思う。

第二のパートは、情動の生成に照準しつつ、考察の焦点をデジタルメディアの機能や役割に合わせて、メディアとコミュニケーション・モード＝様態を批判的に論じている。

第6章は、二〇一三年という時点での論考であり、不十分な点が多々あるとはいえ、Twitterや

Facebookを媒介することで社会的コミュニケーションがいかに変容しているか、その解明を試みたものである。

いま生じている社会的コミュニケーションのモードの変容は、パーソナルなコミュニケーションの変化という次元にとどまらない。一国の大統領がTwitterで発言した内容が世界中に拡散することで政治的動向が左右されることに象徴されるように、多くの人々の感情や情動を触発し、巻き込みながら、政治的現象、経済的現象が生み出されていることを考え合わせれば、デジタルメディアを媒介することで生まれるコミュニケーション・モードの変化が情動の生成といかに関連するのかという本書の掲げた課題はますますその重要性を増していることが理解できるのではないだろうか。

これに続く第7章は、第6章で論述したことがらを、インタヴュー形式で、より率直に述べた。前章で十分触れることのできなかったソーシャルメディアが切り開く可能性とともに、今後のメディア研究の課題を提起している。

第8章は、本書のテーマ、情動とメディアとの関わりを、より広い歴史的文脈に再定位して、現在の位置を測量することを目指した。比較対照されるのは、ガブリエル・タルドが活躍した一九世紀後半の、いまだ発生状態にあった近代社会である。ここでは、この一九世紀後半を、関係を構成する項がいまだ実定的な位置価を確定することなく（たとえば、「公」と「私」）、すでに言及した「微分化＝差異化」という場において強度や比として規定されるような要素間の動的関係が存在した時期として立論したうえで、現在の状況が当時のそれと相同的な関係にあるのではないかとの仮説から論述している。

すでに言及したように、「特異性」に関する現在の状況がむしろ「特異性」を減じるかたちで推移しているとすれば、なおさら一九世紀を「微分化＝差異化」という強度や比として規定されるような要素間の関係が存在した時期と同定できたにせよ、現在をそれに比する時期とみなすことは無理があるといわれよう。ただ、そこに、移動性、文字通り、過剰なほどの個体の運動性という契機を導入し、空間的そして時間的な移動と運動の拡張性を考慮してみるなら、別の様相が垣間見えてくるのではないか。そうした、想定から考察を加えた論考である。終章で述べているように、これらのテーマは今後の課題である。

以上、さまざまな視角から考察を加えているのだが、狙いはすでに述べたように一つしかない。情動という不可解な現象、メディアというこれまた不可解な媒介物、これらに関心をもつ読者に、はじめから、あるいは第7章から第6章へというかたちで、随意に読み進めてほしい。

第1部

第1章　デジタルメディア時代における言論空間
――理論的探求の対象としての制御、情動、時間

1　デジタルメディア環境の劇的変化

二〇世紀から二一世紀にかけてのほんのわずかな期間に劇的な変貌を遂げたデジタル・テクノロジーと社会との関係や言論空間の変容を考えるうえで、鬼才テリー・ギリアムの二つの作品「未来世紀ブラジル」と「ゼロの未来」から私たちはいくつもの示唆を得ることができる。前者の「未来世紀ブラジル」は一九八五年、後者の「ゼロの未来」は二〇一三年の作品である。この約三〇年の間に、何が、どう変容したのか。二つの作品を比較することで、デジタルテクノロジー、社会の統治システム、市場と資本、そして人間の欲望や意識あるいは感情といった諸要素間の関係の変化が垣間見えるように思える。

「未来世紀ブラジル」の冒頭、レストランがテロ攻撃を受けるシーンが描写される。初期の大型コンピュータを活用しながら、住民のデータを収集し、文書化することで、徹底した管理を目指す社会でさえ、犯罪とテロはけっして排除することなどできない。情報省による住民管理がどれほど厳格に行われようと、抵抗や反抗が生起する。そう主張したいかのように、爆破のシーンから映画はスタートする。つまり管理、監視テクノロジーの綻びがこの映画の主題ともいえる。データ入力の際の単純

なミスから、テロリストと間違われた市民が逮捕され、監房で殺害される。その不正を主人公が追及するという、この映画のストーリー自体が、データ管理のミスによる監視の綻びや不完全さを暗示している。しかし、情報省の職員でありながら、国家犯罪を追及することになる主人公が最後に拘束され、テクノロジーによって精神的な去勢を被る最後のシーンは、綻び、不完全性が徹底した抑圧性や残虐さを生み出すことも描き出している。(1)

「ゼロの未来」は、それとは対照的な描かれ方である。精神的な去勢を被ったと前述した「未来世紀ブラジル」の主人公の三〇年後の姿ともいえる、この映画の主人公コーエンは、優秀なコンピュータ・エンジニアとして登場する。だが、彼は一部の感覚が麻痺し、感情を失い、社交性が欠如した人物でもある。彼は廃墟と化した教会(保護=ケアを施す場とされる教会の中に監視カメラが設置されること自体、ライアン(2007)が指摘する「監視」と「ケア」とのメビウスの輪のような捻じれた関係を象徴的に示す)を生活と仕事の場とし、ほとんど外出しない日常を送っている。出社を求められ、久しぶりに外出して見る街は、カラフルな色彩に溢れ、街中のいたるところに設置された電子スクリーンやデジタル広告には「あなたが望むものは私たちがどんなことであれ提供します」という文字が流れ、電子的な音声が猥雑な街並みを活気づけている。そして、デジタル広告の文字と声の主体は、健康や環境や保険や性に関わるあらゆる人間の欲望をリサーチし、それに応えることで巨大な組織に成長した、コーエンが勤務するＩＴ企業である。三〇年前の映画でテロが繰り返された管理社会の映像とは一転して、規則と規範に違反しなければどんな欲望をも叶えてくれる幸福な社会がそこにある、とでもいいたげな戯画的シーンからこの映画は始まるのだ。

二つの映画の一方をフーコーの規律社会に、他方をドゥルーズの制御社会に重ね合わせて見ることは可能だが、それは正確さに欠ける。「ゼロの未来」でも、公園のいたるところに禁止のボードが掲げられ、この社会でも監視と規律が徹底していることが暗示されているからだ。規律社会から制御社会への単純な移行が問題なのではない。むしろ、規律社会を引きずりながらも、われわれの社会がすでに規律社会から離脱しはじめ、制御社会に足を踏み入れていることを最初に述べた先駆者としてドゥルーズがフーコーを位置づけたように、制御社会の〈出発点〉と〈いま〉という、三〇年の間に生じた社会の変化の優れた表象として二つの映画を位置づけるべきだろう（Deleuze, 1990=1997, 358）。

「未来世紀ブラジル」では、署名と登録番号をベースとした「開放系における休みなきコントロールの形態」が描写されていた。それをさらに進めた「ゼロの未来」では、高度に発展したデジタル情報通信システムを基盤として、カフェのような開放感あふれるオフィスで誰もが軽快にコンピュータを使いこなし、データ解析を実行し、パーティー会場でもつねにモバイル端末を手にしてコミュニケーションを行い、ときには脳とコンピュータを接続して、エロティックで甘美な想像の世界に遊ぶことさえも可能な世界が描かれる。また、コーエンが不眠不休で「ゼロの定理」の解明に没頭するように、ジョナサン・クレーリーが記述した、睡眠という生命体にとってもっとも基本的な身体的現象にすらデジタルテクノロジーが介入している事態をこの映画に重ね合わせて見ることも可能だろう（Crary 2013=2015）。脳科学や脳神経科学とも連動しながら、デジタルテクノロジーを駆使し、さまざまなパラメーターを調整することで、夢、睡眠、想像の領野にまで、つまり私たちの身体・精神活動まで組み替える世界が成立している様が描写される。そこでは、仕事、余暇、睡眠、娯楽、といった時間的な境界すら溶解して、水嶋一憲が「固定されたアイデンティティを保証するものであった『署名』（とそれを記録する文書）が、あるサービスから別のサービスへと次々に接続するための示差的なアクセスを調節する『パスワード』（とそれを入力するコンピュータ）に取って代わられる。そして、そのようにして、グローバルな制御社会においては、個体化の分散的な様式が作動することになる」（水嶋 2014, 20）と性格づける今日的な事態が、映像を通じて印象深く表現されている。

「組織体に所属する各成員の個別性を型にはめる」ことへと向かう規律社会に対して、より開放的で、高速移動可能な空間のなかで、医療記録や生体認証情報やクレジットの使用履歴、さらにはネットワークへのアクセス履歴といったデータフローの集積と解析、そしてこうした情報処理によって自動的に生成するあらたな情報のフィードバックによって特徴づけられる制御社会への変化[2]。その変化に対応して、デジタルメディア・スタディーズはどう理論的に対峙し、その解析能力を高めていくのか。

外的環境との間にインターフェイスを設定しつつ、高度な計算・解析能力を有するコンピュータを介した情報のフィードバックを通して、自然環境、社会環境、さらには人間の精神や身体までもこの回路に取り込み、対象を制御するシステムが実装された社会を考察するためには、従来の複製技術環境を前提にして理論化を進めてきたメディア・スタディーズの抜本的な再考が求められる。そこで本章では、コミュニケーションを介して構成される言論自体の変化というよりは、その言論の空間の外形と内実の双方がいかに組み替えられつつあるのか、さらにデジタルメディアを介することで生起したコミュニケーション・モードそれ自体の変容を、デジタル・テクノロジーと経済的・政治的・社会的諸力の布置関係に照準しながら検討を加えよう。

あらかじめ指摘しておくならば、以下では、サイバネティクスを基盤とした情報のフィードバックを通して、自然環境、社会環境、さらには人間の精神や身体をこの回路に取り込むまでに進化した制御システムが、社会的コミュニケーションのモードと言論空間の外形的構成そのものを組み替えているとの仮説を展開するだろう。次に、この言論空間の基盤をなす情報流通の物質的・社会的な機構の変化がもたらす、効果ないし影響を考えるためには、メディア研究が対象とする領域を、意識や意識的行為のレベルから、意識化する以前の、下意識の、より正確にいえば「潜在的なもの（the virtual）」と「潜勢力（potentiality）」のレベルにまで拡張する必要があることが論及される。さらに第三に、いま述べた二つのことがらと内的に関連する重要な観点として、「時間」の問題を視野に入れることが不可欠であることが言及されるだろう。それは人間の「経験」を根本的に再考することでもある。

言論空間の変容を問題にするのであれば、言論の内容を論ずること以上に、その空間を構成している社会的な機構自体――ガタリが指摘した「機械」――の変化に注目し、さらに言論空間を論ずる際に前提とされてきた理論的枠組みを抜本的に刷新することが求められているということだ。もちろん抜本的な刷新の試みは一気に行われるわけではなく、一歩一歩進めていかざるをえない。その点を認識しながら、本章では、一歩あるいは半歩前に進むための仮説的なスケッチを描くことを試みる。

2　コミュニケーションと言論に対する制御と制御不能のメカニズム

複製技術段階からポスト複製技術段階への移行とそれに伴う社会変容を考えるうえで、そもそも私たちはこれまで何をまなざしてきたのか、何を焦点化して思考してきたのか、振り返っておく必要がある。迂回とも思えるが、理論的な再考を行うためには、これまでの立ち位置を確認しておくことが必要だからである。そのうえで、いま起きている事象を経験的なレベルで記述したうえで、いかなる理論的な課題が浮上しているのか、その点に論を進めよう。

「未来世紀ブラジル」が制作された一九八〇年代は、「消費資本主義」ないし「消費社会論」が現代社会を読み解くもっとも有力な理論として論じられた時期である。代表的な論者であるジャン・ボードリヤールの著作は一九七〇年に刊行され、日本語版は一九七九年に出版された。国内でも、見田宗介（1996）や内田隆三（1987）などによって記号の恣意的な差異の論理によって導かれた消費への欲望の産出メカニズムが精緻に理論化された。一方で、こうした理論的文脈とは一線を画するものの、消費的文化の拡大、メディア文化の多様化が進み、旧来のマルクス主義を背景とした労働者階級論が綻びはじめるなか、アイデンティティの政治学と結合するかたちで政治的な合意調達モデルの新たな探求が始まる。[3] 振り返ってみれば、こうした一九七〇年代に生起した政治的・経済的・文化的な変容を読み解くべく成立した複数の知が交錯するなかに、スチュアート・ホールに代表されるカルチュラル・スタディーズが立ち上がったといえよう。その過程で、日常生活に深く織り込まれた人種、階級、性差といった文化的な差異や社会的差別の産出を重視し、アイデンティティ・ポリティクスのせめぎあいを焦点化するために提出されたのが encoding/decoding モデルである（Hall, 1981）。

カルチュラル・スタディーズは、広告、音楽、ドラマ、ニュース・報道などあらゆるジャンルのメディア文化がテレビを中心に編制され、そこから流れる情報が公共的な言論空間を構成し、人々の意識や心理に多大な影響を及ぼした一九七〇～八〇年代に照準した理論であったといえる。その際、フランス構造主義を経由しながら構成された理論の焦点は、いうまでもなく、記号、シンボル、によって織り合わされたテクストという概念であり、そしてそれら諸テクストを読解する能動的読みという概念である。言論空間を構成する広告や報道・ニュースさらにサブカルチャーなど様々なイメージと表象に対するテクスト分析とその読解の過程が焦点化されたのである。

問題は、現代社会が「消費資本主義」ないし「消費社会」という性格を依然として維持し続けているとはいえ、その社会の存立の様態が変貌し、別のステージへと転位していることにある。変化の基底にコンピュータ技術の飛躍的な発展と通信技術の高度化があることは述べるまでもないが、むしろ問題はその技術を開発・運用・活用する一連の経済的・政治的・文化的な諸力の変化である。

一九九〇年代に商用化されたインターネットは、当初様々な期待と希望を抱かせる多くの言説とともに急速に普及した。インターネットによる公共的な言論空間の再構築、あるいはネットを媒介したヴァーチャル・コミュニティの成立、そして参加民主主義に寄与するテクノロジーの成立といった言説である。(4) こうした期待や希望がどの程度実現したか、その評価は多様だろうが、実際に進展したのは、Google、Amazon、といった米国発の多国籍企業が構築した巨大なプラットホームの出現であり、Facebook、Twitter、LINE などのソーシャル・ネットワーキング・サービス（SNS）の登場である。

その特徴は、文字、画像、動画、音声などあらゆる情報がデジタル化され、個人・組織・企業・政府行政発の情報が、特定の個人に向けて、また不特定多数の個人に向けて、大量に伝達され、拡散される環境が成立したことにある。さらに大量の情報がデータとして集積され、処理され、情報を発信した個人や組織にフィードバックされることにある。商品購入の履歴として記録された情報が解析され、リコメンドとして個人や組織にフィードバックされる。YouTube で選曲したミュージックが記録され、いつの間にか自動的にその人物の好きな楽曲が選択され次々に流される。ある人物が打った文字列が記憶されて定型的な文字列が再帰的に再現前化する機能もある。つまり膨大な量の情報が収集・集積され、特定のアルゴリズムによって処理され、フィードバックされる。それらの情報が社会的意思決定に役立つ情報として、個々人の嗜好や価値観に沿った情報として提供される社会の成立である。(5) 現代社会はもはや、スティグレールが述べるように、「自動化社会」として存立したかのようである。人間が意識的に、能動的に「いいね！」をクリックし、あらゆることがらを検索機能を使って調べ、ソーシャルメディアで「つぶやき」、写真を投稿し、気楽に自身の感情や意見を公共的な空間に発信する、といった日常的に繰り返される主体的な動作や行為がデータとして集積され、記録・保存される。だが、そうした一連の行為は、実際には、テクノロジーの側から見れば、デジタルネットワーク上を駆け巡る無数の情報の束として、しかも剰余価値を産出するコミュニケーションという名の「フリー労働」として組織されている、とさえ見ることができる。それは、個人が日々発信する情報をデータとして解析することで、「あなたの望みをすべて叶える」とIT企業が広告する、「ゼロの未来」の世界でもある。こうした制御のメカニズムが、経営、流通、広告、コミュニケーションといった領域のみならず、人間の身体の内部、知覚や情動までも包摂していると指摘するのは、前述したクレーリーである。(6)

彼によれば、「睡眠の身体的な要求を減退させるために、生理学や大脳神経学の知見に基づいて進められている」不眠研究は、「人間の身体能力が、非人間的な装置やネットワークのもつ機能性」にいっそう近づくことを試みる「調査の一部として理解すべきである」という (Crary, 2013, 2=2015, 5)。同様に、どの色の配列がもっとも美しいと感じられるか、文字のサイズと配列を工夫することで視線をいかにコントロールできるか、といった知覚生理学や認知心理学そして脳研究に基づく知見がマーケティングの最重要な要素となっている。この事態も、制御が身体能力にまで及んでいる例証と見ることができるだろう。「進行しているのは、さまざまな人間 - 機械の相互作用を向上させる『拡張された認知（augmented cognition）』の形態を開発するために科学と軍事を合体させる大掛かりな取り組みである」とさえクレーリーは述べている（Crary, 2013, 2=2015, 5）。

こうした制御と分かちがたく結びついたかたちで膨大な量の情報が循環する社会をジョディ・ディーンは「コミュニケーション資本主義」と概念化する（Dean, 2010）。彼女によれば、ネットワーク上を間断なく移動する情報は誰かに受容され、理解されることを目的としているわけではなく、反復され、転送されるという流通＝循環それ自体が自己目的化していると理解すべきだと指摘する。たしかにブログやTwitterによる写真の投稿や何げない「つぶやき」は、行為者の側から見れば、誰かが見てくれる、聞いてくれるという期待のもとに行われるだろう。だが、経済システムにとっては、そうした期待やコミュニケーションなどどうでもよい。膨大な情報が流通＝循環し続けることにこそ意味があり、持続的循環こそが経済的には最重要事項となるということだ。

このような膨大な情報の流通＝循環、情報の解析、そしてフィードバックの回路を実装した社会が、社会的コミュニケーションや言論空間に影響を及ぼさないはずはない。ニュースサイトにおけるニュース項目の選択行為や「いいね！」のクリック行為は、データとして集積され、どのジャンルの項目が選択される可能性が高いか、どのような見出し、どのような単語の表出が選択行為を導き出すのか、という目的の下で解析されるだろう。そして、その解析結果は、ニュースサイトのトップページの上位の項目を効率性と利益性の基準に従って配置することや、個々のニュースの配置や注意を引き付ける見出しや語句の継続的な更新に、積極的に活用されていく。そこでは、個人の嗜好や価値や選択意識に沿った情報を提供できるとする論理の下で、市場原理と効率性が徹底され、実際には多様な情報へのアクセスがむしろ限定される傾向すら現れるだろう。たとえば、福島原発事故後のニュース・報道を、既存メディアとソーシャルメディアとの比較から分析し、ソーシャルメディアの情報が「集団分極化」を帰結するような情報の「偏り」を示す傾向があることを実証した田中など（2012）の研究は、ニュースの提供、ニュースの受容のメカニズムがデジタルメディアの登場によって、いかに変化を迫られているのか、この問題を真摯に考え抜くことの重要性を示唆している。言い換えれば、社会的コミュニケーションに立脚した言論の営みが、デジタルメディアによる情報制御のメカニズムを通して、不可視のうちに制御される可能性さえ存在するということだ。こうした傾向は、もちろん、ニュースや報道の分野にのみ見られるわけではなく、デジタルメディアを介した社会的コミュニケーション全体に広がっていると見るべきだろう。制御とは、現時点で集積されたデータの解析を通して、〈いまだ到来せざる不確定な「未来」〉を予測するとみなされる情報を「現在」にフィードバックすることで、人間の意識と行動を広範囲にコントロールするメカニズムである。

ふたたびクレーリーの言葉を引用すれば「デジタル・イメージが情報として記録されたり蓄積されたりすることがない環境は、もはやほとんどなくなっている」社会において、日常のコミュニケーションも制御の問題と切り離すことができないということだ。

ただし、ここで看過してならないのは、一方で制御というメカニズムを深く内在させた現代社会が、他方では、無数の情報の回路を通して拡散する情報のランダムな「流れ」が、それを流しはじめた人間やそれを中継した無数の人間の意図や意思など無関係に増幅し、彼らが制御できない独自の自律性とリアリティを有する環境をも生み出しているということだ。伊藤は、これを、ドゥルーズの概念を活用しながら、画一的で、厳格に水路づけされた情報の流れである「モル的」な情報と、どの方向か、どの経路をたどるか、まったく予測できない情報の流れである「分子的」な情報とに区別したが（伊藤，2013）、いま拡大しているのは、まさに「分子的」な情報の流れである。膨大な量の情報が、高速で、ほぼ同時に、あらゆる方向に向かって無秩序に拡散し、流通＝循環することから生成する独自のリアリティを備えた環境の中に私たちが投げ込まれているのである。

卓越した制御のメカニズムと、制御不可能な情報の高速移動、その相反するような特徴をもつ両者がお互いを包含するような奇妙な情報空間が存立しているともいえる。

この社会は、これまで私たちが考察する上で前提としてきた記号やイメージを駆使して欲望を生産する「消費資本主義」とは明らかに異なる様相を呈している。「コミュニケーション資本主義」という概念がその変化を鮮明に物語っている。

3 理論的焦点としての情動

「コミュニケーション資本主義」という概念とともに現代社会を特徴づける有力なコンセプトとして「認知資本主義」「注意経済」といった概念が提出されている。それは、前述した、デジタルテクノロジーの発達が感覚知覚に対する管理と制御テクノロジーの進化と深く結びついている事態を一部反映するものだろう。視覚、聴覚、触覚といった感覚機能に対するデジタルテクノロジーを用いた高度な解析が可能となるなか、解析データに基づいて、感覚機能をいかにコントロールできるかという課題が提起され、実際に研究が推進される。大山真司が的確に述べているように（大山 2014）、感覚や知覚に対する知見が今日、ブランド戦略、マーケティング戦略の重要な柱として採用されていることは前述した通りである。

こうしたテクノロジーの介入やデジタルメディアを媒介した社会的コミュニケーションの様相の変化といった今日的な事態を一つの背景として、人文社会科学や情報科学分野の研究の理論的焦点の一つとして浮上したのが情動（affect）という問題系である。

グレッグ（M. Gregg）とセイグワース（G.J.Seigworth）の二人による編書 Affect Theory Reader（2010）のなかで、彼らは現在の情動をめぐる議論が一九九五年に刊行された二本の論文から始まったと指摘し、それ以降、瞬く間に、情動、情動の理論、に関する関心が広範な学問分野に広がったと述べている。そしてその広がりを八つの領域に整理している。ところで、その発端となった二つの論考とは、セジウィック（Eve Sedgwick）とフランク（Adam Frank）による"Shame in the Cybernetic Field: Reading Silvan Tomkins"、そして雑誌 Cultural Critique の三一号に掲載されたマッスミ（Brian Massumi）の"The Autonomy of Affect"である。二人によれば、この二つの論考は、人文諸科学の情動研究に関して、これまで支配的であった二つのベクトルに実質的な価値を与えることになったという。その一つはトムキンス（Silvan Tomkins）の心理生物学であり、いま一つは身体能力に関するジル・ドゥルーズのスピノザ主義的生態学である。そのうえで、人文諸科学から社会科学さらには情報工学や認知科学にまでいたる広範囲な分野で、情動と情動の理論に関する探究が行われていると述べている。八つの分野とは以下の通りである。

第一はヒューマン／ノンヒューマン（human/nonhuman）の本性による、ときには神秘的ともいえる（occulted）実践に関する研究、第二は事物、分散的エイジェンシー、感情／感覚に関するサイバネティクスやニューロサイエンスといったヒューマン／マシーン／非有機物の複合組織（assemblages）、具体的には人工知能、ロボティクス、生命情報学、生命工学といった分野にまたがる研究である。第三は一般に哲学分野における非デカルト主義の伝統、とりわけスピノザ主義の非物質的な霊的なものと結びついたノンヒューマニスト（nonhumanist）に見られるものであり、性差や他の文化的な様々な差異を超えた問題への移行を試みるアプローチとして顕在化している。(7) そして第四は前記の第三の領域に接近しているとはいえ、この学問分野として固有の予期・予測という方法を用いて、情動にカテゴリカルなネーミングを行い、特定の情動の範囲を設定するために操作的に定義された輪郭線を提供するといった一般的傾向をもつ、心理学的ないし精神分析学的な研究である。第五は個人的な「内面」に関わるというより、集合的で「外の世界」に関わる「経験」に注目するフェミニストやクイア理論家やアクティビストなど政治的志向をもった活動、第六は二〇世紀後半に「言語論的転回」と称されたことから顔を背けるような様々な試み、つまり文化人類学からコミュニケーションの地理学へ、カルチュラル・スタディーズからパフォーマンス・ベースド・アートプラクティスへといった流れであり、時には量子力学、神経科学、認知科学によって影響を受ける分野である。(8) 第七は感情に関する批判的言説（そして感情の歴史学）に現出する分野であり、社会の空気（atmospheres of sociality）、群衆行動（crowd behaviors）、感情の感染（contagions of feeling）といった研究テーマを含む、感情の拡散（diffusions of feeling）に関する研究である。それは最近のガブリエル・タルドへの関心の高まりに現れている。そして最後の第八は科学の実践ないし科学的研究そのものに位置づけられるアプローチであり、とりわけ唯物論に対する多元的なアプローチを包含する諸研究である(9)（Gregg and Seigworth , 2010, 5-9）。

ここで八つの領域すべてを詳論することはできないし、その必要もないだろう。とはいえ、本稿の文脈から見て注目すべきは、第二と第四、第六、第七である。その点に言及する前に、こうした多様なアプローチや関心を呼び起こした情動という概念について、筆者が関心を寄せる第三の領域から多少なりとも説明しておく必要があろう。伊藤（2013）に従いながら、情動という概念が何を指示するものなのか、述べよう。

情動とは何か。ドゥルーズは『スピノザ――実践の哲学』のなかで、情動をひとまず二つの側面から規定する。一つはaffectio＝変様である。変様とは個々の身体や精神におこる変化（様態的変様）を指しており、「第一にまず像、すなわち物体的・身体的な痕跡であり……、そうした像の観念（idea）は、変様を触発された体自体の本性とそれを触発した外部の体の本性とを同時に含んでいる」（Deleuze, 1981=1994, 165）。ここで二つのことがらが述べられていることに留意しよう。affectioとは、物体的・身体的な痕跡であり、かつそうした像の観念でもあるということだ。

第二はaffectus＝情動である。前記の変様（像または観念）はまた、その変様を触発された当の身体や精神自体のある状態（心身の状態）をかたちづくってもいる。「おのおのの状態には先行状態に比して完全性がより大きい、より小さいということが含まれている。つまり、ひとつの状態から他へ、ひとつの像または観念から他へ、そこには推移というか体験的な移行、持続的継起の過程があり、それをとおして私たちはより大きなあるいはより小さな完全性に移行しているのである。……そのような持続、言い換えれば完全性の連続的変移が『情動』ないし『感情』と呼ばれるのだ」（Deleuze, 1981=1994, 166）。

確認すべきは、affectioとaffectusという二つの側面から生成する情動affectionとは、触発する外部の事物の本性と触発された身体の本性とをともに含む痕跡としての像＝観念であり、そしてこの像と観念がかたちづくる心身の状態の持続的継起からなる変様、「身体の活動力能がそれによって増大あるいは減少し、促進あるいは阻害されるような身体の変様」であるということだ。核心は、身体が被る痕跡であり、それによって生ずる持続的継起からなる変様が情動であるという点である。

背後で物凄い音がしたとき、私の聴覚は即座にその音を聞き取り、身体には強烈な痕跡が生まれ、同時にある観念が生起するだろう。その観念が十全であれ（トラックが激突した音だ）、非十全であれ（何の音かまったく識別できない）、つねに何らかの情動の痕跡による波動が生じ、強度を伴いながら持続的継起からなる変様を経験していく。そしてその音を聞いた瞬間、どんな音かを認識する前に、身体は咄嗟に音がする方向とは反対の方向に動き出すだろう。そしてしばらく経ってから、「アッ、怖かった」「恐ろしかった」という感情が生起する。つまり、情動と感情とは連接し、持続的継起としてつながっているとはいえ、両者は異なっていることを認識しておく必要がある。感情とは情動の持続的継起からなる変様の一つの帰結だからである。

この知覚の在り方をドゥルーズは以下のように指摘する。「精神が物体や身体を観想するとき、私たちは精神が想像する〔像を形成する＝（感覚的に認識する）〕と言うだろう」と（Deleuze, 1981=1994, 166）。極めて重要な指摘である。すなわち、こうしたスピノザ＝ドゥルーズの情動概念を支えているのが「意識（consciousness）」とは明確に区別される「思惟」あるいは「精神（mind）」に関する規定であるからである。この点に私たちはとりわけ注視する必要がある。

「身体は私たちがそれについてもつ認識を超えており、同時に思惟もまた私たちがそれについてもっている意識を超えているということだ。身体のうちには私たちの認識を超えたものがあるように、精神のうちにもそれに劣らぬほどこの私たちの意識を超えたものがある」（Deleuze, 1981=1994, 29）。

前記の八つのアプローチはいずれも、関心の方向を異にするとはいえ、「私たちの認識を超えた身体能力」「私たちの意識を超えた精神」のありようを探求するという点で、この情動という領域、意識する以前の身体的知覚、身体的力能の領野の探求に向き合っているのである。

第二のサイバネティクスやニューロサイエンスの研究、第四の心理学的ないし精神分析学的アプローチは、デジタルテクノロジーを駆使して、こうした身体能力を外在化させ、数値として可視化する試みといえる。そして結果として私たちの身体能力を制御することに貢献する。例えば、前述したように、様々な色彩が配置された空間のなかで、明確に意識化する前に、「快い」「適度に明るい」と身体が感覚する状態を探り当て、その解析データは空間デザインに生かされるだろう。こうしたことが、触覚、聴覚の分野でも行われている。

第六の領域で述べられた動向は、情動への注目をより鮮明に示している。「言語論的転回」といわれるように、二〇世紀後半の人文社会科学は「記号」や「言語」に関する知を基盤に多くの研究を産出してきた。けれども、いま起きているのはこの「転回」自体を見直し、より物質的なものへ、より身体的なものへ、と志向する動きである。それは、第七の領域で指摘された、感情の感染、感情の拡散、といった現象への注目ともつながる。

強調しておこう。「情動論的転回」は、従来の理性と感性といった二項対立図式にもとづく感性や感情の称揚や回帰を意味しているわけではない。また、デジタルテクノロジーが感情や情動の領域にまで介入するに至った現在の事態への敏感な反応としてのみ認識されるべきではない。これまでの主知主義的な理論的フレーム、意識のレベルでのみ把握されてきた知覚や行為へのアプローチを根本的に見直し、再考することが志向されているのである。それは「経験」というもっとも基本的なことがらを再考するラディカルな意思の表明でもある。

4 政治的意思形成過程の質的変化と情動

情動、情動の理論の今日的な展開の出発点となったマッスミの研究は、その後、ホワイトヘッドを経由しつつ、正確にいえばウィリアム・ジェームズからホワイトヘッドと続く思索を批判的に継承しながら、「潜在性」と「潜勢力」の問題を「経験」の問題として再定位する方向に向かっている。この点については、第2章以降で論述することにして、その前に情動という視座を設定することで見えてくる、言論空間の変化を述べておかねばならない。

前節では、近代の主知主義的な知覚や情報に関する捉え方を再考し、意識される前の身体的知覚への注目が、逆説的にデジタルテクノロジーの進展による感覚や知覚の制御の深化とも結びついてしまう、という情動研究の両義的な状況を見てきた。

これに加えて、マッスミは、資本・市場の領域におけるコミュニケーションと身体の制御の問題にとどまらず、現実的な政治的場面において、時間という契機を掛け金とした、情動の政治（Affective Politics）とでもいうべきプロセスが進行していることに私たちの注意を促す。

彼は、この一連の事態を、具体的に、九・一一同時多発テロの直後に導入された警報システム（Massumi, 2005=2014）。や、ブッシュ政権下におけるアメリカのイラク侵攻に見ている（Massumi, 2007=2007）。彼の洞察は、デジタル環境における言論空間の特徴を考えるうえでも看過できない論点を析出している。

〈九・一一同時多発テロ〉は、それを体験し、それを見た人々の身体に強烈な痕跡を遺し、情動を活性化させずにはおかなかった。それ以降、世界は、脅威が予想もつかない形で出現するということが確実だ、とみなす認識論と存在論を獲得したのだとマッスミは指摘する。「世界情勢は、脅威に充ちている状態というよりも、むしろ脅威を発生させつつある状態、つまり脅威生成的な状態にある」(Massumi, 2007=2007, 96)と。世界を潜在性のレベルで、すなわち脅威生成的な状態にある、と認識することだ。

さらにマッスミは、この事態が、「予防」「抑止」から「先制」への戦略上の変化、「既知である未知」から「未知である未知」への変化を帰結したとも指摘する。

従来の「既知である未知」の状態とは、「事態の分析が可能であり、特定可能ではあるが、それが将来どう展開するかは未知である」という状態である。この認識論の地平であれば、分析結果をふまえて対策を講じること、つまり予防が可能であり、抑止もまた可能となる。しかし、「未知である未知」であれば、すなわち確固たる証拠もなく、当該の問題の所在すら特定できなければ、予防も抑止もできない。現実に差し迫った脅威が存在するわけではなく、それはまだ潜在的なままであって、確認のしようがない。では、何ができるのか。それが「先制」である。

ブッシュは、大量破壊兵器の存在に関する確固たる証拠がないにもかかわらず、イラクに侵攻し、その破壊兵器の存在が否定された後でさえも、その行為を正当化した。その論理は、イラクが「多くの脅威が出現する、潜勢性に充ちた世界であったから」というものであった。だからこそ、「先制」が必要だったのだし、正当だったのだと……。マッスミは、これを「潜勢の政治と先制の優越」と呼ぶ。この論理は、実は、「〈いまだ到来せざる不確定な「未来」〉を予測するとみなされる情報を『現在』にフィードバックすることで、人間の意識と行動を広範囲にコントロールするメカニズム」として前記で規定した制御概念と同一の論理をなしている。ただ、そこに違いがあるとすれば、未来を予測するとみなされる情報の蓋然性の高低にすぎない。「こうなる（こうする）可能性が高いから、次の対応が必要だ」との立場、「こうなる（こうする）可能性はいまだ不確かであるけれど、しかし不確かで潜在的なままであるからこそ、次の対応が必要だ」との立場、その両者の違いである。だが、この違いは、ともに未来という時間を先取して、現在を監視し、現在をコントロールする、という点では制御という同一のメカニズムに従っているとみるべきだろう。[10]「脅威」とは、知りえないからこそ、未来が不確定であるからこそ、脅威となる。脅威は、その意味で、「現在の変化の、未来の原因」となる。ブッシュはまさにこの認識論に立って具体的行動を行ったのである。

いまだ確固たる証拠はない。だから「証明しろ」といわれてもそれはできない。こうした論理操作が浮上すれば、議論や説得は意味をなさない。議論や証明を無用のものとして葬り去り、その替わりに招き入れられるのは、「現在の変化の、未来の原因」となる脅威を牛産し、その脅威を梃子にした、情動の活性化（activation）という脅威と不安の強度の調整に依拠した政治過程である。証拠、説得、議論から、直接的な情動の活性化へと、政治の機能を切り替えること、それは「言論」という空間自体の自壊ともいえる事態を帰結することにつながるだろう。

マッスミの議論はもちろんソーシャルメディアを介して大量の情報が循環＝流通するアメリカ社会の状況を念頭に置いて展開されている。だが、脅威の言説が拡散し、不安や恐れの感情が伝搬し、感染するなか、「潜勢の政治と先制の優越」という政治的プログラムがある種の正当性を調達していくというプロセスは、アメリカに特有の現象ではなく、欧米諸国や日本を含め多くの地域で生起しているといえるのではないだろうか。

たとえば、第5章で具体的に論及することになるが、日本の文脈に即していえば、尖閣諸島の国有化を契機に、二〇〇二年から二〇〇三年にかけて週刊誌やテレビで繰り返された「中国脅威論」のキャンペーンとそれに連動したインターネット上の中国や韓国へのバッシングの言説。あるいは在日韓国・朝鮮人の特権を糾弾すると称して、当初はネット上の一部の言説として流通していた「嫌韓」「反韓」の言説が、ヘイトスピーチとして街頭にまで露出した事態。中国を外交戦略上の潜在的な脅威とみなし、在日韓国・朝鮮人をも国内における潜在的脅威とみなすことで、不安や恐れ、さらには嫌悪の感情が拡散し、散逸していく事態が進行しているのではないだろうか(11)。

5 言論空間の外形的な変化と準-安定状態

ここで、以上の議論をふまえて、やや図式的に過ぎるが、シンプルな概念図を提出しておこう(図1)。

横軸は公共的な(誰もに見られ聞かれる空間としての)言論空間の大小を指す。縦軸はある話題や論点が比較的長期にわたり議論されるか、短期間で消失するかという、時間軸を示している。これまでマスメディアに依拠して構築された公共的な言論空間は、暫定的にいえば、ひとまず第一象限と第四象限にあたるといえる。一方でインターネットの登場の意義は、これまで見られ、聞かれることのなかった無数の人々の声――それは、私的ではあるもののきわめて重要なことがらもあれば、陳腐なものも、あるいは咄嗟の感情の発露もある――を社会的に(公共的に)可視化し、第二象限と第三象限をあらたに構成したことにある。今日の言論空間の特徴は、ほぼ言論空間を独占的に占めてきたマスメディアによって構成された段階を離脱し、無数の大小さまざまなコミュニケーション回路と言論空間から構成されているということだ。

ただここで留意すべきは、前記のように、第一象限と第四象限が既存のマスメディア、第二象限と第三象限がソーシャルメディアによって担保されているとの説明を行ったが、そうした区別や境界も実際にはもはや失効しているということだろう。一国の首相や大統領が Twitter や Facebook を使って発言を繰り返し、それを世界中の人々が受容し拡散している状況は、すでにソーシャルメディアが第一象限と第四象限にも進出し、この象限の実質的な構成主体となっていることを示している。

重要なのは、一瞬のうちに情動や感情を喚起するが、すぐさま消え去る言表や言説が微小な空間に立ち上がるプロセス、そしてそうした一部の人々の間でしか共有されていなかった事象や話題が一気に拡大し、時間的に継続され、第一象限のより広いマクロな空間にまで影響を及ぼすほどの力を発揮するプロセス、あるいは第一象限と第四象限からの情報がミクロな空間に飛び火して、格好のネタとして消費されるプロセスなど、長期と短期の時間の振れ幅のなかで情報が縦横に移動し、大小さまざまな複数の空間に影響を及ぼす、ダイナミックなプロセスが展開されているということだ。

しかもこの瞬時の情報の移動、改変、編集、拡散というプロセスによって担保された社会的コミュニケーションが、そのモードとして会話や議論として展開することもあれば、それが一瞬のうちに怒りや嫌悪や歓喜といった感情や激情の伝搬へと激変するようなモードとなることもある。図1はそのことを示唆している。

たしかに、インターネットの登場を契機とした第二、第三の象限の成立は、これまで以上に、ハンナ・アーレントが指摘した「現れ（appearance）」の空間が現出する可能性を秘めている。これまで、見

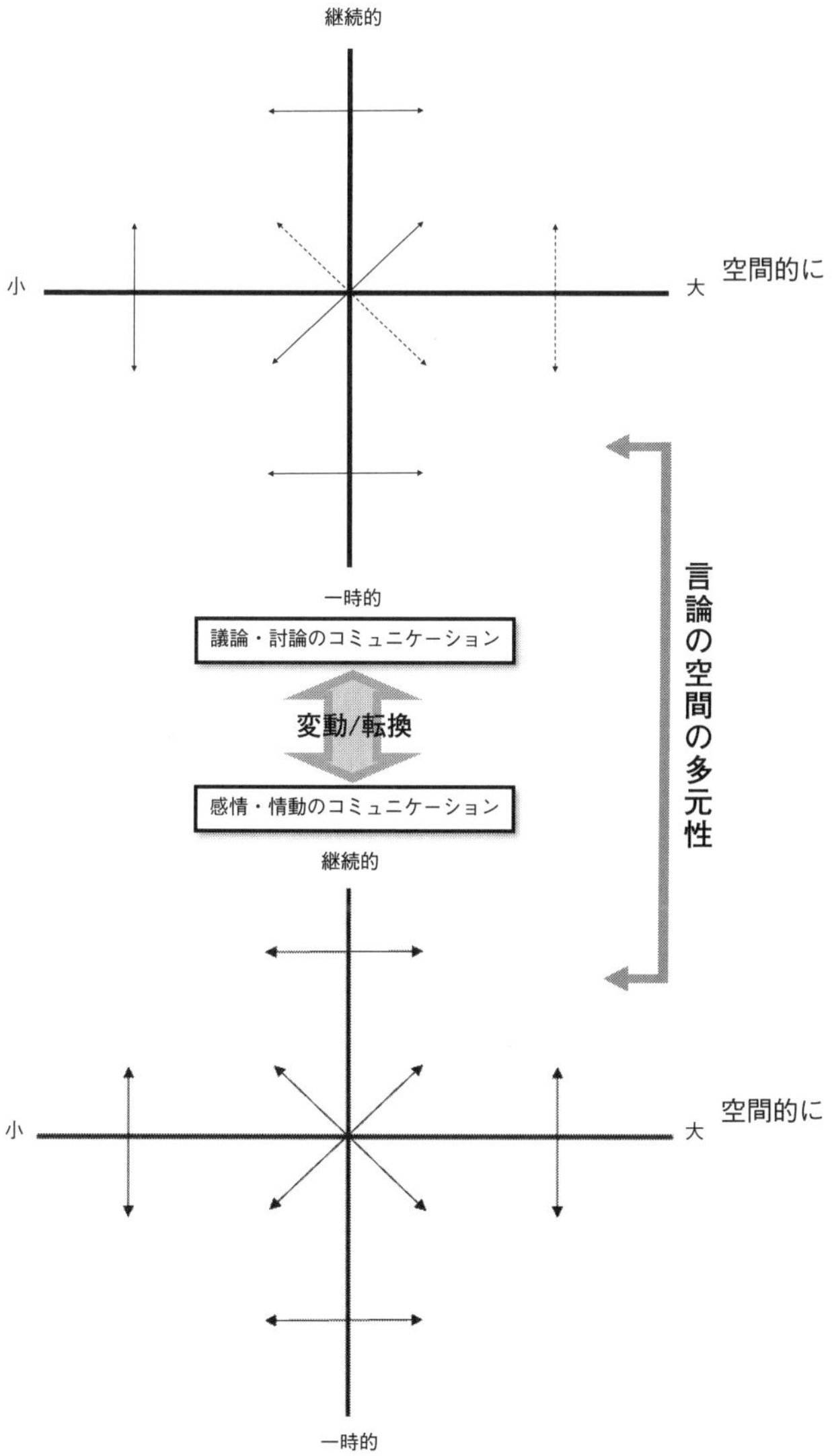

図1　言論空間のダイナミズム

られることもなく、聞かれることもなかった、小さき者たちの声が、はじめて聞き届けられ、より大きな公共空間に反響していくプロセスである。それは他者との交渉を通じて立ち上がる自身の中の他者性と越境性と向き合いながら、歴史的な応答責任にも開かれた想像力をめぐらす空間として生成する潜在力を秘めている。そして実際に、さまざまなインデペンデントのメディアやジャーナリズム活動、そして市井の市民の発言がそうした言論の空間を創り出している。

だが、本論で指摘したのは、現在の政治的・経済的な文脈に規定された制御社会の下では、特定のアルゴリズムによって規定された情報流通のメカニズムが、人間の感覚知覚をコントロールし、画一化していく可能性もまた一層高まっていることである。クレーリーの言葉を借りれば、「経験の共有領域が情動やシンボルからなる微小世界に細分化し断片化され」、フィルタリングやカスタム化の無限の可能性を通じて構成されたこれらの微小世界が「明らかに異なるコンテンツにもかかわらず、それらの時間的パターンや文節において単調な同質性を呈する」(Crary, 2014, 53=2015, 69) ことになるということだ。さらにいえば、小さき者たちの声が、外部の刺激による情動の突発的な発露として生成し、恐れや不安そして嫌悪の感情や情動、さらには差別意識さえも高速で流通＝循環させ、「下からの差別主義」を拡散し、伝搬する可能性も拡大しているという事実である。デジタルテクノロジーは、多様な人々の、この微細な感情や心情や欲望の流れを波動のように一瞬のうちに伝搬する触媒としても機能すると見るべきだろう。

前述したように、この情報の流れは、それを発信した人物やそれを中継した人物の意図や意思など無関係に、彼らが制御できないリアリティを構築していくのだ。いわば、デジタルメディアの今日的な在りようは、均衡してはいるがいつでも揺らぎはじめる状態、暫定的に安定はしているが興奮しやすい状態、つまり「準 - 安定の状態」（Gilbert Simondon）を、私たちが生きる存在論的な地平として構築したのである。

6　時間という契機と経験概念の根本的な再考

言論空間を画一的で平板なものとして捉えるのではなく、時間的にも、空間的にも、多元的な、多様な空間の集合体として、そしてその大小さまざまな集合体がダイナミックに作用しあうプロセスとして把握し直す必要があることを強調した。さらに、そうした無数のネットワークの回路を実装することによる、独自の外形的な特徴をもつが故に、その内実として、その空間の内部は、暫定的に安定はしているが興奮しやすい、沸騰しやすい状態、つまり準 - 安定の状態が常態化していることを指摘したのである。つまり、冷静な議論が突然、激情の感染のプロセスに変化するような、特異なコミュニケーション・モードを内包した、デジタルメディア環境の中の言論空間の特質を考究したのである。

この状況をより精緻に読み解いていくためには、時間という契機、そして時間という契機を内包した「過程」という概念や「経験」の概念に、私たちはより一層注意を払うことが求められている。

すでにメディア研究においては、シルバーストーン（1994）やマッシー（2005）そしてロビンスやモーレー（1995）の論考が示すように、空間概念が重要な位置を占めてきた。だが、時間に関してはそれほど重要視されることなく今日に至っているのではないだろうか。しかし、デジタルテクノロジーを触媒とした権力が〈時間〉という契機、さらに〈潜在的なるもの〉のレベルを梃子に作用しているとするならば、その領野から目を反らすことは許されない。むしろ権力が取り込む〈時間〉という契機を逆手にとって、時間という契機が作り出す人間の経験の複雑さや豊饒さ、そして〈潜在的なるもの〉の「潜勢力」が孕む可能性を明らかにしなければならない[12]。

そのための重要な導きの糸が、ジェームズが指摘した「純粋経験（pure experience）」という概念、ホワイトヘッドが一貫して強調する「過程（process）」という概念である[13]。ホワイトヘッドは、変化し流動する過程を「瞬間」という特定の「数学的時間」に解消する見地を断固退け、「存在とは、どんな意味であれ、過程から抽象されえない。存在の本質は与件から結末への推移にある。これこそが自己決定の過程である」と指摘する（Whitehead, 1938, 95=1980, 125）。そのうえで、われわれが経験する与件には、「実現された事態（realized matter of fact）」および「事態の潜勢態（potentialities for matter of fact）」という二つの種類があり、「こうした潜勢態は、与件もしくは結末に現れる実現との特殊な関連を離れて、純粋な抽象的潜勢態へと分析される一方、そのような実現とのある親密な関連があるために受け入れられるような潜勢態へと分析される」（Whitehead, 1938, 94=1980, 123）のだと述べている。この議論は、ドゥルーズが affectio と affectus という概念で論じようとした問題にきわめて接近していることが理解されるだろうし、ジェームズが「根本的経験論（radical empiricism）」という自らの立場を表明する際に「根本的であるためには、経験論は、直接に経験されていないいかなる要素をも、おのれの構造内に入れてはならないし、また、直接的に経験されるいかなる要素も排除してはならない」（James, 1976, 22=1998, 46）と述べたことがらと直接つながっていることも了解できるだろう。時間という契機を重視するが故に見えてくる「事態の潜勢態」にまでメディア研究はその射程を広げていかねばならない[14]。そして、この射程を確保した新しい理論的枠組みが、今後、言論空間のダイナミックなプロセスをより一層精緻に分析することにつながっていくだろう。

第2章　「事態の潜勢態」をめぐって
――ホワイトヘッドの「抱握」概念から

はじめに

この章では、現在、人文社会科学の分野において、一つの論争点を形成している情動の問題を理論的に考察する。前章で述べたように、Affect Theory Readersを刊行したグレッグとセイグワースは、情動の理論、情動現象に関する探究のフィールドを八つの領域に分けて論じているが、この章では彼らが八番目の領域として上げたA・N・ホワイトヘッドの議論に照準しながら検討を加える(1)。

なぜホワイトヘッドなのか。

いくつかの理由が挙げられるだろうが、そのなかでももっとも重要な理由は、『過程と実在』『観念の冒険』に代表される彼の後期の思索が、知覚と情動に関する精緻な分析を展開している、という事実に因る。情動の生成のメカニズム、その広範囲な効果に関する議論は、彼の影響を受けたことで知られるドゥルーズの議論以上に、緻密に展開されているように思われる。

第二は、思弁的実在論あるいはニューマテリアリズムと総称される領域においてホワイトヘッドの形而上学に対する関心が大きな高まりを見せていることも理由の一つである。本章ではこの点に関して十分な論述はできないが、ホワイトヘッド再評価の機運の高まりのなか、彼の哲学の位置を評価するためには、『過程と実在』のなかで展開された「抱握」概念と情動に関する理解が不可欠であると考えられるからである。

そこで、ホワイトヘッドの思索に多大な影響を及ぼしたと考えられるジェームズの「純粋経験」に関する議論を出発点にしながら、これまで十分に論じられてこなかったホワイトヘッドの情動論と「抱握」という概念に注目して、内在的な検討を行うことにしよう。主題はジェームズとホワイトヘッドの思索に一貫して流れる「知る（knowing）」という具体的な営み、具体的なプロセスに対する検討である。

ところで、ジェームズはパースとともにプラグマティズムの創始者の一人として知られ、『心理学の原理』や『宗教的経験の諸相』などの大著を著した哲学者である。また、彼の「純粋経験」論が、イギリスのヒュームやバークリーに代表される経験論を批判的に乗り越え、一方で新カント学派の合理論とそこに体現された「空虚な意識」概念を徹底的に批判することで、合理論とも従来の経験論とも異なる新たな方向を見出そうとしたことも、よく知られている通りである。その挑戦的な試みに彼が付けた名称が「根本的経験論（radical empiricism）」であった。一方でホワイトヘッドも『普遍代数論』やラッセルとの共著『プリンキピア・マテマティカ』を刊行し、後期では「有機体の哲学」と彼自身が呼ぶ壮大な形而上学の書である『過程と実在』や『観念の冒険』を著した二〇世紀を代表する哲学者の一人である。

ここでは、前述の目的に沿って、この二人の思索のなかの知覚と情動に関する箇所、とりわけジェームズの「純粋経験」とともにホワイトヘッドの『過程と実在』と『思考の諸様態』に限定して検討を加える。本章の論述から明らかにされるのは、一般に感情と結びつけて捉えられることの多い「情動」が、感情ではなく、知覚という営みと深い関連性をもつものだということである。つまり、経験のもっとも深い地層における知覚と情動の一体性である。

1 「純粋経験（pure experience）」とはいかなる経験か

知ること（knowing）への問いかけ

一九〇四年に出版された雑誌に掲載された「意識は存在するか」と題された論文の冒頭で、ジェームズは、シュッペ、ナトルプ、ミュンスターベルグなどの名前を挙げながら、「合理論」の陣営では「精神的原理は、まるで幽霊さながらの状態へと希薄化していって、経験の内容が知られているという事実をあらわす名称でしかない」ことになり、「精神的原理は人称的な形式（personal form）と活動性（activity）……を失って、空っぽの意識性ないし意識一般（Bewußtsein）となる」（James, 1912, 3=1998, 15）と批判を加えている。意識の存在を自明視することでその活動性・働き・機能が等閑視されてしまった状況を痛烈に批判するのである。その視点から「いまや公然と、普遍的に、『意識』概念を捨て去るべき時機が熟した」（James, 1912, 4=1998, 16）とも述べている。しかしもちろん、この言明は単純に意識を葬り去ることを意味するわけではない。「『意識』という語が存在（entity）を表すとする考え方を否定し」て、「この語は機能を表すものだ」ということをジェームズは強く主張するからである。

では、その機能とは何か。それは、「知ること（knowing）」である。ジェームズは端的にそう指摘する。

「知ること」とはいかなる事態か。ジェームズは次のように述べる。「もし私たちが、世界には根本的質料（primal stuff）ないし物質（material）、すなわちあらゆるものを構成する素材がただひとつだけ存在するという仮説から出発するならば、そしてこの素材を『純粋経験（pure experience）』と呼ぶとすれば、そのとき〈知ること〉は、純粋経験の諸部分が結びうる特殊な種類の相互関係である、と容易に説明することができる。この関係自体が純粋経験の一部であって、この関係項の一方が知識の主体ないし担い手（bearer of the knowledge）、つまり〈知るもの（knower）〉となり、他方の関係『項』が〈知られる対象（object known）〉となる」（James, 1912, 4=1998, 17）のである、と。ここでは、まず「純粋経験」が「あらゆるものを構成する素材」として措定され、この「純粋経験の諸部分が結びうる特殊な相互関係」、すなわち〈知るもの〉と〈知られる対象〉との特殊な相互関係、これが〈知ること〉であると規定される。

一見するとこの規定は、〈知るもの〉と〈知られる対象〉との二つの項を前提して〈知ること〉を記述しているかにみえる。しかしジェームズが述べたところの真意は明らかにそれとは異なる。「経験にはそんな内的な二元性などありはしない」（James, 1912, 6=1998, 21）というのがジェームズのもっとも基本的な主張だからである。

たとえば、私の指がある対象に一瞬ふれたとき、そこには何かが、ジェームズの言葉を使えば、単純な「あれ（that）」が感受されるだろう。素朴な直接性にとどまりながらも、確かなものとしてそこにあると感じられる「あれ」が感受される。正確にいえば、指があるものにふれる、と同時に「あれ」が指にふれる、という両義的な感覚に襲われるだろう。この主観にも客観にも分離できない分離以前の「現在の瞬時の野（instant field of the present）」こそが、ジェームズが「純粋」経験と呼ぶところの地平である。

だからこそ、ジェームズは「経験は、その純粋な状態においては、……『意識』と『意識されるもの』、この二つに自己分裂する、ということはない」(James, 1912, 13=1998, 31)と断言する。ジェームズ自身が提示した事例で考えよう。私たちが手を火にかざすとき「火は熱い」と感じるだろう。水に手を入れれば「湿っぽい」と感じるだろう。「熱さ」を与える対象の経験はまた「熱さの経験」でもある。「湿り気」を与える対象の経験はまた「湿り気の経験」でもある。そこでは対象と心的状態がけっして切り離されてはいない。このことを彼は「同一の経験断片が同時に両軍(筆者:「知るもの」と「知られるもの」との双方)において役割を演じるのであるから、それは同時に主観的でも客観的でもある、と言っていっこうにかまわない」(James, 1912, 7=1998, 22)と述べるのである。

感じ(feeling)としての「純粋経験」

こうした主観と客観の未分化、分離以前の状態といえる「純粋経験」を、いま少し見ておこう。「事物とその諸関係」では次のように述べられている。

「純粋経験」とは、私たちが概念的カテゴリーを用いて後から加える反省に素材を提供する直接の生の流れ(flux of life)に、私が与えた名称である。ただ、生まれたばかりの赤ん坊、あるいは睡眠、麻酔薬、病気とか打撲とかのために半ば昏睡状態にある人だけが、あらゆる種類の「何」になれそうになっているのに、まだどんな「明確な何(what)」にもなっていない「あれ(that)」という、文字通りの意味での純粋な経験をもっているとみなせるのかもしれない。それは、一と多との両方で充満しているが、まだ表面に現れない諸点を孕んでいる、あまねく不断に変化しつつあり、まだ非常に混沌としているので、その変化する相と相とは互いに浸透し合い、相違点も同一点も捉えられることができない。このような状態にある純粋経験は、「感じ（feeling）」、ないし「感覚（sensation）」の別名でしかない（James, 1912, 46=1998, 84）。

純粋経験とは「生の流れ」、あくまで「感じ」として感覚される。それは前述したように、主観的とも客観的とも区別できない一瞬の感覚である。判明に認識されるものではなく、ただ渾然と認識される。そして不断に変化する過程とともにある感覚と言い換えてもよいだろう。この渾然としたしかたで表象される世界――それはライプニッツの微小表象において与えられる世界でもある――は、明確な意識を伴った判明な認識の背後にとどまっている。しかし、それは、けっして消極的なものとしてとどまるのではない。経験の基底として、知覚や感情を支えるもっとも重要な基盤をなす。この点に積極的な意味を掬い取ること、そのことこそが何より重要である。われわれはジェームズの純粋経験に関する主張をそのように理解することができる。

ところで、この「感じ」において看過してはならないのは「相対的（relative）」という点である。前記の引用のすぐ後に、ジェームズは「経験の純粋性といっても、それは相対的な表現でしかなく、そこになおまだ言葉にならない感覚の相対量を意味するにすぎない」と述べる。何かを「感じる」ことは、「なおそこに含まれている」ものの相対でしかないというのである。しかも、いったん、純粋経験が生まれるやいなや、「ここかしこと強調点で満たされて行きがちで、こうして強調されて目立ってきた部分部分が同一化され、固定され、抽象化される」（James, 1912, 46=1998, 84）ことになる。

この指摘から、「相対的」という用語が二重の意味で規定されていることが理解できる。まず初発の段階で、純粋経験はすでに相対的であることが読み取れる。ある物体にふれるとき、そこに生じる

「感じ」は、物体の硬度や表面のなめらかさが入り混じった「あれ（that）」の感覚であるが、そのどちらも相対的に感じられるのであり、さらに硬さと滑らかさのどちらかが相対的に強くあるいは弱く感覚されるだろう。それらはあくまで相対的な「強度」として「感じ」られるということだ。さらに時間的経過のなかで、その流れが同一化と抽象化という過程を経ることで、この「感じ」は一層相対的なものとして現れる。したがって、純粋経験の生成とその流れは、初発の段階でも、同一化と抽象化の過程でも、いわば二重の意味で、相対的な過程であるといえる。

これがジェームズが述べるところの「純粋経験」である。

二つの事柄が確認されるだろう。

第一は、純粋経験とは主観とも客観とも分離しえない未分化の根本的な経験であり、それは明確な「何（what）」にもなっていない「あれ（that）」というしかないような、「感じ（feeling）」として捉えられる。そうであるがゆえに、従来は、明晰さを欠く、消極的なものとして捉えられがちであった。しかしながら、反対に、この純粋経験こそが経験総体の基底を、感受や知覚といった「知る（knowing）」という過程の基底をなしているが故に、けっして看過されてはならないということである。

第二は、この純粋経験すらも、相対的なものであるという点である。いま少しこの点に立ち止まり、考察を深めておこう。

ある動物が眼の前を物凄いスピードで通りすぎるとき、その物体の形、速度、毛の色、顔の輪郭、体の姿勢や動作など、さまざまなものを私たちは一挙に「感じ」とるだろう。そのとき、私たちはいま、目の前を走っていたものを「あれ（that）」としかいいようのない状態に置かれる。つまり、半ば混沌状態に置かれるだろう。しかし、ジェームズが述べるように、「純粋経験の流れは、……ここかしこと強調点で満たされ……、強調されて目立ってきた部分部分が同一化され、固定され、抽象化される」(James, 1912, 46=1998, 84)ことになる。動物の毛の色がきわだって強調され、その色からするとあの動物は「Aかもしれない」あるいは「Bかもしれない」といった知覚の動きがはじまり、目の前を走り抜けた「あれ(that)」ははじめて「知られうる」対象たる「何か」となる。

いま一つの例で考えよう。目の前に広がる大自然の風景。それを、風の流れ、山並みの輪郭と様々な緑の色の配列と光の反射、空の青さのグラデーション、風と野鳥のさえずりの音、そして冷ややかな空気の感触、それらの無限ともいえる多様な要素からなる「いま」「ここ」の自然の営みを人間はどう「感じ(feeling)」、いかに「知る(knowing)」のか。作曲家や文筆家にかぎらず人間は、この対象との接触からの「感じ」をどう知覚し、表現するのだろうか。誰もが行うこうした「感じ」から知覚へ、知覚から表現へと至る過程でも、何かが強調され、同一化され、抽象化されるのではないだろうか。

すなわち、純粋経験といえど、それはすべてを汲み上げることなどできない。そこではすでに何かが弱められ、何かが強調され、何かが同一化され、何かが除外され、整除される過程が進展している。だからこそ、ジェームズは、この事態を「はじめは混沌状態にある多くの純粋経験が、だんだんと秩序だった内部世界と外部世界とへ分化していくさま」(James, 1912, 18=1998, 41)と表現するのである。

この弱さと強さ、整除と強調、これらが純粋経験の相から知覚へと進む運動が帯びる基本的性格をなしている。これを彼は「相対的」「相対的量」と述べるのである。このジェームズの認識の基本が、本章の主題的なテーマであるホワイトヘッドの「抱握」という概念と「事態の潜勢態」、そして「強度性」といった概念に結晶化され、引き継がれていることを私たちは後に確認することになるだろう。

接続関係と分離関係

純粋経験論が、「意識」と「内容（意識されるもの）」との区別から出発する合理論の立脚点から離脱して、主観的なものと客観的なものがいまだ未分化な分離以前の状態を思考すること。それがジェームズの一貫した思索の航路をなしている。

ただし、彼は、〈知るもの〉と〈知られる対象〉という二項を拒否しているわけではない。それはあくまで、不断に変化し続ける過程を通して、事後的に、生まれる。そのことを明らかにするために、ジェームズは知覚の累進的な過程ないし知覚の階層性とでもいうべきものを射程に入れて考察を加えていく。その試みがどの程度成功したかは別として、考察の焦点として導入された概念が、「接続的関係（conjunctive relation）」と「分離的関係（disjunctive relation）」である。

彼は以下のように指摘する。

ふつうの経験論は、接続的関係と分離的な関係とが経験部分としてまったく対等であるという事実にもかかわらず、従来とかく事物の連鎖の方を無視して、分離をことのほか強調しようとする傾向を示すのがつねであった。バークリーの唯名論、私たちの識別するものはみな「個々ばらばら」で、まるで「連結しようがない」かのように説くヒュームの言説、類似した事物も「現実には」少しも共通なものをもっているわけではないとするジェームズ・ミルの反論、因果の絆を断ち切って、習慣的に後に続いて生ずるにすぎぬとする説、物的事物も自己もともに非連続的なもろもろの可能性から合成されているとするジョン・ミルの説明、さらに総じて経験全体を連合（association）によって細切れにしてしまう遣り口や〈心 - 粉塵説（mind-dust theory）〉、これらは、私が言おうとしていることの例証になる（James, 1912, 23=1998, 46-47）。

経験とはあくまで推移（transition）である。大都市の街角で、クルマのエンジン音を聞き、街頭の騒めきが耳に入り、多くの人が足早に通りを過ぎるのを眺めるように、経験の一瞬一瞬が「経験の織物」を織り続けていく推移のなかにある。「生は、連結される諸項のなかにあるのと同様に、推移のなかにもあるのであり、実際、しばしば、生はまさに推移にある」（James, 1912, 42=1998, 79）。

それにもかかわらず、従来の経験論は、最初から経験を「個々ばらばら」にしてしまい、それらの諸経験の関係そのものを具体的な経験として考察できていない。これがジェームズの主張である。それに対して、「根本的経験論は、接続的な関係を公正に扱う」。経験から別の経験への推移、さらにこの別の経験からさらに別の経験への推移の経験が、多様なかたちで経験されることを記述する論理が必要なのだ。そのための概念が接続的関係である。「接続的関係は、いうならば同一意識内的推移とでも呼ぶべきもので、同一の自己に属する一つの経験が他の経験に移り変わっていくその推移である」（James, 1912, 25=1998, 49-50）。そのことを、ジェームズは「同じ自己に属する一つの経験から他の経験への移行という、あらゆる接続的関係のうちでももっとも親密度の高いものには、この断絶の欠如、この連続感のほかいかなる性質も、いかなる〈何〉（whatness）もない」（James, 1912, 26=1998, 51）とも述べている。

接続的関係にはさまざまな位相がある。たとえば同時性および時間－間隔、空間的近接および距離、さらに多くの推論の可能性を孕む「類似と差異」がある。その次に「活動の関係」がくる。「これは、項と項を結び合わせて続きものにするもので、変化、傾向、抵抗、および一般に因果関係が含まれる」(James, 1912, 24-48)。

深夜街の通りを歩いているとき、何かが壊れる音Ａがする。その数秒後に人の叫び声Ｂが聞こえる。その直後にビルとビルの細い隙間を走り通りすぎる二つの黒い影Ｘ１、Ｘ２を見たとしよう。そして同時に別のビルの前を走り去る一つの影Ｘ３も見たとしよう。この数秒の間にも、変遷それ自体が直接的に経験される事象が生まれる。何かが壊れた音と叫び声との時間的 - 間隔の推移、二つの影の空間的近接性、そして二つの影と別の影の空間的距離を同一意識内的推移として感受する。そしてさらに聴覚的経験と視覚的経験を接続的関係のもとに置きながら「あれ」としか指示できない事象を「何か」と知覚する運動がはじまるだろう。そこでは、何かが壊れた音が、ガラスの壊れた音か、金属が道路に落下した音か、どちらかを見極める差異と同一化の二重の知覚の働きが生じる。また人の叫び声が、男の声か、女の声か、どちらかを見極める差異と同一化の二重の知覚の働きが生じる。さらに壊れる音Ａから叫び声Ｂへの推移のなかで「誰かが喧嘩している」との想念が生まれるかもしれない。さらにその後三つの黒い影Ｘ１、Ｘ２、Ｘ３を目撃することで、ＡからＢへとつながる音声の受容から生成した想念はＢの音声からＸ１、Ｘ２、Ｘ３の視覚に推移することで、「誰かが喧嘩している」状況ではなく、「犯罪が発生しているのではないか」という想念に変化していくかもしれない。これらすべての関係の諸項が互いに接続し合いながら連続的推移として経験されるのである。

また、この推移の過程が「記憶、目的、努力、達成ないし失望などの一体系として自己が組織される」(James, 1912, 23=1998, 48) 経験と表裏の関係であることが確認される。

その音は何の音か、その叫び声は誰の声か、走り去った影は男か女か、を同定する働きはこれまでの経験を辿り直して記憶を手繰り寄せる想起の力を介してなされる。さらに、これからどう行動するかの目的の設定と努力を引き起こしていく。過去が現在につながれ、未来が現在につながれ、一つの一時的結果が自己原因となって次の結果を生み出し、その一時的結果が自己原因となって未来の未知の要因を現在に引き寄せる、現在と過去と未来がそれぞれを内包しながらつねに推移し続ける心の状態が形成される。推移の過程で一つの項が後続する他の項に取ってかわられることをジェームズは「代用」(substitution)という用語で指示しているが、この推移の線は「明らかに過去の継続として訪れてくる限りでは過去『に』属しており、訪れる未来がそれを引き継いでいるであろう限りでは、未来『に』属している」(James, 1921, 42=1998, 79)のである。

そして、結果として、それらの出来事は犯罪か、喧嘩か、あるいはそれ以外の事象であったか、が事後的に明かされるとき、自己の認識が正しかったことで満足するか、誤っていたことに気づき失望する、心の状態が生まれるだろう。ジェームズの述べる客観的照合(objective reference)である。諸項が互いに浸透し合いながら連続的に推移する過程は「記憶、目的、努力、達成ないし失望などの一体系として自己が組織される」過程であるという前述の指摘は、まさにこうした過程を指示する。客観的であることと主観的であることとはけっして分離できない一体的な推移なのである。その上で、ジェームズは次のように総括する。

一つの経験が、他の経験と同一の目的へ誘導する(あるいは誘導される)ときには、両者の経験は機能において一致しているのである。しかし、直接に与えられているがままの経験の全体系は、半ば混沌状態を呈しているのであって、人は最初の項から出発してたくさんの方向をとってその混沌を通り抜けることができるが、それにもかかわらず、たいへんに多い可能な通路を次から次へと通って行きながらも、結局、同一の目的に行きつくのである（James, 1912, 32=1998, 61）。

引用した前記の文章を、私たちは、容易に、プラグマティズムの方法、プラグマティズムの真理観を含意するものだ、と指摘できるかもしれない。ある試行錯誤を通じて、最終的に知性が有用であることが証明されれば、それは真理であると考えてよい、とするプラグマティズムの基本的な考え方である。たしかに、ジェームズも前記の文章のあとに客観的照合について指摘し、これが「今こそ、プラグマティズムの方法を適応すべき絶好の場所のように思われる」（James, 1912, 36=1998, 68）と述べていることからして、そうした指摘は適切といえるかもしれない。

しかしながら、われわれが着目すべきは、知識や知性が使用され検証されるところに真理があるという知性の有用性に関わる側面やプラグマティズムの方法ではない。むしろ相対的であるが故に対象知覚の複数性にもとづくほかない、半ば混沌状態をいくつもの可能な通路を経て、経験から次の経験へと不可逆的に推移する過程として「知る」という行為が把握されていること、こちらの側面に目を向ける必要がある。それは有用性の拡張といったことに収斂することなく、〈知るもの〉と〈知られるもの〉との出会いの過程で生ずる「一でありかつ多でもある」という純粋経験の潜在性に向かって何度も回帰し、遡及する方向性を指示しているということだ。つまり、様々な対象との関係が一つの経験を成立させ、またその一つの経験が別の過程の生成に組み入れられることで変化し続ける、その推移の過程こそが重視されているのだ(3)。

だからこそ、ジェームズは、この複数的な、前進的で遡及的な在り方を、「私たちの〈知ること〉すべての膨大な部分は、この潜在的段階をけっして超えることがない。それはけっして完結されたり固定されたりはしない」と表現するのである。この推移の過程でその都度あらたな「何か」を産出させる潜在的段階を「発見」し、重視している点にこそ、ジェームズの議論の核心をみるべきなのだ。

純粋経験に占める情動的事実（affective facts）の位置(4)

純粋経験のいま一つの重要な側面について述べておく必要がある。ジェームズ自身がつけた節のタイトルを引用するなら、それは「純粋経験の世界における情動的事実（affective facts）の占める位置」ということになる。

ジェームズが述べた例を引いておこう（James, 1912, 32=1998, 61）。ある秋晴れの日に、私たちは、「ほどよく快い暖かさ」といったらよいか、それとも、「そのほどよい暖かさのひきおこす『快い感じ』」というべきか、そのような「感じ」を感受していると想像してみよう。前者の言明はいわば対象の性質に関する言明、そして後者は主体の感情に関する言明といえそうである。しかし、両者を切り離すことなどけっしてできない。これがジェームズの主張であった。対象（の特性）と主体の感情は分かちがたく結びついているのであり、その未分化・未分離の状態こそが純粋経験の相である。

その意味で、ジェームズによれば、「思想と事物とはその質料に関しては絶対に同質的であり、両者の対立はただ関係および機能の対立にすぎない」（James, 1912, 69=1998 120）という純粋経験論の主張にとって、前記の経験の両義的な性格は、純粋経験論の「優れた確証物」の役を果たしてくれるものとして位置付けられる。感情的経験は「純粋に内部的な事実として直接に与えられている」と考えてはならないのである。

経験の両義性のもとで、私たちは、ときには「ほどよい快い暖かさ」を対象の属性のように語り、ときには主体の感情として語るように、〈感情的経験を両義的なままに、浮動させ、気ままにその時々の便宜にしたがって類別しているにすぎない〉(James, 1912) のである。「私たちが、もともと私たちの感情を含意する語を、この感情を呼び起こす対象のうえに投影するのを禁じられるとしたら、言語はその美的および修辞学的価値の大部分を失ってしまう」(James, 1912, 72=1998, 124) だろう。快、有用、美、醜悪、親密、危険、面白さ等々、「鑑賞的な形容詞」によって表現されるような事物・対象の属性は、「自然と私たちの交渉においては、……対象に特別の重みを与えるものなのであって、ある対象が特別の重みをもつということは、その対象がどんな精神的事実を意味するかはともかくも、その対象が私たちに対して直接的な身体的影響を、すなわち、調子や緊張の、心臓の鼓動や呼吸の、血管や内臓の活動などの変化を引き起こす」(James, 1912, 74=1998, 129) ということを意味している。

この直接的な身体的影響、すなわち「身体の内臓的動揺 (visceral perturbations)」(James, 1912, 76=1998, 131) こそが、情動 (emotion) にほかならない。

そして、この情動によって担保された感情的価値によってこそ、「私たちのめいめいの意識の流れにおける諸経験の連続は、私たちの『思想』として、たいていは統御されている」(James, 1912, 75=1998, 130) のである。

強調しておこう。純粋経験は、たしかに渾然としたままの、主客未分化の「感じ」という様態といえる。しかし、それは、「身体の内臓的動揺」としての情動とともにあって経験の基底部をなしており、知覚の営みが高次の「認識」や「思想」へと至るプロセスにとって不可欠な「土台」として機能しているのである。

2 ホワイトヘッドの「抱握」について

前節で、純粋経験の関するジェームズの思索を検討した。冒頭で述べたように、それは、イギリスのヒュームやバークリーに代表される伝統的な経験論を乗り越え、一方で新カント学派の合理論への徹底的な批判を展開するなかで、合理論とも従来の経験論とも異なる第三の道とでもいうべき新たな方向を見出そうする試みであった。そこから析出されたのは、純粋経験といわれる経験の相であり、生を推移として捉える視点であり、その推移の経験の特徴をなす情動が占める位置であった。しかし、この野心的な試みは、従来にはない試みであるが故に、事態を記述するための概念が限定され、さらに「知ること」に関わるプロセスの諸段階ないし階層性を一気に飛び越えて記述する危うさを内包していたように思われる。

以下では、ホワイトヘッドの『過程と実在』に眼を転じて、彼がジェームズの純粋経験の概念をいかに継承し、厳密化したのか、という観点から検討を加える。

抱握概念

すでに別稿（本書第1章）で言及したように、ホワイトヘッドは「私は、また、ベルグソン、ウィリアム・ジェームズ、ジョン・デューイに大いに負うところがある。私の関心事の一つは、彼らのようなタイプの思考を、当否はともあれ、それと結びつけられてきた反主知主義という告発から救出することであった」（Whitehead, 1929, vii=1981, xv）と指摘し、ジェームズの哲学を高く評価していたといえる。(5) 彼の抱握概念は、ジェームズの純粋経験をより一層精緻に整理し直す企てであったと見ることができる。

『過程と実在』の第三部「抱握の理論」、その第一章「感受の理論」で、ジェームズが「自然と私たちの交渉」と述べた事態を、ホワイトヘッドは「抱握（prehension）」として概念化する。(6)では、抱握とは何か。ホワイトヘッドは次のように述べる。「細胞が、それ自身の生存の基礎として、それがそこから生ずる宇宙の多種多様な要素を占有化するものとして示される。個々の要素を占有する各過程は、抱握と呼ばれる。このように占有された宇宙の究極的な諸要素は、すでに構成された現実的存在（actual entities）あり、また永遠的客体（eternal objects）である」（Whitehead, 1929, 335=1983, 321）。

ここでは、「細胞」という用語が主語となり、これが宇宙の多種多様な要素を自らのものとする占有（appropriate）という概念で抱握が定位されている。それは明らかにジェームズが「あれ（that）」として「感じ（feeling）」るところからはじまる知覚の動態的過程を指している。さらにホワイトヘッドによれば、「現実の存在（actual entity）とは、過程なのであって、そこでは、不十分な主体的統一性をもった多くの働きが、働きの完結した統一性――これは満足と呼ばれる――に終結するのである」（Whitehead, 1929, 335=1983, 322）という。

この規定は以下のことを意味している。つまり、モノとモノとの関係、細胞と細胞との関係を通して、つまり相互的な関係の過程を通してはじめて「現実の存在」が成立するということである。「現実の存在」が孤立して存在するわけではない。事物のさまざまな有機的な関係において「現実の存在」が生起する。ホワイトヘッドが自らの哲学を「有機体の哲学」と名付けた理由もこの点にある。

また、過程を通して占有化された諸要素こそが「現実的存在」であり、この過程において、モノたち＝細胞の力能によって身体という物質が触発される、「意志をもたない経験」が主題化されていることが確認されねばならない。多くの論者が指摘するように、こうしたホワイトヘッドの関心と、思弁的実在論や新しい唯物論の重なりを見て取ることも可能だろう。

では、「働きの終結的統一性」として規定される満足（satisfaction）とはどのようなことがらを指しているのか。ホワイトヘッドは、それを「現実的存在がそれ自身を超えて在るもの、を具現している」（Whitehead, 1929, 335=1983, 322）とも述べる。現実的存在たる過程自身が、過程を超えて在るもの、を具現する事態が「満足」であるというのである。またこのことを「それ自身の過程――それ自身の内的存在（on internal existence）である――は、蒸発し、使い果たされ、満足してしまっている」（Whitehead, 1929, 366=1983, 322）状態であるとも述べる。これらの規定に従えば、ひとまずここでは、この「働きの終結的統一性」としての満足を、刻一刻と変化する過程のなかにあって、いまだ「あれ」としかいえない対象を、「それはなめらかだ」「それはやわらかい」と感覚する「物的感受」にはじまり、次に「それは鉛筆で、その鉛筆は〜だ」「そのペンは〜だ」といった命題にまでに至る知覚の「終結的統一性」、これが満足であると考えることができるだろう。(7) ホワイトヘッドに倣ってベルグソンの用語を使えば、「空間化された現実存在」となる、ということである。

ところでいま「それはやわらかい」「それはなめらかだ」と述べた。つまり抱握の仕方が一様ではないことを示している。このことをホワイトヘッドは、「有限な真理が可能であるということは、現実的存在の満足が、多種多様な働きに分けられる」（Whitehead, 1929, 337=1983, 323）からであると述べる。そしてこの多種多様な働きが「抱握」なのだという。一様ではない、いくつもの分岐を孕む、占有の過程として抱握が把握されている。

この多様な働きを可能にする分岐の指標としてホワイトヘッドがまず掲げた概念が、否定的抱握、肯定的抱握、という対概念である。否定的抱握とは「合成（concrescence）への貢献からの排除」を意味し、肯定的抱握とはその逆、「合成への貢献」を意味する。そしてこの肯定的抱握が「感受（feeling）」と呼ばれるのである[8]（Whitehead, 1929, 337=1983, 323）。宇宙の多種多様な要素のなかの、ある要素が排除され、ある要素が合成の過程に組み込まれる。合成の過程とは、「多くの感受の始原的段階」と、「前期のより単純な感受を統合して、感受の一つの複合的統一性である満足に至る一層複合的な感受の継続的な諸相」として捉えられる[9]。前記の例でいえば、モノのかたちはいったん捨象され（=否定的抱握）、「やわらかさ」と「なめらかさ」が感受され、それが「やわらかく、なめらかな、何か」と複合的統一性をなしていく過程を指示している。

以上が、抱握、感受、合成という基本的な概念が指示することがらである。これをふまえて、ホワイトヘッドは、感受の複合的構造として五つの要因に整理する。第一は、感じる主体、第二は、感じられうる「始原的諸所与」、第三は、否定的抱握による除去（elimination）、第四は、感じられる「客体的所与」、第五は、その主体がその客体的所与をいかに感受するかという「主体的形式」である。

三つのことがらを補足しておこう。第一は、「始原的諸所与」と「客体的所与」との区別である。「始原的諸所与」とはジェームズが「あれ（that）」として表現したところの、渾然としたまま感受される状態として考えてよい。ジェームズが「一でありかつ多である」と述べたように、あくまで潜在性のままにとどまる位相をそれは指している。それに対して「客観的所与」とは、時間の経過にしたがって固い／柔らかいある「何か」として浮かび上がるものを指示するだろう。第二は、主体という概念が登場していることである。しかし、この概念には注意を払う必要がある。

ホワイトヘッドは、主体という用語の使用は「感受が感受であるのは、感受の主体が主体であるがためである」と述べている。それは、感受がまずあって主体が成立するのであって、主体があらかじめ存在して感受があるわけではない、ということだ。だから哲学の一般的な概念としての主体という概念は「誤解」を招くと指摘する。むしろ「自己超越体（superject）」という概念の方がより適しているという。その理由は、「主体はその感受によって主体であるのだから、超越的に、その主体がみずからを超える超越的な創造性を客観的に条件づけるということは、ただその感受という手段によってだけ」（Whitehead, 1929, 339=1983, 325）だからである。この自己言及的な性格をホワイトヘッドは「感受に含まれている諸要素のこの自己決定は、その感受の主体は自己原因であるという真理の一表現なのである」（Whitehead, 1929, 338=1983, 324）と言い換えている。感受によって自己が自己を超えていくこと、この自己超越性に創造的前進（creative advance）の核心を見てとるのである。

第三は、否定的抱握が消極的なことがらであるとは考えられていないという点である。否定的感受はたしかに肯定的感受に従属している。しかし、それは固有の意義を孕んでいる。重要な指摘を引用しておこう。

この除去を達成する否定的抱握は、単に無視しうるようなものではない。感受がみずからを構成しつつある過程は、またみずからを統合的感受の主体的形式のうちに記録される。否定的抱握は、その過程に寄与する自分自身の主体形式をもっている。感受というものは、みずからの上に誕生の痕跡をもっているのである。それは、自分の生存の闘争を主体的情動として想起する。それは、そうであったかもしれないが、現にそうではないものの刻印を持ち続けるのである。まさに、この故に、現実的存在が感受にとっての所与としては遠ざけてきたものが、いつ感受の装備の重要な役目を果たさないとは限らない。現実的なものは、可能的なもの（筆者　本書では the potential を「潜在的なもの」として訳出しているが、ここでは平林訳に従って表記した）と絶縁された単なる事実には還元され得ないのである（The actual cannot be reduced to mere matter of fact in divorce from the potential.）（Whitehead, 1929, 346=1983, 333）。

いま一度、具体的な例で説明しよう。大学の教室のなかで、教員が講義している。ある学生は教員の話を集中して聞いているため、机の上に腕を乗せ、指でペンを握っていることなど気にもしていない。窓が開いていて、さわやかな風が教室を流れていることも気にしていない。彼は教員の声に集中して耳を傾けている。声のみが、肯定的抱握の対象となっているのだ。しかし、教員が沈黙の状態に入ったとき、風の音、風がかすかに流れる感覚、机に触れている感覚が呼び覚まされることもある。意識されることもなくすまされてきた「風の音」や「空気の流れ」や「机の感覚」が、「いつ感受の装備の重要な役目を果たさないとは限らない」というのだ。また、それ以上に、肯定的抱握と否定的抱握との間の闘争、肯定的抱握の内部のさまざまな感受同士の間の闘争を通じて、ある感受が後続の項へと接続され、新たなプロセスのなかに投げ出される「誕生の痕跡」をもっているというのである。

このことをホワイトヘッドは「現実的なものは、可能的なものと離絶された単なる事実には還元され得ないのである」（Whitehead, 1929, 346=1983, 333）と述べるのである。客体化された現実、しかしそれは、あくまで「ある抽象の下で感受された」（Whitehead, 1929, 353=1983, 340）ものなのであり、その背後には除去された様々な要素がうごめいているということだ。

後年、ホワイトヘッドが、『思考の諸様態』の中で、われわれが経験する与件には「実現された事態（realized matter of fact）」および「事態の潜勢態（potentialities for matter of fact）」という二つの種類があり、

「こうした潜勢態は、与件もしくは結末に現れる実現との関連を離れて、純粋な抽象的潜勢態へと分析される一方、そのような実現とのある親密な関連があるために受け入れられるような潜勢態へと分析される」（Whitehead,1938, 94=1980, 123）と記述した内容は、前記の「現実的なものは、可能的なものと離絶された単なる事実には還元され得ないのである」という論述と明確に対応している。

あらためて指摘しておこう。感受、そして各現実的存在の満足は、「束縛されていない抽象的可能性（boundless abstract possibility）」を、各合成がそこから生ずる「個々の実在的潜勢態（real potentiality）」へと制限しつつ、「実現された事態（realized matter of fact）」を構築する過程である。

ホワイトヘッドによるこの論理展開に、「私たちの〈知ること〉すべての膨大な部分は、この潜在的段階をけっして超えることがない。それはけっして完結されたり固定されたりはしない」と述べたジェームズの主張を重ね合わせて見ることができるだろう。

発生論的視角

ホワイトヘッドの抱握、感受、そして肯定的感受、否定的感受、さらに合成、満足という概念の基本的理解に努めてきた。さらに、感受する主体、それは感受することを通じてはじめて主体たりえるのであり、かつ感受を通じて自らを超越するが故に「自己超越体」とでも呼ぶべきものであること、そしてそこに創造的前進が孕まれていることをみてきた。また、感受を通した合成と満足が、「実現された事態（realized matter of fact）」の背後に個々の「実在的潜勢態（real potentiality）」を生成するが故に、現実的存在たる過程が創造的前進の客観的な契機をつねに内包していることをみてきたのである。以下では、この理解をふまえて、ホワイトヘッドが「発生論的」と指摘した知覚の諸段階ないし発生論的な諸階層を示し、その後に感受の「主体的形式」を検討しよう。

まず、感受のもっともプリミティブな段階は、「原初的感受（primary feeling）」である。そしてこの原初的感受には三つの原初的な感受の型がある。一つは、単純な「物的感受という型（simple physical feeling）」、二つ目は、「観念的感受（conceptual feeling）」、第三は、「変形された感受の型（transmuted feeling）」である。単純な物的感受という型においては、始原的一所与は単純な一現実存在であり、観念的感受においては一客体的所与は一永遠的客体であり、変形された感受の型においては、一客体的所与は現実的諸存在の一結合体であるという。

もはや説明を要しないかもしれないが、「単純な物的感受」とはある物体を見る、触る、聞く、味わう、嗅ぐ、という五感を通じた、文字通り物的感受であり、すでに説明した通り、「始原的所与」と「客体的所与」を包括する概念と考えることができる。次に、観念的感受とは、単純な物的感受を通じて獲得された単純な一現実存在を「何か」としてまさに何らかの像として観念的に感受することを指している。そのとき、「あれ」や「それ」としかいえない物的感受から「イヌ」というイメージが、あるいは「ネコ」というイメージがふっと浮かんでくるかもしれない。様々な対象や物質が内包する質や形式――これが永遠的存在である――からあるイメージとして現実的存在を感受すること、これが観念的感受にほかならない。これに対して、変形された感受とは、一本一本の樹の集合を「森」として感受する働きを指している。それは、観念的感受を前提し、個々の事物の細部を捨象して、共通する要素をまとめあげる感受といえる。したがって、その客体的所与は、前記のように「現実的諸存在の一結合体」なのである。

いま述べてきた、物的感受、観念的感受、変形された感受は、あくまで「感じ」（feeling）として、文字通り「感じ取られた」多様な物的対象との関わりのなかで生まれる。「それぞれの物的感受からは、純粋に観念的な感受の派生が存在する。この観念的感受の所与は、物的感受された現実的存在ないし結合体の限定性において例証された永遠的客体で」(Whitehead, 1921, 376-366)あり、「心的極は、物的極における働きのもつ観念的な対応物(counterpart)として生成する」のである。

しかもここで重要なのは、この過程が意識によって主導されるわけではなく、あくまで意識以前的な身体的感じ(feeling)において推移することである。それが満足に向けて移行するときにはじめて主体としての意識が成立する。「これらの感受(筆者:前記の三つの感受)のいずれにおいても、主体形式は、意識を含んでいない」のだ。

「思惟する我」ないし意識を、経験を構築するにあたってその出発点として措定するデカルトやカントの合理論は、この過程を捨象して抽象物を具体的なものとすり替えている。デカルトやカントに対するこうした批判が、ホワイトヘッドが指摘する「具体者置き違いの誤謬」であるが、この「感受」の概念がまっすぐジェームズの議論に接続していることをあらためて確認しておくことが肝要だろう。

この「原初的感受(primary feeling)」を基盤として、私たちが一般に知覚という用語で考える、次の過程が成立する。彼はそれを三つの様態として整理する。「因果的効果の様態における知覚(perception in the mode of causal efficacy)」と「表象的直接性の様態における知覚(perception in the mode of presentational immediacy)」そして「象徴的関連付けの様態における知覚(perception in the mode of symbolic reference)」である。

ここでは詳しく論ずる余裕はないが、「因果的効果の様態における知覚」とは、暗闇の森林のなかを歩くとき、恐怖と共に知覚対象を生み出すような様態を指している。ホワイトヘッド自身の用語を使うならば、「内臓（visceral feeling）を通して得られた世界に関する情報」（Whitehead, 1929, 184=1981, 180）である。そしてその「純粋な様態の明白な事例」は「内臓」と「記憶」にあると指摘し、「漠然としていて制御し難く情動に満ちた知覚対象を生み出す。すなわちそれは、直接の過去から派生した感覚および直接の未来へと移行する感覚を生み出す」（Whitehead, 1929, 271=1981, 264）という。このことに関しては、後述する主体形式の箇所であらためて考えよう。

次に、「表象的直接性の様態における知覚」とは、この耳が聞く音・声、この目が見る形、色など、あくまで直接的に表象する知覚の様態であり、「因果的効果の様態における知覚」と比較すれば、「判明で限定的で制御可能で、直接的享受に適しており、過去ないし未来に対して最小限の関連」しか伴っていないという。またこの純粋な様態の事例を見出すためには、「妄想［虚像］（delisive）」に頼らねばならない、とも述べている。つまり、「木」や「森」を文字通り、「まっすぐに伸びた物体」として見る、その様態を指していると考えることができよう。

最後に、「象徴的関連付けの様態における知覚」とは、前述の二つの知覚の様態が象徴的に関連付けられる場合の知覚の様態である。例えば、知覚の対象である暗闇の森林は、「表象的直接性の様態」からみれば、あくまで「まっすぐに伸びた諸物体」として知覚される。一方で、「因果的効果の様態」からみれば、「恐怖」として知覚される。つまり、二種の知覚対象が交錯するとき、そこに象徴作用が成立する。すなわち、「まっすぐに伸びた物体」と「恐怖」とが重なり合い、交叉するなかで知覚の作用が行われる。これが「象徴的関連付けの様態における知覚」である（この点についても次章で考察を加えよう）。

ホワイトヘッド自身が指摘していることだが、この知覚の様態は、薬物を使用して幻覚ないし妄想をみるときに純粋なかたちで見られるという。「表象的直接性の様態」としての「まっすぐに伸びた諸物体」が「悪魔の姿」として直接的に見えてしまうような事態であろう。「まっすぐに伸びた諸物体」と「悪魔」そして「恐怖」が交叉するなかでの知覚といえる。

こうした複雑な知覚の様態を通じて、私たちは「この森林は青々とした緑に覆われている」といった命題や、「この森林は怖い」といった命題を提示するところまで、つまり高次の知覚・認識を獲得する地点にまで至ることになる。

命題とは、ホワイトヘッドにとって、「それ」あるいは「この森」として端的に示す論理的主語と、「それ」「この森」を限定する述語的パターンとの統合からなるものであり、「ある現実態（生の与件）に関する見方、現実態についての表現、可能的な表示なのである。

命題について

命題とは、前記のように、論理的主語と述語パターンとの統合であるが、ホワイトヘッドは、それを、「論理的主語に対する制限された関連の或る決定された様態における、限定性の決定者としての永遠的客体の可能態なのである」（Whitehead, 1929, 393=1983, 379）と述べている。それは繰り返し指摘してきたように、それに先行するところの、①論理的主語を含んでいる客体的所与をもつ物的感受（「それ」と感受できる物的感受）、②その所与の限定性を決定するモノの間にある永遠的客体を含んでいる物的感受（弾力、形状、色彩などの形式を通じて感受できる物的感受）、③この永遠的客体についての観念的感受（「それはリンゴである」あるいは「それはミカンである」といった永遠的客体の観念的な像＝イメージが引き出される観念的感受）、④先の観念的感受からの逆転であり、他の永遠的客体を所与として含んでいるある観念的感受、という要件を必要としている。ホワイトヘッドは①を「指示的感受」、②を「物的感受」と規定する。前者は論理的主語を派生させ、後者は述語的パターンを派生させる（Whitehead, 1929, 397=1983, 383）。

その上で、彼は、命題は、「知覚的感受」と「想像的感受」という主要な二つの型に類別できると指摘する。その差異は「指示的感受」と「物的感受」との一致、そして逆に両者の相違、に基づいている。「このリンゴは甘い」「このリンゴは硬い」という命題は、「甘い」「硬い」という述語パターンが②で示した物的感受から直に派生されている。これが「知覚的感受」である。

それに対して、「桃は甘い」という命題と、「桃は恋の味だ」という命題とでは、異なることが理解できるだろう。前者は、桃を食べたときの物的感受と「甘い」という述語的パターンとの間に一定の「類似性」ないし「根拠」が存在しているのに対して、後者は「想像的感受」を媒介とした、いわば「物的感受」から飛躍した命題だからである。ホワイトヘッドにしたがって述べるならば、「想像的感受」は「物的感受」との絆を断ち切って、自由に飛翔できる感受の在り方、言い換えれば「美的な感受」を指している。次章で後述するところの「逆転」の範疇でみられる命題が「想像的感受」なのである。

これまでの検討を整理すれば、**図2**のようにまとめることができる。

ここで三つの点を指摘しておく。

第一は、命題は、あくまで「提案（propose）」なのであって、「論理的主語に対する制限された関連の或る決定された様態における、限定性の決定者としての永遠的客体の可能態なのである」（Whitehead, 1929, 393=1983, 379）という点である。

例えば、一枚の皿にリンゴとミカンが載せられている。このとき、「リンゴは甘い」「リンゴは硬い」という命題は「リンゴは～だ」と述べる無限ともいえる述語的パターンから選択された一つの可能態のなかの一つにすぎない。あるいはリンゴとミカンを統合して論理的主語を「果物は」と定位することもまた複数の論理的主語の集合から選択された可能態のなかの一つにすぎない。その選択と対比が意識の機能であり、その選択には主体的形式がふかく関わっている。

ところで、この対比あるいは比較は「リンゴは甘い」「リンゴは甘くない」という肯定と否定の単純な対比にとどまらない。「それは、命題の実現という偶発性において、その同じ現実的存在がその命題の述語的パターンにおける自分に割り当てられた役目を果たすための潜勢態との対比を含んでいる」（Whitehead, 1929, 407=1983, 393）からである。それは、具体的にいえば「それは、実のところ（in fact）～である」が、「それは、～であるかもしれない（might be）」との間の対比といえる。そして、この対比の感受の「主体的形式が意識なのである」（Whitehead, 1929, 393=1983, 394）とホワイトヘッドは述べるのである。

第二は、いま述べたように、この「命題の感受」の創始が、「意識への統合の始まりと終わりの間」に存在しているということである。意識の成立の発端をホワイトヘッドは「命題の感受」の創始に見るのである。換言すれば、「命題の感受は、その最も単純な実例では意識的感受（conscious feeling）なのである」（Whitehead, 1929, 396=1983, 382）。

第三は、永遠的客体が「決定されていない現実的諸存在の中で純粋に一般的な任意のもの（any）にだけ関わる」という点で、真であるか偽であるかにはまったく関わらないのに対して、複合的な感受の所与を形づくる存在（entity）としての命題は、真であるか偽であるに違いないということである。命題は、それが真か、偽りか、判断される対象である。

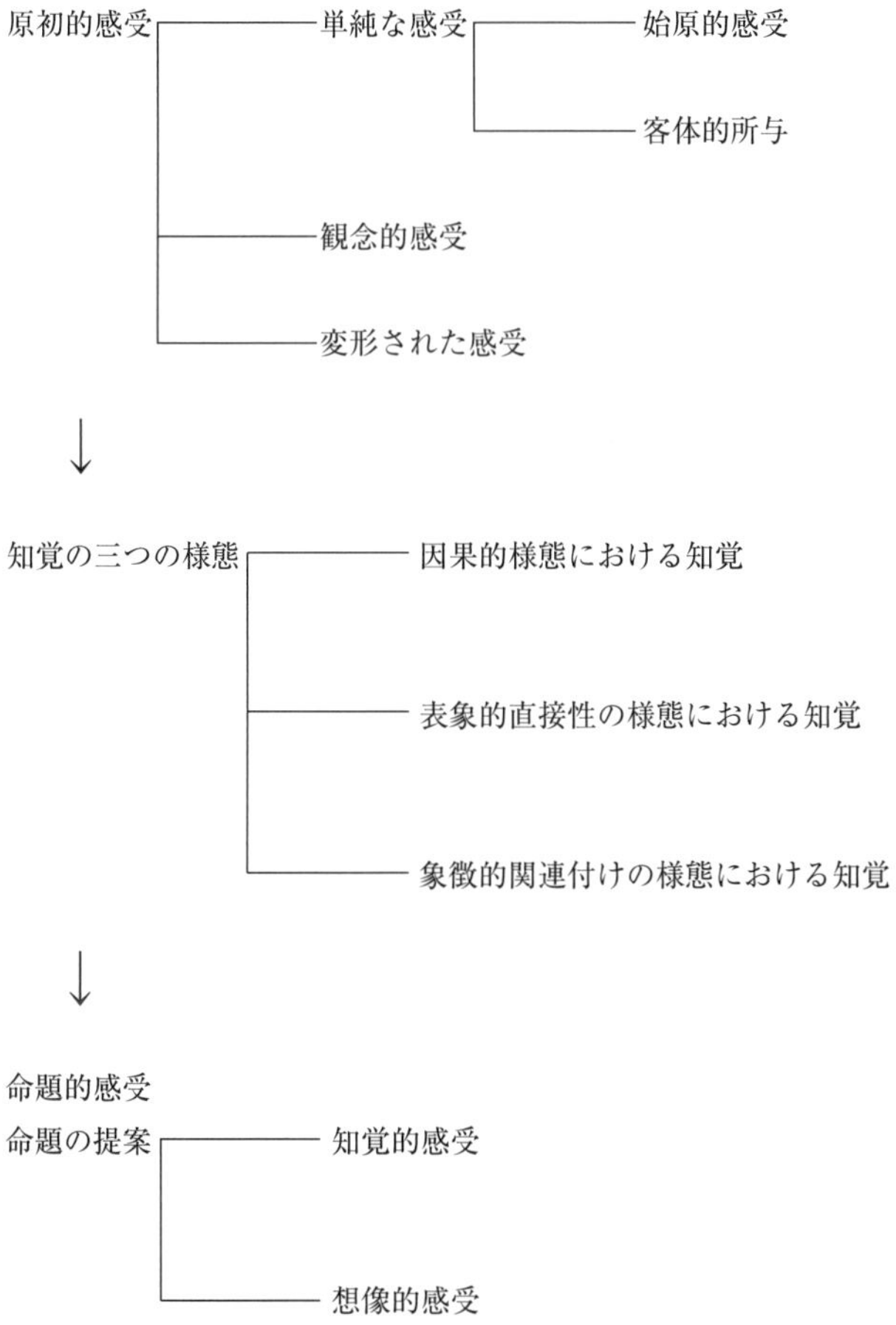

＊真偽の判断に関する判断的感受は命題的感受の下位区分

図2　知覚の発生論的視角

しかしながら第四のポイントは、ホワイトヘッドが繰り返し強調するように、真か偽を問うところの判断的感受はあくまで命題的感受の下位区分の一つにすぎないということである。ホワイトヘッドによれば、「実在の世界では、命題が、真であるということよりも、興味深いということの方が、遥かに重要である。真が重要であるのは、それが興味深さを増加する点にある」(Whitehead, 1929, 395=1983, 382)。

一つの事例で説明しよう。「クルマが時速二〇キロのスピードで壁に追突すれば、壁は壊れる」という命題が提出されたとしよう。その命題は、真か偽か、その真偽が判断される命題である。しかし、それ以上に、この命題がそれを聞いた者の興味を喚起して、実際に実験してみよう、どのように壁は壊れるかを見てみたい、との期待を喚起するかもしれない。あるいは、その命題を聞いて、ある人物は壁が壊れる場面をイメージして、不安や恐れの感情にかられるかもしれない。命題的感受とは、こうして、たんなる真偽の判断の対象としてのみわれわれの前に立ち現れるわけではないし、むしろ興味深さ、その逆に「つまらなさ」を誘因したり、不安や喜びの感情を誘引したりする、その情動的ベクトルの側面を看過してはならないのだと指摘するのである。

ようやくここでわれわれは主体形式について検討する地点に至った。

3 主体的形式

観念的感受の主体形式は、まず何よりも「価値づけ(valuation)」という性格をもつ。これが考察の前提である。

観念的感受は、その主体の或る未完の相において生起し、それが他の諸感覚との統合を見出している続発的な相に変わる。この続発的な相においては、永遠的客体は、その観念的感受の所与なのであるが、或る種の所与の成分（ingredient）となっている。その所与にあっては他の構成要素は、より初期の相における他の諸感受の客体的所与なのである。この新しい所与は、統合された所与である。それは、或る種の「対比（contrast）」になるであろう（Whitehead, 1929, 376=1983, 354）。

「あれ（that）」という物的感受が他の諸感覚との統合を見出して続発的な相に変わり、「何か」を問いかける過程で、「なめらかさ」あるいは「固さ」という永遠的客体が観念的感受の所与の成分となる。この所与にあっては、他の構成要素は、より初期の相における諸感受の客体的所与――この物体の周囲に角がある、周囲は円形の様だ等々――なのであり、この観念的感受の所与の成分である永遠的客体とより初期の相における諸感受の客体的所与との統合された所与は対比という性格をもつ。前記の引用はそう解釈できる。

その上で、ホワイトヘッドは、この統合的感受は、自分の「強度性（intensiveness）のパタンをもった主体形式」をもち、「感受において感受されたものとしての所与の各要素の独特の相対的な重要性を調整する」のだという。これに応じて、高く価値づける（valuation up）か低く価値づける（valuation down）かがおのずとなされ、永遠的客体の重要性が高められたり、弱められたりする。それは、永遠的客体がいかに利用されるべきか、その利用がどんな重要性をもつものか、を規定するという点で、質的、かつ強度的に、重要な意味をもっている。

観念的感受の主体形式を考えるための第二の重要な点は、すでにその位置づけをめぐって言及した

「意識」に関するものである。

前述のように、ホワイトヘッドによれば、意識はあくまで「物的な働きと心的な働きの綜合に或る過程において出現するもの」なのであり、「純粋な観念的感受は、その発生の最初の様態にあっては、決して意識を含んでいない」（Whitehead, 1929, 369=1983, 357）ことが理解されねばならない。繰り返し強調すれば、「明晰な意識の単純性というのは、完全な経験の複合性の尺度などではないのである。また、われわれの経験のこの性格は、意識とは偶然にしか到達されない経験の頂点であって、経験の土台なのではない」（Whitehead, 1929, 408=1983, 394）のだ。ただし、「永遠的客体が或る感受に『形相付与する（inform）』とき、それがそのように働き得るのは、共にその感受の限定性を構成している他の構成要素にそれが順応することによってだけ」（Whitehead, 1929, 369=1983, 356）であり、このとき意識は「その主体形式に属している感受における一要素」として機能するのである。

主体形式に関する第三のポイントについて述べる。それは、すでに述べた価値づけの次元、意識という次元とは別の主体形式、すなわち情動（emotion）、目的（purpose）、好み（adversion）という主体形式である。ここでは情動に特化して考えておこう。(10)

ホワイトヘッドの指摘を参照すれば、抱握とは、「それ自体現実存在の普遍的特徴を再生する、すなわちそれは外界を指示しており、その意味で『ベクトル性格』（vector character）をもつ」（Whitehead, 1929, 28=1981, 27）一方で、それは当初から情動という主体形式を内在しているという。では、ホワイトヘッドにとっての情動とは何か。

それは、「身体経験の原初的形態」であるところの、「情動的（emotional）」というしかない、「どこか他の機会に感じたように受けとられ、また主観的な情念（passion）として順応的に自分のものとされる盲目的な情動」(Whitehead, 1929, 246=1981, 241)である。ここで、盲目的という用語の否定的なニュアンスから情動を捉えることは控えるべきだろう。

原初的経験は「彼方の世界(a world beyond)との関連において感ぜられる情動的感受」という独自の性格を孕んでいる。ホワイトヘッドの言葉を使うならば、それは「決定されている彼方から感じ、決定されるべき彼方を指示しているところの、感受」なのであって、「まさに存在しようとしている世界に対する決定的な関連の感受」(Whitehead, 1929, 247=1981, 242)である。したがって「この感受は、主体的には、現在の生起の直接性に根差し」、「この生起が過去から派生し未来へ没入してゆくものとして、みずからのために感じとる」ものでもあるのだ。その意味で、この身体の原初的経験は、文字通り、対象世界をみずからのものとして占有する積極的な営みにほかならない。

「世界に対する決定的な関連の感受」である原初的経験をホワイトヘッドは物理学の用語である「ベクトル感受」(vector feeling)という用語で言い換えながら、この原初的感受のベクトル伝達では、情動は、対比のための幅の原初的規定としては、「律動」(puls)として、諸生起の同位的区分においては、波長ならびに「振動」(vibration)として現れるというのである(Whitehead, 1929, 247=1981, 242)。

あらためて確認しておくべきは、emotionという概念がここで一貫して使用されているとはいえ、それは従来日本語の訳語として採用されてきた「感情」を意味するものとして使われているわけではなく、「律動」(puls)や「振動」(vibration)という、ジェームズの用語を使うならば「内臓的動揺」と表現された、感受されたエネルギーの身体的な痕跡を指しているということだ。emotionという用語が活用されているとはいえ、それは現在の文脈からみれば、あきらかにaffection、affect、を指示している。

いま一つ確認しておこう。それは、情動が、苦や快、美や嫌悪といったかたちで現出するとはいえ、それはあくまで知覚が、苦や快、美や嫌悪を帯びることで、知覚自身が昂揚する事態を指していること、つまり知覚とダイレクトに結びついているということである。たとえば、青色が単独で光っている場合と、緑色との対比がなされて青色が一層強められ、その姿がより高貴に感じられるような、抑止と強化の、知覚の相を構成しているのである。だから、ホワイトヘッドは、この事態を、「外来のものとして受けとられたものが、私的なものとして造り直されて」いく過程、それは『知覚性(perceptivity)』への情動的反作用を含む知覚性の相である」(Whitehead, 1929, 325=1983, 315)と述べるのである。

直接的知覚は、抽象的にとれば、感覚与件によって提供される特殊な形式を装っている情動的エネルギーの伝達と考えうる(Whitehead, 1929, 178=1981, 174)。

4 おわりに――情動のコミュニケーションの展開にむけて

本章の冒頭でも述べたが、グレッグとセイグワースの二人は、情動研究の広がりを八つの領域に整理し、その八番目に「唯物論に対する多元的なアプローチを包含する研究」を上げて、その中心的位置にホワイトヘッドの研究を位置づけていた(Gregg&Seigworth, 2010, 8)。

この指摘は抱握や感受といった概念に照準した本章の考察からも十分に理解できるのではないだろうか。ホワイトヘッドは、繰り返し述べたように、経験を構築するにあたって何よりも意識をその出発点におく議論を批判し、あくまで物質＝モノと身体＝モノとの間の過程に基礎づけられる「物的感受」を考察の主軸として、「細胞が宇宙の多種多様な要素を占有化する過程」、つまり現実的存在（actual entity）の自己言及的な働きに着目しているからである。ドゥルーズがホワイトヘッドを評価して、「抱握のベクトルは世界から主体に向かい、抱握されたデータから抱握するものにむかう」（Deleuze, 1988, 136）と指摘するように、ベクトルはあくまで宇宙から、世界から抱握するものへ向けられている。

それは、人間中心主義への徹底した批判であり、シャヴィロが述べるように、「『脈の鼓動、様々な分子、石、植物の生、動物の生、人間の生』に同じ存在論的地位を認めるような形而上学を提起している」（Shaviro, 2014=2016, 16）といえる。今日のニューマテリアリズムの議論とも交錯しながら、ホワイトヘッドの哲学は「生成（becoming）」という過程、「創造的前進」という主題を考えるための尽きることのない知的源泉をなしているといえよう[11]。

抱握や感受の過程で「存在しようとしている世界に対する決定的な関連の感受」として生成する「律動（puls）」や「振動（vibration）」を、生命の、ホワイトヘッドの用語を使えば「細胞」の「力」として、私たちは肯定的に把握する必要がある。それはすでに繰り返し述べてきたように、経験の基底として、知覚や感情を支えるもっとも重要な基盤をなすものだからである。人間存在の理解と人間の感覚、知覚、判断、感情といったすべての行為の営みの理解を、社会科学の領域ではこれまで十分に探究されずにきた、「純粋経験」なり「原初的感受」といわれる相から捉え直していく必要がある。

また、情動は、感情と一般的に結びつけられるとはいえ、その側面からのみ把握されてはならず、知覚、知覚の昂揚、知覚そのものであることが明記されねばならないだろう。それをブライアン・マッスミは「微小知覚（micro-perception）」と概念化している。そこでは意識化以前の知覚の能力が考えられているのである。

あらためてホワイトヘッドの指摘に耳を傾けよう。「意識は、明滅する。最も輝いている時でさえ、鮮やかに照明された小さな焦点的領域と、ぼんやりと分かる程度の経験を物語っている経験の大きな半陰影の領域が、存在する。明晰な意識の単純性というものは、完全な経験の複合性の尺度などではないのである。またわれわれの経験のこの性格は、意識とは偶然にしか到達されない経験の頂点であって、経験の土台なのではない」のだ（Whitehead, 1929, 408=1983, 394）。

大海に浮かぶ島のように、海上に見える島影は「経験の頂点」にすぎず、海中には海底まで末広がりに続く「経験の土台」が隠されている。この相まで深く潜水したときにみえる知覚の「力」を肯定的に把握する必要がある。マッスミは、この「微小知覚」の「能力」を〈ontopower〉とも言い換えている(12)。

ホワイトヘッドの「抱握」と情動に関する考察をふまえて少なくとも以下の点を示唆できる。希望なき陰鬱な時代のように思えても、希望の在りかはつねに潜在している、ということだ。ホワイトヘッドが繰り返し指摘するように、私たちの前には「実現された事態（realized matter of fact）」のみが存在するわけではない。「事態の潜勢態（potentialities for matter of fact）」が、いついかなるときにも、存在＝生成しているからである。希望ははるかな未来に求められるべきではない。生成変化する〈いま〉にこそ見出される、といわねばならない。ホワイトヘッドと共に、創造的前進という現実的存在である「過程」の概念を語りながら……。

第3章　知的感受と情動の強度
――「感受」の公共的性格

はじめに

前の第2章では、ジェームズとホワイトヘッドの議論に内在しながら、「純粋経験」と「抱握」という概念が照らし出す「経験」の深度、さらに「知覚」という営みの複雑さ、を明らかにした。「細胞」という物質＝モノが触発し／触発される「過程」こそが「現実的存在」であり、この「過程」においてはじめて一方では「超主体」が、他方では「物的感受」の「対象」がまさに「対象」として生成し分岐する。そしてその生成の過程は、初発から、「内臓的動揺」「律動」「振動」として特徴づけられる情動の力を内包している。ジェームズとホワイトヘッドの思索に一貫する、こうした主張を考察してきたのである。細胞によって否応なしに身体＝物質が触発される過程を照射するという点で、人間の意思や意図に関わりのないモノとモノとの間のキアスム的な過程を捉えるこの思考は明らかに、人間中心主義から解き放たれている。

特に注視した論点は、「感受の始原的段階」から「前期のより単純な感受を統合して、感受の一つの複合的統一性である満足に至る一層複合的な感受の継続的な諸相」とホワイトヘッドが述べた「合成」の過程、言い換えれば「原初的感受」から「観念的感受」、さらに「変形された感受」という段階への移行、そしてこの過程を基盤に成立する知覚の三つの様態――「因果的効果の様態における知覚」「表象的直接性の様態における知覚」「象徴的関連付けの様態における知覚」――の段階、これらいずれの諸相においても情動が深く関与する、ということであった。いま「関与」と述べたが、正確にいえば、それは付随的な、副次的な意味ではなく、知覚へと至る「抱握」の過程が情動と不可分の一体のものであることを指摘したのである。(1)

「因果的効果の様態における知覚」は、モノが身体という物質に直接的・因果的に作用し、情動を触発する事態を指している。前述のように、深い闇に沈んだ森のなかを歩くとき、一本一本の木々の黒い姿やかすかに聞こえる動物の唸り声は、「内臓的動揺」を作りだし、それが極度の恐怖や不安の感情を引き起こす。あるいは二〇〇一年九月一一日、ニューヨークの世界貿易センターに旅客機が激突したリアルタイムの映像がテレビの画面に映し出されたとき、その映像が現実のものか、虚構の映像か、そのどちらの映像であるかも判断できないまま、映像を見続けた経験を思い起こそう。ビルに突っ込む飛行機の衝撃がダイレクトに身体に震えと「律動」を生じさせた、あの経験を。

別の例を挙げてもよい。柔道の試合、残り時間が一分を切ったそのとき、背負い投げで逆転勝利を決めた一瞬を見た観客は、その劇的なシーンを「内臓的動揺」として受け止め、自身でも訳も分からず涙が出てしまう経験をするだろう。そして数秒後に歓喜の感情に襲われるのだ。

自然の中にあっても、デジタル映像を見る過程でも、試合会場で競技を観戦する状況でも、われわれは「抱握」の過程で、対象を把握しようとする知覚の運動とともに身体の「律動」が訪れ、それが後に苦痛や快、落胆や歓喜、美や嫌悪や憎悪へと結晶化する経験に導かれるのである。

ホワイトヘッド自身この点については十分述べていないのだが、「因果的効果の様態における知覚」

にとどまらず、「表象的直接性の様態における知覚」においても、いま述べた事態が生起するのではないだろうか。彼の指摘をそのまま引用すれば、「表象的直接性の様態における知覚」とは、「過去と未来に対して最小限の関連」しか伴っていない、「判明で限定的で制御可能で、直接的享受」に適している知覚である、とされている。やや分かりにくい指摘である。そこで一つの補助線を書き入れてみよう。ドゥルーズが提起した「時間イマージュ」という概念である。(2)

『シネマ』の議論のなかで、ドゥルーズは、知覚から情動へ、情動から行動へ、という「運動イマージュ」の映像体制――それは過去の記憶を手掛かりに対象世界の個々のモノや行動を意味あるものとして位置づけ、それを媒介に未来に向けた行動を起動させる、というモンタージュの様式である――とは異なり、対象世界の個々のモノ＝物体が有意味性を失い、たんなるモノ、たんなる音、たんなる色としてしか知覚できない知覚の様態を表現する映像の体制を「時間イマージュ」として概念化していた。それはあくまで映像の一つの体制を指し示す概念である。とはいえ、そこで含意されている内容は、ホワイトヘッドが述べる「表象的直接性の様態における知覚」にきわめて近接した知覚の様態を示していると考えることができるのではないだろうか。何かを物語る、何かを意味する「声」がたんなる「音」としてのみ聞こえてしまう、文字がたんなる複数の線の交叉としてしか見えない事態、これをホワイトヘッドは「虚像」「妄想」と指摘したのではないか、と前章では指摘したのである。

したがってこうした知覚の様態のもとでは、ホワイトヘッドが述べたように、それらの声＝音や文字＝線が「過去」と最小限の関連しかもてず、未来に向けた行動を起動できないという意味で「未来」とも最小限の関連しかもてない。しかしそうであるからこそ、まさに「直接的享受」に適した知覚の様態である、と指摘したのではなかったか。

この解釈の妥当性は読者に委ねることにしよう。ただ、ここで指摘しておきたいのは、「過去や未来」から切断された、「表象的直接性の様態における知覚」においても、身体の内部に強烈な痕跡が生まれるということだ。しかもそれは、怒り、歓喜、快、憎悪、といった明確な感情へ結晶化されるかどうかすら不確かな、けれどもきわめて強度の強い情動であるだろう。

いずれにせよ、情動は「世界に対する決定的な関連の感受」として、生命の営みに不可欠な要素として関与している。そしてこの「情動的な感知（emotional appreciation）」の相を通して「知覚は、苦や快、美や嫌悪を帯びることによって昂揚される」のである。知覚は、「思考 - 感受する生の変化し続ける質（thinking-feeling processual qualities）」（Massumi, 2015, 11）にほかならないのである。

この横断的な（transversal）事態をスピノザが「触発し／触発される（to affect and to be affected）」と表現したことはすでに述べた通りである。情動を感情と関連付けて捉える一般的な理解はもちろん妥当なものといえる。だが、一方で、情動を「知覚の昂揚」として、「思考の運動あるいは思考し続ける運動（movement of thought or thinking movement）」として捉える必要がある。この点を前章では強調したのである。

本章では、以上のことがらをふまえて、次の二つの点についてさらなる検討を加える。第一は、前章では十分に論ずることができなかった、主体形式における価値づけの問題、特に高次の知覚の形態たる命題の感受に関して詳細に検討を行い、命題という記号体と身体との関係の相においても情動が作用することを論ずる。物的な対象世界との関係のみならず、記号＝命題との関わりで生まれる情動の問題、その側面に光を当てるべく、ホワイトヘッドの議論をふまえつつ、以下ではパースの議論も積極的に援用していくことにしよう。

第二は、前記の考察をふまえて、個体ないし「私的なことがら」に関わると思われる情動と知覚の問題系が、社会的なことがらでもあること、公共的な問題と深く結びついていることを指摘する。哲学的な思索を行うホワイトヘッドの議論では、この側面が十分に議論されているとは言い難い。しかし、それでも、後述するように、『過程と実在』の論述のなかに「公共的性格」という節が遺されていることに示されるように、知覚の過程とそれに随伴する情動現象が「個人的なことがら」でありつつも一方で「公共的なことがら」であることをホワイトヘッドが理解していたこと、そのことは疑いえない。

こうしたホワイトヘッドの志向を引き受けながら、知覚と情動の問題系を〈文化と政治〉あるいは〈文化と社会〉というマクロな問題と接続させることが可能であることを論述する。

それは、ジェームズからホワイトヘッドへと継承された哲学的な思考を、社会的なコミュニケーションの空間における知覚と情動の問題として再定位し、政治的な問題系を照らし出すための概念装置へと読み替えることでもある。すなわち彼らの思索をコミュニケーションと文化の文脈へと接合させること、「有機体の哲学」を〈社会学化〉することを試みよう。野心的にいえば、それは、現在、思弁的実在論との関わりで再評価されているホワイトヘッドの人文学的受容から距離をおいて、むしろ社会学の文脈のなかにホワイトヘッドの哲学を位置づけ直す試みである。さらにいえば、それは、序章で述べた、デジタルメディア環境という社会的な機械機構における主観性の成立を分析する糸口を切り開いていくことにもつながるだろう。

以下、ホワイトヘッドの議論に立ち返り、命題の感受という問題系にさらなる考察を加えることにする。

1　観念的感受における「価値づけ」

ホワイトヘッドの議論をあらためて整理しておく。「抱握」においてもっとも基底的なありかたが「原初的感受」であり、その一つが「単純な物的感受」である。「因果的感受」とも呼ばれる「単純な物的感受」は「意識を欠いた、最も原始的型の知覚の働き」である。ある音がかすかに聞こえる、何かがふれるという、モノが他のモノを触発する、身体というモノがモノによって触発される事態である。それは、感受の主体が意識するずっと手前で、意識とは無関係に、身体自身が感受することで引き起こされる。文字通り、身体が「感じ（feeling）」ている状態である。

この過程に随伴して、「あの音は何か」と問いかける「思考－運動（thinking-movement）」が起動する。あいまいな、漠然としたかたちであれ、視覚、聴覚、触覚、味覚、嗅覚を通じて感受された「単純な物的感受」が「指示的感受」として、さらに「物的認知」として感受され、さらに観念的な像を生起する。この観念的感受は、質的パターンにおいても、その強度においても、持続的に変化し続け、判明な観念に至る場合もあれば、渾然としたままに推移する場合もあろう。

こうした過程を経て生成する命題の感受は、前述したように（本書74ページ）、①論理的主語を含んでいる客体的所与をもつ物的感受、②その所与の限定性を決定するモノの間にある永遠的客体を含んでいる物的感受、③その永遠的客体についての観念的感受、そして最後に、④先の観念的感受からの逆転であり、他の永遠的客体を所与として含んでいるある観念的感受、という要件を必要としている。前述のように、①は「指示的感受」として論理的主語を、②は「物的認知」として論理的主語の述語を、③は「観念的確定」をかたちづくるものとして規定され、「物的感受を観念的感受と綜合する特殊な型の統合から生じる」命題の感受の根幹部分をなしている。

④の「逆転（reversion）」という最後の要件は、命題の創始が意識の生成と深く関わり、意識が対比と比較という機能を担っていることから判断すれば、たとえば「さきの観念的感受」である「高音部が美しい女性の声」が、「他の永遠的客体を所与として含んでいるある観念的感受」である「あのソプラノ歌手の声」と対比、比較する意識の機能を通じて、はじめて「あのソプラノ歌手の声と似た美しい声」という命題が浮かび上がる、といった事態を指示している。(3)

「彼女の声は、あのソプラノ歌手の声と似た美しい声である」といった命題は、実際には誤った命題であることもあれば、真の命題であることもある。ホワイトヘッドが述べるように、命題はあくまで提案なのであり、それはときに却下され、ときには支持される、可変的なものである。

いま一つ命題の感受を考察する際に留意する必要があるのが、前述した「変形（transmution）」「変形された感受（transmuted feeling）」である。それは、「観念的感受の所与を、これらの抱握された現実的諸存在の結合体との対比へと、またはその結合体の或る部分の結合体との対比へと、変形する」ことを意味していた。一本一本の木々を、「現実的諸存在の結合体」である「森」として「変形」することである。あるいは、机の上に雑然と置かれた鉛筆、ボールペン、万年筆、筆を「筆記用具」として「変形」することである。ホワイトヘッドが的確に表現したように、「多くの現実性についての単純な物的感受を、そのように一者としての結合体の一つの物的感受へと変形すること」、これが「変形の感受」である。

さて、観念的感受における主体形式の一つである「価値づけ」とは、前記の「観念的確定」と、いま述べた「変形」との共同の相において生起する。それがホワイトヘッドの主張である。この二つの範疇の共同の働きが、「好み（adversion）」と「忌避（aversion）」という「価値づけ」を産み出す。

ホワイトヘッドによれば、「好み」とは「観念的感受における上向的価値づけ（valuation upward）」を意味し、「この上向的価値づけがあるならば、物的感受は、その価値づけの主体形式における強化された強度をもつ新しい合成に伝達される」（Whitehead, 1921, 388-375）という。それに対して、「忌避」は「観念的感受のうちに下向的価値づけ（valuation down）」が行われる場合であり、この場合には「物的感受は、（後期の合成において）除去されるか、希薄になった強度でそこに伝達される」（Whitehead, 1929, 388=1983, 374）。

ホワイトヘッドは「好み」と「忌避」について具体的に記述していない。それだけにやや漠然とした印象を与える対概念である。だが、次のように考えることができよう。

たとえば、「筆記用具」という観念的感受による「一つの物的感受への変形」は、ボールペン、鉛筆、万年筆の差異を除去し、希薄になった強度で伝達することである。それぞれの差異が整除され、言い換えれば「忌避」されて伝達されている。

別の例で示そう。通りのベンチに腰掛けて、大勢の人が通りを足早に通り過ぎる光景を目にしているとしよう。その光景を、雑踏のなかで忙しく動き回る「群衆」として知覚する場合もある。一方で、通りを歩く一人一人の服装や顔の表情の差異に敏感に反応し、「サラリーマンは～」「ＯＬは～」「高校生は～」とそれぞれの個性に着目するケースもあるだろう。そこには「好み」と「忌避」という価値づけが無意識のうちに行われている。ホワイトヘッドの提起するこの対概念をとりあえず、このように解釈しておこう。

この「変形」を加えられた命題も、真となる場合もあれば、偽となる場合もある。「筆記用具は軽い」という命題は多くの人が賛意を表明するかもしれない。しかし、万年筆の重さが気になる人物からは、「筆記用具は軽い」という命題は誤りだと指摘されよう。
このように、あらゆる命題にとって、それが真であるか偽であるか、それはもっとも重要なことがらの一つである。とはいえ、それ以上に、より注目すべき重要な側面、より肝要な点が存在することにホワイトヘッドは注意を促す。

好みと忌避は、また変形の範疇も、高度な有機体の場合にだけ重要性をもっていることは、明らかである。それらは、それら自体では意識に達することはないとはいえ、知的心性に向かう第一歩をなす。しかしこれらの働きを含む現実存在は、単純な物的感受を覆い隠したり溶解したりし得る観念的感受の重要な強度をもつに相違ない（Whitehead, 1929, 388=1983, 374）。

物的感受から観念的感受への過程ですでに、価値づけという観念的感受の主体形式が関与し、物的感受がこうした主体形式における強化された強度をもつ合成に伝達される。しかもこうした観念的感受の確定は、場合によっては、多様な、複合的な、差異を伴う物的感受を「覆い隠したり溶解したりし得る」ことがあることをホワイトヘッドは強調するのである。真偽の違いはその結果ないし一側面にすぎないともいえる。真であるとされたからといって、その真は十全のものではなく、その命題の裏でいくつもの差異が覆い隠されているかもしれない。そのことにホワイトヘッドは注意を促すのである。
そのことに無自覚であるとき、われわれは「実現された事態」のみを見てしまう。前章で強調したように、われわれが経験する与件には「事態の潜勢態」も含まれていたにもかかわらず、「実現された事態」のみに目を奪われてしまいかねないということだ。

たしかに、物的対象を、「木」として知覚するのではなく、「森」と知覚すること、それは対象世界をいかに分節するかに関わる、新しい知覚の様式を創造することにほかならない。とはいえ一方で、それは知覚に「誤謬を導入する」入り口ともなりうる。「変形」による「価値づけ」を伴う、この観念的感受の両価性を、ホワイトヘッドは指摘するのである。この点に関しては、後述の「意識的知覚」の箇所で再度検討を加えることにしよう。

2 経験の高次の諸相——知的感受

対象世界のモノと身体＝モノとの「抱握」の関係のなかで、物的感受から観念的感受そして命題の感受のプロセスが生成する。この過程において、命題の構成の一つの要件として「逆転」という要素が存在すること、さらに「変形の感受」と結びついた「好み」と「忌避」という「価値づけ」の主体形式が随伴していることを検討してきた。

さて、命題の感受においては、いま述べた「好み」や「忌避」という「価値づけ」以外にも、他の「価値づけ」、他の主体形式が深く関与していることを述べておこう。

その一つが「信念（belief）」である。それは「感受の所与が命題であり、またその主体形式が、その情動のパタンとして、或る度合いの強度に結びつけられた或る形相ないし永遠的客体を含んでいる場合」（Whitehead, 1929, 408=1983, 394）の感受である。この信念の強固さは、もちろん、客観的な証拠によって正当化されるかもしれないし、されないかもしれない。

一方、これとは異なる感受も存在する。それは、「肯定‐形」「否定‐形」そして「保留‐形」という三つの比較の感受である。いうまでもなく、「肯定‐形」は命題を受け入れること、「否定‐形」は命題を拒否すること、「保留‐形」は受容と拒否のどちらにも与しないこと、である。

この三つの比較のなかで、ホワイトヘッドがより重要であると考えているのが、「肯定‐否定の対比」あるいは「保留された判断」と呼ばれる「対比」「比較」である。それは、前章で述べた、「実のところ〜であるが（in fact）」「それは〜であるかもしれない（might be）」との間の対比である。ホワイトヘッドの言葉を引用すれば、「それは、物的感受における客体化された事実の肯定と、命題の感受におけるこうした肯定の否定であるところの、潜勢態との間の、対比」（Whitehead, 1929, 407=1983, 393）といえる。それは「想像された述語が客体化する述語ないしそのどの部分とも同一化しそこなっているがそれとは並立的対比を見出している場合の、想像的感受と指示的感受との統合から成り立っている」のであって、「或る論理的主語が明らかに何々であることと、その同じ主語がその上に何々であるかもしれないこととの間の、対比の感受」である。

ホワイトヘッドによれば、「比較」「対比」というこの機軸こそ、経験の高次の諸相をなしている。そして「知的感受」の特徴をもっともよく体現しているのは「保留された判断（suspended judgment）」であり、それは「科学の進歩のための本質的な武器」なのだと述べる。

ところで、いま述べたように、比較と対比を本質とする「知的感受（intellectual feeling）」には、「意識的知覚（conscious perception）」と「直観的判断（intuitive judgments）」という二つの感受の形式が存在する。「意識的知覚」についてホワイトヘッドは「その創始の一部始終を詳しく述べる価値があるほど重要

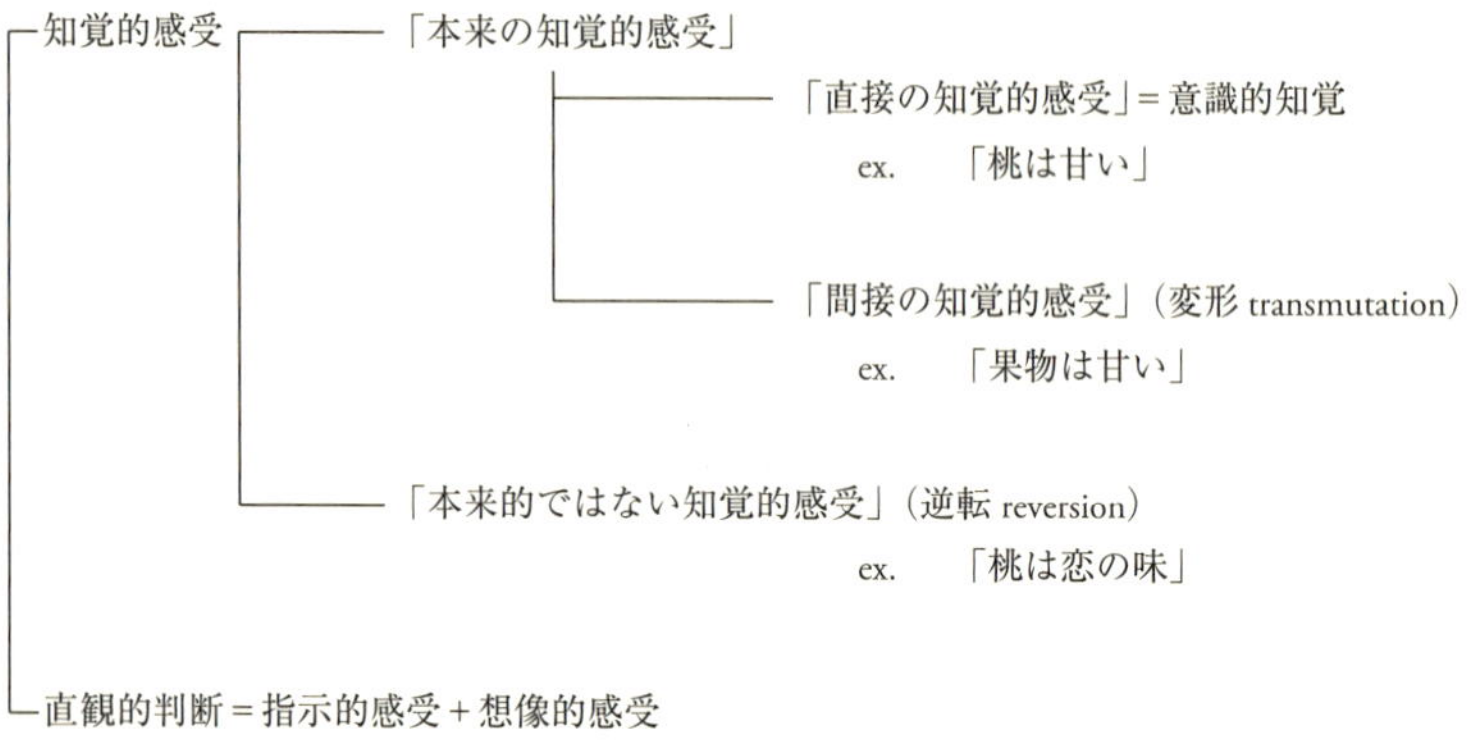

図3　知的感受（比較と対比の感受）

である」（Whitehead, 1929, 409=1983, 396）と述べるほど、緻密な考察を加えているのだが、それを簡潔に述べるなら、「知覚的感受の、この原初的な物的感受との統合から生ずる比較の感受」（Whitehead, 1929, 409=1983, 396）といえる。すでに言及したが、「知覚的感受」とは、「指示的感受」と「物的認知」との間に齟齬がない場合の感受であった。つまり、「意識的知覚」とは、「知覚的感受」が「原初的な物的感受」に立ち戻る、ないし「原初的な物的感受」と自身とを比較することで、知覚内容が真であるかどうかを問い直す知覚の運動として考えられている。換言すれば、知覚的感受の、「原初的な物的感受」にこだわり続ける感受が「意識的知覚」なのである。

ここで「知覚的感受」について、より立ち入った説明を行う必要がある。

ホワイトヘッドの指摘によれば、前述の「逆転」の有無によって、「本来（authentic）の知覚的感受」と「本来ではない（unauthentic）知覚的感受」という二つの知覚的感受がある。(4)

次に、抱握主体によって屈折された述語を含まない「知覚的感受」と、「変形」という価値づけを通じた「知覚的感受」という二つの感受の様態が存在する。後者はすでに言及したように、「変形」を通じて「命題がその結合体における物的事実として提示するところのものは、真実のところ、心的事実にすぎなかった」（Whitehead, 1929, 401=1983, 387）場合の「知覚的感受」である。ホワイトヘッドは、前者を「本来の」「直接の」感受、後者を「本来の」「間接の」感受であると規定する。以上述べた内容は次のように図示できる（図3）。

あらためて考えてみよう。

「鉛筆は〜だ」という命題は、「本来の」「直接の」意識的知覚の感受形式である。それに対して、前述のように、「変形」によって、六角柱からできている鉛筆、円柱のボールペン、そして重く太い万年筆など、これらを手で握ったときの「原初的物的感受」の感受はまったく異なるものとして「感じ」られるにもかかわらず、それらを統合して「筆記用具」という「一つの物的感受へと変形」すること、これが「本来の」「間接の」感受である。

また「彼女の声は、あのソプラノ歌手の声と似た美しい声である」といった命題は、「逆転」という範疇を介した命題であり、「本来的ではない知覚的感受」である。

このように「知覚的感受」が二つの種別に分岐しているとはいえ、そのどちらも「知覚的感受」と「始原的諸所与」との間の一致やズレ・差異にあくまでこだわる感受の様式が「意識的知覚」である。

ここで再度二つの点を指摘しておくことが重要だろう。第一は、「本来の」「間接の」意識的知覚は、「真実の物的感受でさえも、感受された観念を感受された物的事実へと変形することによって、感受される結合体の性格を歪曲しうる」（Whitehead, 1921, 410-396）という特徴を有するという点である。言い換えれば「述語は、これら論理的主語によって観念的に享受されただけであったかもしれない」という特徴を内包する。とはいえ第二に、それは、前述したように、「知的心性に向かう第一歩をなす」

のであり、「物的世界に新しさを導入しうる」という点できわめて重要な働きにほかならない。

この両価性を、ホワイトヘッドは「そのような新しさは、幸運なものでも、悲惨なものでもありうる」(Whitehead, 1929, 410=1983, 397) と表現するのである(5)。

この「知覚的感受」に対して、「直観的判断」とは、「述語的感受」と「指示的感受」との統合によって派生された「想像的感受」を媒介として、「想像的感受」と「指示的感受」との統合によって派生された判断である (Whitehead, 1921, 415-401)。

たとえば、「あまりに美しい」という「述語的感受」と、「この楽曲は」という「指示的感受」が統合される。そこから、あまりの美しさ故に、この統合から「神が創り給うたような」という想像的感受が派生し、それが「指示的感受」と統合されることで、「この楽曲は神が創り給うた曲だ」という命題が成立する。これが直観的判断といわれることがらであろう。

ここで対比して述べるならば、「逆転」を介した「この楽曲のメロディーは甘い」は、甘いスイーツを食べたときに訪れた甘美的な状態と楽曲を聞いた際の状態との類似性にしたがって、「美しい」という永遠的対象から「甘い」という永遠的対象への観念的「逆転」が生じた場合を示していた。ホワイトヘッドが述べるように、ある観念的感受が生まれ、次に「逆転」した観念的感受」が取って代わる場合でも、「単純な物的諸感受は、同一の永遠的客体を例証しているという意味で類似している」(Whitehead, 1929, 385=1983, 371)。これが「逆転」という範疇が指し示すことがらであった。「逆転」は、あくまで「縛られた (tied) 想像力から派生する感受」なのであり、「想像力は一つの究極的事実」(Whitehead, 1929, 401=1983, 387) に縛られている。

これに対して、「想像的感受」を介した「直観的判断」は、「縛られた (tied) 想像力」から解き放たれた、自由な想像力とでもいうべきものだ。「この楽曲」という指示的感受と「神が創り給うた」という述語的パターンがそこから派生する「物的感受」との間には、類似は微塵もみられず、「想像的感受」を介して両者が恣意的に結合されているといえる。

整理しておこう。「知覚的感受」における「意識的知覚」の作用があくまで「始原的な諸所与」との結びつき、ないし対比を重視している一方で、「直観的判断」が「想像的感受」と「述語的感受」との対比を重視するという点で、両者は相違しているのである。しかしながら、両者はともに「比較の感受」という範疇の下にある点で共通した高次の経験の相をなしている。これがホワイトヘッドの主張である。

3　知的感受の相における情動の発現

そのことを述べた上で、ホワイトヘッドはいま一つ「知的感受」を考える際に重要なことがらが存在することを指摘する。彼の言葉に耳を傾けよう。

知的感受の主な機能は、信ずることでも、疑うことでもないし、判断を保留することでもない。この感受の主な機能は、そこに含まれている観念的感受における価値づけ、およびどのような知的感受よりも原初的であるまったくの物的目的の感受――これは、「好み」と「忌避」という主体形式によるもっとも原初的なタイプの感受である（筆者）――における価値づけ、に伴う情動的強度を高めることなのである。知的感受は、抽象的な価値づけに対して一定の論理的主語に関連する諸可能性を表現することに限るという鮮明な仕方で、その機能を果たす。……知的感受は、その始原的機能にあたっては、重要性の増大を含んでいる注意の集中化である。この注意の集中化はまた、物的目的についての批判を導入するが、そのことは、真ないし偽という知的判断である。しかし、知的感受は、それが自身よりもはるかに原初的である「物的目的」が働いているのをすでに見出しているということが想起されないならば、理解されえないのである（Whitehead, 1929, 416=1983, 402）。

確認されるのは、知的感受が「抽象的な価値づけに対して一定の論理的主語に関連する諸可能性を表現する」という点で、命題が創造的活動をなすための誘因となる一方で、それがあくまで「物的目的」といわれる「好み」「忌避」の対比に規定されつつ、重要度の増大、注意の集中化、というかたちを通じて顕在化する、情動の強度の強化に結び付いているということである。

さらに付け加えるならば、「直観的判断」にあっては、「情動的パターンは、真ないし偽に無関心であることに支配されているかもしれない」（Whitehead, 1929, 419=1983, 405）とさえ、ホワイトヘッドは指摘する。

「想像的感受」を介した「直観的判断」は、「変形」を施した「意識的知覚」と同様、「世界に新しさを導入しうる」重要な契機となる可能性を常に秘めている。しかし一方で、それは、物的感受との比較という往還運動から離陸することで、命題の真偽を検証する枠組みから解き放たれ、真偽への無関心へ向かい、「当の物的感受の客体的所与に例示される真の客体化するパターンを進んで無視する」ことにもつながるというのである。

一つの情動のパターンは真への無関心によって支配されており、もう一つの情動のパターンは真への留意によって支配されている（Whitehead, 1929, 419=1983, 405）。

経験の高次の諸相においても、けっして無視できない「感受の情動的形態」に関するホワイトヘッドの記述を目にするとき、われわれはあらためて「感受」とは何か、「感受の情動形態」とは何かを、「抱握」というモノとモノの触発し／触発される関係性に孕まれた情動の「律動」「振動」が示唆する根源的な力能を、深く反省せざるをえない感情に襲われるのではないだろうか。

繰り返し強調することになるが、「知覚的事実を情動的事実から切り離し、因果的事実を情動的事実および知覚的事実から切り離す」ことは、「致命的な、いろいろな二元分裂の混合物を構成」することを帰結するのであり、これを断固退けねばならないのである。

4 感受の私的性格と公共的性格

「知覚的感受」と「直観的判断」という高次の「知的感受」の経験が示す幸運と悲惨の両価性、さらにこの段階でも作用する情動のパターンの力を論じた。これも長くなるが、ホワイトヘッドの文章をいま一度引用しておこう。

感受の情動的形態というものは、感受される所与に密接に関係しているとはいえ、その所与から単に推定され得ないのである。どれか一つの感受の主体形式における情動的パターンは、全合成過程を統御している主体指向から生ずる。その主体の他の諸感受は、触媒的な作因として理解されもしよう。……しかし、その感受は、事実においては、その場所（locus）である主体の主体的指向の所産なのである。そして情動パターンは、その主体がその感受において現れる特有の仕方なのである（Whitehead, 1929, 419=1983, 405）。

感受とその情動的形態を、ホワイトヘッドは、「感受とは、それ自身では主体とは別のものである宇宙の諸要素を私有化する（appropriate）ことであり、それらを、自分自身の主体性を表現している情動的パターンの統一性に綜合することによって、その主体の実在的な内部構造へと併合すること」であるとも表現する。

情動とは、「世界に対する決定的な関連の感受」と前述した。しかし、それにとどまらず、それは、主体的指向の所産として、主体が高次の知的感受においても現れる特有の在り方としても把握されねばならない。

ところで、このような指摘から、感受の情動的形態は、純粋に私的なことがらである、と考えてしまいかねない。情動的パターンはあくまで私的な、個体の私性を表している、と。

しかし、ホワイトヘッドはそのようにはまったく考えない。「あらゆる抱握は、公共的側面と私的側面とを持っている」（Whitehead, 1929, 444=1983, 427）からである。

そもそも観念的感受を担保する言葉や言語が社会的・公共的な起源を有していることと切り離して、何物かを感受する営みを考えることなど不可能だろう。また、対象に対する「好み」や「忌避」といった主体形式でさえも、私的形式や私的指向を伴っているとはいえ、その当の主体が生きてきた場所性や社会性に深く結びついている。主体形式の基層を成す記憶もまた社会的な規定性を帯びている。さらに、知覚の運動が生起し、それが命題の定位にまで至るとき、それは私的な領域を離れて、誰かに伝達され、共有されることで、必然的に公共的性格を帯びることになる。私的そして公共的との二分法はここでも避けねばならない。

「抱握の理論は、全く公共的であるとか、全く私的であるとかいう、具体的な事実は存在しない、という理説に基礎を置いている」（Whitehead, 1929, 444=1983, 427）のであり、「抱握は、公共的経歴をもつが、しかしそれは、私的に誕生するのである」とホワイトヘッドは指摘するのである。

5 小括

本章では、主に三つのことがらを論じた。第一は、「好み（adversion）」と「忌避（aversion）」という観念的感受の位相における「価値づけ」の問題である。第二は、物的感受から命題的感受に至るすべての諸相で、情動的パターンが深く関与しているというホワイトヘッドの主張であった。さらに第三は、情動的感受は私的な個体の私性を表現しているというにとどまらず、公共的な経歴をもち、公共性の新しい段階への推移の契機でもあること、このことをホワイトヘッドの議論に即しながら指摘した。

情動とは「世界に対する決定的な関連の感受」である。しかも主体的指向の所産として、主体がその感受において現れる特有の仕方としても把握されねばならない。ある物体を見る、触れる、ある音を聞く、ある命題や言明を提起する、命題や言明を見聞きする、という日常の平凡な行為のなかでも、われわれは情動を触発される。それがホワイトヘッドの議論から導出された知見であった。

情動の発動は対象＝モノとの関係にとどまらない。言語や記号を必須の要件とする観念的感受や命題的感受、そして「知的感受」という高度な次元の経験においても情動が作用する。以上のことが、理解できたのではないだろうか。

ステージで聴く歌声に感動することと同じように、「彼女の歌は美しい」という命題の構成はけっして無味乾燥なことがらなどではなく、強い情動に裏うちされていよう。「彼女の歌は美しい」という命題を受容した者も、この命題に情動を喚起されよう。「彼女の声はあのソプラノ歌手の声のように美しい」という命題も同様に情動パターンに突き動かされ、定位されたものだろう。

さらに「あの楽曲は神が創り給うた曲だ」という命題が定位された際には、主体が強い情動に突き動かされたであろうことが十分に予想できる。あまりに美しく、形容しがたいほどの美的感受を受けた主体の言葉であることが……。そしてこの命題を聞く主体も同様に、「彼女の歌は美しい」という命題を受容した際には感受できなかった、強い情動を触発されるだろう。

あらためて確認しておこう。物的対象世界の動き、身体の躍動、それらと同じく、命題の提案、命題の感受――それは、言語、記号の感受でもある――もまた主体形式のなかでももっとも重要な要素である情動と深く関連するという点である。

次の章では、ホワイトヘッドの議論をはなれ、社会的で公共的なコミュニケーションの場面を想起しながら、具体的に対象世界ならびに記号の知覚、記号の知覚の領域と情動の関わりに視線をむけていこう。

第4章　情動と社会秩序の宙づり

——ホワイトヘッドとパースの社会学的射程

前章では、対象世界の「抱握」の各段階で、情動が「世界に対する決定的な関連の感受」として生成することをみてきた。情動が「原初的感受」という対象世界とのもっともプリミティブな関係の相、「観念的感受」と「変形された感受」における「好み」と「忌避」という価値づけ、さらに「知覚的感受」と「直観的判断」からなる「知的感受」における「論理的主語に関連する諸可能性を表現することに限る」というもっとも重要な命題の感受、そしてその下での比較と対比においても、「情緒的強度」が深く関わることを指摘したのである。

また同時に、ホワイトヘッド自身が明確に述べているように、対象世界の「抱握」が「私的」なことがらであると同時に「公共的」なことがらであることも指摘した。対象世界が何ごとかを生起し、人間が何ごとかを行い、それを知覚した主体がそれを誰かに伝える、その営みの社会性を「抱握」の各段階が内包している。この点を論述したのである。

この章では、以上の諸点を念頭におきながら、社会的な空間における情動の生起を考察することにする。

すでにこれまでの考察から理解できるように、見る、聞く、触れるといった身体運動のあらゆる知覚の局面で情動は生成するのみならず、命題の感受というかたちで、命題を話す、提案する、命題を受容する、比較するという高次の知覚の過程でも生起することを看過してはならない。つまり、日々のコミュニケーションにおいても情動が生起するのであり、この章ではこうした情動が触発される諸相を丹念に検証することにしよう。特に、記号を解読する＝命題を提案・解読する、という文化的・社会的な一連の過程と情動の生起の関係を、具体的な状況を想起しながら検討しよう。

どのような局面で高い強度の情動が生成するのか。情動の生起はコミュニケーションにいかなる効果を及ぼすのか。そのことを具体的に、そして原理的に、考えてみたいのである。ジェームズやホワイトヘッドの議論ではほとんど言及されることのない、情動の効果あるいは情動の社会的影響と呼ぶことができる問題群である。こうした検討の作業は、序章で述べたガタリの「機械機構」と「精神的エコロジー」の問題にふたたび立ち戻ることにつながるだろう。

あらかじめそのポイントを述べておくならば、強い強度の情動の生起――ガタリの主張を思い起こすならば、「唸りや叫び、奇声、そして奇妙な身体動作など、標準化された主観性を脱臼させる運動」（本書の序章12ページ）として、すなわち「言表行為の動的編成」として発現する――は、ある特定の秩序を宙づりの状況におくこと、秩序の失効を帰結すること、そしてそれに伴ってこれまでのルールや秩序の自明性を解体する一方で、ルールを再構築する契機ともなるということだ。それは、すでにホワイトヘッドが「危機」でもあり、「好機」でもあると述べた、情動の『両価性』に関わっている。

この情動の効果の原則に関する検討を行ったうえで、本章の後半では、実際の事例を取り上げながら、情動がいかに触発され、それがいかなる効果を及ぼすのか、分析を試みることにしよう。対象となるのはフクシマ原発事故である。

1　記号と情動

まず最初に、情動がいかなる状況で生起するのかという点を考えるためには、事象が記号化される手前で情動が生起する状況から具体的にみておく必要がある。

たとえば、深夜暗い細道を歩いているとき、背後から靴の音が聞こえ、それがだんだん近づいてくる。その靴の音が強烈な痕跡を身体に刻む瞬間、言い換えれば胸が押し潰されそうな「内臓的動揺」が生まれる瞬間、必死に駆け出してしまう。その音が自分に危害を加えようとしている人物の足音か、そんなこととは無関係な足音か、判別する時間的余裕もないまま、咄嗟に足を速めてしまう。そうした経験である。「靴の音」が「何かを表意する」という記号作用が生まれる手前で情動が生起するタイプである。ホワイトヘッドが述べた「原初的感受」と述べた「抱握」のもっとも原初的な過程、さらに三つの「知覚の様態」と指摘した段階の、「因果的な様態における知覚」への推移の過程にみられる「ミクロな知覚」にあたる(1)。

あるいは同様に、路上で突然、物凄い音が背後から聞こえる。そのとき、身体は咄嗟に身をかわしてその場から逃れようとするだろう。クルマが衝突した音か、何かが爆発した音か、判断する時間的余裕など一切ない。ただ身体が「危険」を察知して咄嗟の運動が引き起こされる。この事態も、同じく、「衝撃音」が「何かを表意する」という記号作用が生まれる手前で情動が生起するタイプである。

それに対して、パースの記号分類によるところの、「指標記号」や「類似記号」を知覚する過程でも情動が喚起されることを忘れてはならない。

雪山で動物の足跡の痕跡を見つけたとしよう。その痕跡の「指示的感受」は「足跡」であり、「ある動物の足跡かもしれない」という「物的認知」へ導かれ、さらに「熊の足跡」という観念的感受に至り、「ここは危険だ」という命題が導出されるだろう。「足跡」がパースが指摘した「指標的記号」となって、「足跡」の痕跡が「近くに熊がいる」「危険だ」と表意する記号として作用する場合である。この場合も、情動が生起する。

あるいは、大都市の大通りから一本脇に入った横道を、ふらつきながらこちらに向かって歩いてくる友人のコートに真っ赤な血痕がついていることを見つけたときのことを想像してみよう。「赤い血がついている」という知覚的感受は、「大きな怪我をしている」との咄嗟の気づき、つまり「想像的感受」を呼び起こし、さらに「喧嘩」あるいは「犯罪」に巻き込まれたとの「直観的判断」を抱かせることだろう。そして強い恐怖の感情に襲われる。「真っ赤な血痕」は「指標記号」として知覚・解読され、「怪我」や「犯罪」を表意する意味作用を発揮する。しかしここでも「意味」の作用だけが発動するのではなく、その記号を支えるモノ＝物質から直接、情動的ベクトルが伝達される。

いま述べた第二のケースの二つの事例は、「指標的記号」が「記号として対象を表意する」だけではなく、恐れの感情を引き起こす「内臓的な動揺」を作りだすことを明確に例示している。

「類似記号」の場合も同じような事態が生起することが想定される。

大学時代の仲間の写真を久しぶりに見たとき、そのなかにすでに亡くなった友人を発見した場面を想起してみよう。その写真はたんに「昔の友人の姿」を指示するだけで終わらない。否応なしに胸が締め付けられるような「内臓的な動揺」が生起してしまうのではないだろうか。「類似記号」もまた感受の情動的形態と決して無縁ではない。

指標記号と類似記号が混在したテレビ映像が流れているときも、同じような事態がつねに起こりうる。たとえば、前述したように、試合会場で直接観戦せずとも、テレビ画面で、一瞬の動作でゴールを決めるサッカー選手の動作や、一瞬の動きから劣勢を挽回して一本勝ちを決めた柔道の試合を視聴したとき、その一瞬の動きの知覚と同時に強烈な「内臓的動揺」が生まれ、涙が溢れるほどの歓喜や絶望の感情が迸るだろう。そして前述したように、九・一一同時多発テロのような衝撃的な映像を目にしたときも同様に……。

これらの事例から理解されるのは、繰り返し強調することになるが、これまでの記号論がややもすると無視しがちであった記号と情動との関係を議論の中心に呼び戻す必要があるということだ。記号は、たんに「意味」を伝達するだけではない。記号は、自然的な事象と同じように、「情動的エネルギー」も伝える媒質なのである。

このことをもっともよく理解していたのは、記号論の創設者の一人、パースであった。

パースの議論については、次章でくわしく検討を加えるが、ここで一言だけ言及しておけば、いま述べた「類似記号」「指標記号」そして「象徴記号」と情動との関わりは、パースの記号論の根幹をなす「第一次性」「第二次性」「第三次性」の枠組みと密接に関連しているということである。(2)

簡潔に述べれば、「第一次性」とは「質的な可能性あるいは潜在性としてのいわば世界の原初的な在り方」を指している。それをパースは「情態の性質（qualities of feeling）」と述べているように、ホワイトヘッドの「抱握」の過程における「感受＝感じ」（feeling）と重ね合わせて捉えることができる。「第二次性」はそれに対して、「二つの項が取り結ぶ関係」であるといわれ、「強制的な事実的出来事」を派生することである。風が吹いて土が舞い上がる、クルマが衝突してそれを目撃した人が驚く。そうした二項の関係である。次に「第三次性」とは、法則、秩序、論理といった特性を有するものである。この三つの分類枠組みに対応させながら、パースは、類似記号、指標記号、象徴記号を割り当て、さらにそれと同様に、記号を解釈する「解釈項」として「情動的解釈項（emotional interpretant）」「力動的解釈項（dynamical interpretant）」「論理的解釈項（logical interpretant）」を設定し、いずれの記号にもこの三つの解釈項が適応できることを体系的に論じた。要するに、類似記号、指標記号、象徴記号が、論理的解釈項を介して意味作用する記号現象だけでなく、情動的解釈項を介して「情動的ベクトル」が働く作用をパースも視野に入れているということだ[3]。

2　情動が触発されるとき

さまざまな例を挙げて説明してきたが、いずれの事例からも示唆されるのは次のような特徴ではないだろうか。すなわち、情動が触発されるとき、しかも強い強度の情動が生起するときとは、日常のリズム、日常の知覚の在り方が、寸断され、通常の知覚の様態を超えた、特異な時空間が貫入したときである、という点だ。つまり、意表を突く、ショックの状態が引きおこされたときである[4]。

日常の平凡な知覚という行為のなかでも、少なからず情動が触発される。そうしたなかでわれわれが生活していることは確かな事実である。とはいえ、強い強度の情動が生成し、われわれが情動に突き動かされる――突き動かされたことに否応なく気づかされる――のは、日常の営みやリズムが突然中断されるときだ。

こうした突然の事態は、深夜の路上での靴音、突然の衝突音、歓喜に震えるような演奏、といった対象の知覚という場面にかぎらず、言葉による会話の場面、コミュニケーションの場面でも起こりうる。実際にこうした状況を多くの人が経験しているといえるのではないだろうか。

たとえば、次のような場面である。「〜だよね」「〜なんだよ」「いや、それはちがうんじゃない……。それは〜だよ」といった命題形式の発話が継続的に展開される友人同士が語り合う会話の場面を想像してみよう。テーブルを囲んで五人が楽しそうに話し込んでいるシーンである。ところが突然、一人が、顔を震わせ、席を立って、腕を振り上げたとする。そして声を震わせて「お前らは偽善者だ」と叫んだとしよう。会話の内容や、あるいはその話の前提をなしている四人の価値観が表明される過程で、その人物は次第に不快感を感じ、それが高まって、「内臓的動揺」が走り、強い怒りの感情が爆発したシーンである[5]。

この強い情動から昇華された怒りや憤りの感情に対して、他の四人は、彼の身体動作を知覚し、「呆気にとられ」、一瞬何が起きたのか分からず、声も出せない状態に陥るだろう。そして同時に彼らも胸が締め付けられ、心臓が高鳴り、激しい鼓動が襲ってくる。彼らもまた強い情動の波動に巻き込まれたのである。

数秒後に、四人の一人が「何をするんだ！」と怒りを表明するかもしれない。あるいは別の一人が「何かよくないことを言ったかもしれない」と瞬時に直感し、後悔するかもしれない。

いま挙げた事例もミクロなショック状態が引き起こされ、情動が触発された瞬間を示している。この状態のなかで、強度の情動が触発されるとともに、この事態が何を意味するのか、何が起きたのか、と「思考‐運動」が起動する。

一瞬のこうした出来事は、通常の知覚の在り方、スムーズに展開していた会話のルール、その会話に体現されていた価値観や道徳観、言い換えれば日常世界の暗黙の秩序が壊れ、その秩序の背後に隠されていた次元が一気に顕在化して、別の知覚へ導く可能性が開かれていく瞬間ともいえる。「当座だけ、実現されていた（in realization）諸現実態」のもとで、不可視化され、「覆い隠されていた潜勢態（potential）」が、ショッキングな出来事が生ずることで、「ミクロ知覚」によってキャッチされる瞬間である。

議論を一旦まとめておこう。通常のモノや物体や身体の在り方とは異なる運動が生起するとき、あるいは日常のコミュニケーションの流れを断ち切るような言葉と身体の運動が立ち上がるとき、そこに強度の強い情動が生まれ、自明であった秩序が中断され、知覚の宙づり状態が生じるということだ。言い換えれば、日常の秩序のベールに覆われて不可視化されていた「潜勢態」が一気に顕になる事態が成立するということである。

クルマの突然の衝突音は、一見クルマや自転車や歩行者がスムーズに移動している交通システムの秩序の背後に「危険」な要素が潜在することを顕にするだろう。ある人物の突然の発言が、周囲の仲間の和やかなコミュニケーションを断ち切り、そのコミュニケーションが体現していたルールや話の内容に対して、違和感や憤りを覚える人が存在することを顕にする。

モノ＝物質の運動も、言葉や記号によって組み立てられた発話の運動も、日常の秩序をつくりだしている。しかし自明性を一瞬のうちに解体してしまう運動は、強い情動を触発する。また、逆に、強い情動の生成がこれらの運動が構築してきた社会的秩序を宙づりの状態にしてしまう。情動が、自然の秩序、社会的な秩序の問題と直接に結びついているのだ。

そうであるならば、「純粋経験」と「抱握」のプロセス、そしてこのプロセスに一貫して付き纏う情動の生成という問題は、以上の説明からも理解できるように、ホワイトヘッドが述べたごとく、

「私的に誕生する」とはいえ、つねに「公共的な経歴をもつ」とともに、公共的な空間を揺るがすべクトルを併せもつのである。換言すれば、それは集合的な出来事を生成するのだ。

3　潜勢態が顕になること

情動がことさらに問題化され、自覚されるのは、日常の場面において一瞬の、突然の、ショックを与える状況が生まれたとき、あるいは人為的にミクロ・ショックが引き起こされる状況ではないか。そう指摘した。

それは、一方では「危機」的状況ともいえるし、他方では「好機」の到来ともいえる。「危機」的状況は、これまでの知覚の様式の自明性が、身体的な衝撃とともに解体し、緊張によって引き裂かれることを意味する。一方で、その緊張の生起は、これまでの自明性を支えてきたものが何であったか、を問い直すチャンスともなる。

先ほどの会話の場面に立ち戻るならば、「お前らは偽善者だ」という発言は、一つの場全体の「変調」を呼び起こし、その効果が場のいたるところに波及し、場全体を引っ掻き回していく、そうした状況を創り出すだろう。その一言が、全体に響き渡り、そのことで突然、「当座だけ、実現されていた（in realization）諸現実態が解体して、不可視化され、覆い隠されていた潜勢態（potential）」が現出する、ということである。スムーズに会話が行われていること、そのことを自明視していたわけだが、自明であるが故に見過ごされてきた、自明性を支えるルールや規範そして秩序が、突然、問題化する状況が成立するということだ。

図4　カニッツァの三角形
(kanizsa triangle)

ところで、「隠されていた潜勢態」が現出するとはどのようなことなのだろうか。この事態を説明するために、ブライアン・マッスミは、「いくつもの保留を付けて」ではあるが、Kanisza Triangle の事例を提示して説明を加えている。彼の説明に耳を傾けてみよう。

図4に描かれているのは、三つの円、その円の六分の一が欠如した図柄である。前記の語句を使えば、円の六分の一が欠如した図柄こそ、「当座だけ、実現された（in realization）諸現実態」ということだ。それ以外、いかなる線も、いかなるかたちも存在しない。

しかし、円の六分の一が欠如した三つの図柄しか書かれていないにもかかわらず、われわれはこの三つの円が構成する構図の真ん中に、一つの三角形を見てとることができるのではないだろうか。

きわめてパラドキシカルな現象ではないか。実在しているのは、六分の一が欠如した三つの円だけである。それは「実現された諸現実」にまちがいない。しかしわれわれは、いまだ実現されてはいないけれども、その「実現された諸現実」を支える「空虚な三角形」のスペースを見ることができる。「ない」けれど「ある」、「無」であるけれど「有」であるというパラドックスがここにある。(6)

いま「実現された諸現実」を支える「空虚な三角形」のスペース、と述べたが、それは正確性に欠ける。マッスミの言葉を使えば、このスペースは「実際に結果として生ずることをモジュレート＝調整している」のである。たとえば、三つの円の位置が異なれば、「空虚な三角形」がたちどころに消え去り見えなくなるだろう。言い換えれば、真ん中のスペースが変化すれば、「空虚な三角形」など消えて無くなるだろう。微妙な位置関係の「調整」がそこには存在し、それが「空虚な三角形」を目に見えるものにしているのである。もう一度繰り返し指摘しておこう。「潜在性は反響し（resonate）、干渉する（interfere）。そしてそれが、実際に結果として生ずることをモジュレート（modulate）するのである。……（逆説的に言えば）結果的に生じなかったこと――これが潜在性である――さえもが、調整する効果（modulatory effect）をもっている」（Massumi, 2015a, 55）ということだ。

ここでぜひとも言及しておかねばならないのは、この「無」が「有」を調整するというパラドキシカルなことがらを、ホワイトヘッドは「否定的抱握（negative prehension）」という概念に託していたのだ、というマッスミの指摘である。すでに本書の第2章で論及したように、ホワイトヘッドは「否定的抱握」を積極的に把握し、「現実的なものは、可能的なものと絶縁された単なる事実には還元され得ない」という言明の根拠にこの「否定的抱握」を位置づけていた（本書第2章68ページ）。

さらにいま一度、この記述のあとに、以下の文章を記載したことを思い起こそう。「こうした潜勢態は、与件もしくは結末に現れる実現との関連を離れて、純粋な抽象的潜勢態へと分析される一方、そのような実現とのある親密な関連があるがために受け入れられるような潜勢態へと分析される」と……。

「実現とのある親密な関連があるがために受け入れられるような潜勢態」とは、結果的にいまある事態を作りだした直接的な要因ではない。まずこの点が確認されるべきだろう。いまある事態を構築した諸要因ないし諸力ではないが、これらの諸要因や諸力の背後で、これらの諸要因や諸力と競合、対抗しつつ、結果的に構築された事態の下では潜在した諸力、そして次の運動に備えて身構えて息を潜め、そして次の運動に参与していくかもしれない、そうした諸要因と諸力が、「実現とのある親密な関連があるがために受け入れられるような潜勢態」である。それに対して、「純粋な抽象的潜勢態」も存在する、というのがホワイトヘッドの主張であった。では、「純粋な抽象的潜勢態」とは何か。三つの円が構成する構図の真ん中に見える一つの三角形、これにほかならないと断言しておこう。この「空虚な三角形」こそ、「無」であるが故に、「純粋な抽象的潜勢態」であると。

Kanisza Triangle は、前記したように、「いくつもの保留をつけて」ではあるが、「実現された現実態」と「純粋な潜勢態」との関係、「実現とのある親密な関連があるがために受け入れられるような潜勢態」と「純粋な抽象的潜勢態」との関係という、重層的に構成された「現実」の多元性を思考するための、多くの示唆に溢れている。そして、この重層性は、社会の中で生起するあらゆる運動、あらゆる秩序の生成の場面に見え隠れしているのではないか。そのことを論ずる前に、これまでの議論を整理しておく必要があろう。

本章の初発の問いは、情動が私的なものとして発現するとはいえ、それが公共的な経歴をもち、公共的な影響を及ぼすとすれば、いかなる状況のもとで情動が生成するのか、とりわけ高い強度の情動が生起する状況とはいかなる状況か、という点であった。それに関しては、日常の知覚の仕方、認識を突然覆すようなショックを与える状況ではないか、との認識を提示した。事故、災害、といった対象世界の出来事。それにとどまらず、文字や話しことば、といった記号的世界、コミュニケーションというまさに社会的・公共的な場面でも、一言がショックを誘発し、情動的ベクトルを構築する。そうした事態に目を向けたのである。

次に、ショッキングな状況が生起するなかで生まれる強い強度の情動は、日常の知覚の仕方、認識を中断し、通常の知覚の様式のもとでは覆い隠されていた「潜在性」を知覚する――これこそが「ミクロ知覚」であった――あらたな知覚の様態を創り出す契機ともなりうることを指摘した。Kanisza Triangle は、こうした「潜在性」を知覚すること、とりわけ「純粋な潜勢態」を説明するものだった。

以下では、これまでの情動と「ミクロ知覚」の議論をふまえながら、現在の社会的現象のなかに、「実現された現実態」と「純粋な潜勢態」との関係や、「実現とのある親密な関連があるがために受け入れられるような潜勢態」と「純粋な抽象的潜勢態」との関係が、具体的に、いかに構築されているか、そしてどのように情動と「ミクロ知覚」が生成しているのか、をリサーチしてみよう。

4　情動とミクロ知覚、そしてマクロなポリティクス

「現実」といわれることがらの重層性を考えるとき、その象徴的な事例として私がすぐに想起するのは、三・一一福島第一原子力発電所の過酷事故である。

あの事故が起きる前まで、われわれはあの巨大な施設をいかに知覚してきたのだろうか。いかに認識してきたのだろうか。多重の安全装置を備え、いかなる自然災害が起きようと、いかなる人為的ミスが起きようと、「絶対に安全な施設だ」という命題のもとで、多くの人があの施設を知覚してきたのではないだろうか。

この知覚が捉えた「現実」こそ、「実現された現実態」であったといえよう。まさにホワイトヘッドが指摘した「当座だけ、実現されていた（in realization）諸現実態」のみをわれわれは知覚していたのである。

しかし、巨大地震が襲い掛かったとき、その「実現された現実態」は一気に崩壊した。それは「神話」であったことが誰の目にも明らかとなったからである。突然、「神話」にすぎなかったことが露呈したのだ。そして、社会全体を覆うショックの状態にあらゆる人が巻き込まれた。事故後、十分な情報が伝えられず、寸断された電源回復の作業も進まないなか、われわれは極度の「不安」と「恐怖」に捕らわれた。そこでは、強い情動が触発され、先に述べた文章を再度用いるならば、一つの場全体の「変調」が呼び起こされ、その効果が場のいたるところに波及していったのである。

原子力発電所という巨大施設に「絶対に安全な施設である」という命題が付与されるまでの長い歴史的な過程には、さまざまな運動——ここでは正確に運動と呼ぶべきだ——が存在した。原発建設を主導した政治家や科学者たちの運動、あるいは事故を危惧し阻止しようとした政治家や科学者の運動もある。安全性に大きな危惧を抱き、原子力発電所の装置の技術改良に邁進した技術者の運動も存在した。彼ら技術者の努力のいくつかは装置の一部として採用されただろう。また採用されず埋もれたままに終わった構想や試作があった。また原発建設に反対し、その建設にブレーキをかけて、完成時期を遅らせることに成功した住民の運動もある。さらには、それらの運動のなかには、建設阻止という目的を実現できなかったとはいえ、原発建設の着工を遅らせ、もしかすると現実に阻止できる力——まさにそれが潜勢態である——をもちえていた運動もあっただろう。

相互に作用しあうこれら運動の諸要因や諸力のすべては、ホワイトヘッドが述べた「実現とのある親密な関連があるがために受け入れられるような潜勢態」であるといえる。

しかし、一旦、「実現されていた（in realization）諸現実態」のみを知覚したとき、これらの諸要因や諸力は、「実現されていた（in realization）諸現実態」の背後に隠され、文字通り「潜勢態」として視界から消え去ってしまう。また、同じように、次の運動に備えて身構えて息を潜め、そして次の運動に関与し続けようとする「潜勢態」さえ無視されていくだろう。

そして何よりこうした事態の下では「事故は起こりうる」という「純粋な抽象的潜勢態」など見向きもされないことになる。

事故の発生は、「安全神話」をゆるがせ、生きる空間そのものの変調を引き起こしていった。不安や恐怖の情動や感情は身体の奥深くに刻まれ、長期間にわたり継続し、これまでにない大きな政治運動へとつながった。二〇一一年六月の阿佐ヶ谷で企画された「反原発」「脱原発」運動は企画した側の予想をはるかに超えて一万人の参加者を集め、それ以降二〇一二年の春から秋にかけて「官邸前デモ」と名付けられた集合的行動には、参加者がもっとも多い時期には二〇万も人々が集まった。

友人同士の会話の過程に差し込まれた突然の切れ目や断絶、物体の不自然な運動から引き起こされるショック、突然の自然災害、そして原発事故が象徴的に示した「人災」、こうした事態が生じたとき、きわめて強い情動が形成され、「不安」や「恐れ」そして「怒り」や「憤り」の感情が、拒否不可能な、歴史の形成力を創り出した。一人一人の「ミクロな知覚」がマクロな運動にリンクした瞬間である。

5　情動のハイジャック

ホワイトヘッドの主張に立ち返るならば、「世界に対する決定的な関連の感受」である情動が、「真への留意によって支配」される場合もある。前述の三・一一以降の、原発事故後の原子力をめぐる知覚は、そのことを証明しているかのようだ。

しかし、一方で、いままた、「当座だけ、実現されていた（in realization）諸現実態」のみを知覚させようとする強力な力が働いている。そして、その力を効率的に作動させるべく、情動を喚起し、情動を制御し、一気に場を攪乱し、変調させていく、政治的なプロジェクトがいま進行しているのではないだろうか。

それはすでに第1章で言及した問題ともつながる。本章の前半の議論に立ち返りながら、そこで述べたことがらを再考しておこう。

九・一一同時多発テロは、世界中に巨大なショックを与えた。したがって、それは、これまで指摘した論理に従うなら――誤解を招きかねないが――アメリカがこれまで世界に対して何をなしてきたのか、あるいは西欧先進国が中東やラテンアメリカで何を行い、その地域に住む人々に何をもたらしてきたのか、自省する可能性を開くものでもあった。あらゆるショックが日常の自明と思われたこれまでの関係を見つめ直す契機であるように、この痛ましい悲惨な出来事もその契機となりうる潜勢力を秘めていた。しかし、その後の事態はこうした方向に向かうことはなかった。

むしろそれとは逆に、事態が向かった先は、多くの人々が抱えたテロへの不安、恐れの感受をベースにしながら、「世界情勢は、脅威に充ちている状態というよりも、むしろ脅威を発生させつつある状態、つまり脅威生成的な状態である」との認識を広め、不安と恐れの感受が向かうベクトルを「先制」へと導く命題＝声明への圧倒的な支持へと転換したのである。「この行為はたんなるテロを超えた戦争行為だ」「我々と共にあるか、さもなくばテロリストと一緒になるかだ」という命題＝声明が人々の心身の状態に圧倒的な効果を及ぼし、情動を喚起させ、支持率が五〇パーセントを切っていた大統領の支持率を九〇パーセントへと押し上げたのである。第1章で、「潜勢の政治と先制の優越」と述べた事態である。

マッスミは『存在権力』という著作で、「先制」に関する問題をあらためて「操作的論理」そして「疑似原因」という概念を用いて詳細に論述している。

先制の操作的論理とは以下のように組み立てられる。第一は世界は不確定で、全包囲的な脅威環境である。第二はこの脅威環境のなかで、それらは予想外の形で出現するから、脅威が出現することを待つ余裕はない。したがって、それらを潜勢的な出現のうちに捕獲しなければならない。第三は捕獲のための最良の方法は潜勢力を誘き出すこと、言い換えれば防御すべき脅威を自ら生産することである。

先制を行うための「疑似原因」を自ら産出することで、先制を正当化するのである。「脅威とは、知りえないからこそ、未来が不確定であるからこそ、脅威となる」。脅威は、その意味で、「現在の変化の、未来の原因」となる。すなわち「疑似原因」となるのだ。

いま日本社会で進行しているのは、これと同様のメカニズムではないだろうか。「脅威に充ちている状態というよりも、むしろ脅威を発生させつつある状態、つまり脅威生成的な状態にある」との認識を広めつつ、不安と恐れの感受が向かうベクトルを「先制」へと導く「操作的論理」の前景化ではないだろうか。そして、それを通じて、原発事故によって引き起こされたまさに「リアルな」危機を知覚の外に放逐して、何もなかったように、再び「神話」を構築しているのではないか。

ショックの状態で生成する情動は、いまだ結果的に生ずることがなかったにせよ、現に「実現された諸事態」に干渉する「現実的なもの」の次元を切り開き、それを可視化する能力である。しかしそれが、「実現された諸事態」の背後にあると仮称された「疑似原因」によって触発され、むしろ「実現された諸事態」をより強固なものにする政治的掛け金として利用される。マッスミが「情動のハイジャック」と呼ぶ事態である。

次の章では、この情動の触発と循環を触媒とした政治的プロセスを考察することにしよう。何が情動を喚起するのか。それは誰に向けられ、そして何を帰結するのか。

第5章　情動の政治
――フクシマ、領土、オリンピック

安倍晋三内閣の支持率
「支持する」五八パーセント　「支持しない」三八パーセント
（朝日新聞世論調査二〇一七年一月一四日〜一五日実施）

「学校」という言葉にはまだかすかな希望が宿っているような気がした。
（多和田葉子『献灯使』より）

ショックを与え、強度の情動を喚起し、その場の社会的雰囲気を変調させ、怒り、嫌悪、不安、あるいは歓喜によって集合的行動状態がつくりだされるメカニズムとそのプロセスに、メディアがいかに関わっているのかを考えよう。この章では、情動という生命の基層部をなす経験にまで関与しはじめている〈生権力〉の問題を主題化する。

そのために、以下では、日本の文化 - 政治的な文脈においてきわめて重要な三つの問題を設定して考察を加える。フクシマ、領土、二〇二〇年東京オリンピックという相互に、そして密接に関連する三つの問題系である。

1　領土

不意を打つ

意表を突く発言であった。不意を打たれた、というのが正直な感想だった。二〇一二年四月一六日、当時東京都知事だった石原慎太郎がアメリカの講演先で「東京都が尖閣諸島を購入する」と発言したときのことである。

各紙は翌日四月一七日の夕刊で、一斉にこの発言を報道した。朝日新聞は夕刊一面で「尖閣　都が購入方針」「石原知事『所有者側も同意』」という見出しをつけて、以下のような第一報を流した。

> 石原知事は「東京都は尖閣諸島を購入することにした」と述べた。「日本人が日本の国土を守ることに何か文句がありますか」「中国は、尖閣諸島を日本が実効支配しているのをぶっ壊すために過激な運動をやりだした。とんでもない話だ」と批判した。
>
> また、知事は講演後、「尖閣諸島周辺は豊饒な漁場で、自然エネルギー開発でも大きな可能性を持っている。島々を舞台として様々な施策を展開する」との考えを示した。
>
> 石原知事によると、購入を予定するのは、魚釣島、北小島、南小島。昨年暮れごろから所有者側と交渉を始め、購入について基本合意した。これまで所有者側は売却を拒んできたが、所有者側の親族が亡くなるなど「事情が変わった」という。

このように述べた上で、紙面では「尖閣諸島をめぐっては中国が領有権を主張しており、外交問題に発展する可能性がある」と指摘し、一一面では日中間の問題に言及する記事を掲載した。

翌日の四月一八日の朝刊では、一面トップで、「尖閣購入に波紋」「石原知事発言　都議会には慎重論」との見出しの記事を掲載した。ここでも、石原の発言を引用している。

「面白い話だろ。これで政府に吠え面かかせてやるんだ。何もしなかったんだから、政府は」。訪問していたワシントンでの講演で、尖閣諸島を購入する考えを明らかにした石原知事は、講演後の会見で息巻いた。

訪米前、「向こうで大いに物議を醸してくる」と語っていた石原知事。

同時にこの一面で、猪瀬副知事が全国から寄付を募る方針を明らかにしたこと、さらに藤村修官房長官が一七日の記者会見で「『尖閣諸島は我が国の固有の領土だ。歴史的にも国際法上も疑いのない事実だ』と強調。東京都が尖閣諸島を購入するとの石原知事の考えを踏まえ、『必要ならそういう発想のもとに進めることも十分ありうる』」との考えを示したことを伝えている。すでに一六日の石原発言から一日が経過した時点で「国有化」の方向もありうることが示されたことがこの記事からもわかる。

これ以降、都への寄付金が六月一日時点で一〇億を超えたこと、七月七日に「国有化」の方針が決定され、九月五日に国が二〇億五〇〇〇万円で購入することで地権者と合意したこと、そして九月一一日に「国有化」を閣議決定したことなど、長期間にわたり尖閣諸島をめぐる報道が続いた。寄付金がわずか二カ月足らずで一〇億円が集まったことにも象徴されるように、石原の主張や政府の対応は支持され、都や政府の対応に疑問を投げかける新聞やテレビの報道も、中国との関係悪化を憂慮する論調を除けば、ほとんど皆無だった。

一方で、政府による「国有化」決定という対応に対して、中国が厳しく反発し、九月には中国で「反日デモ」が行われ、連日、中国政府の対応とデモに関する記事も集中して掲載された。

特に、九月一五日から一六日にかけて、日本政府の尖閣諸島国有化に対する抗議デモが拡大し、北京、上海、重慶、南京など少なくとも五七都市でデモが行われ、八万人以上がこれに参加したと言われる（共同通信）。一部デモ隊が暴徒化し、日系店舗襲撃が相次ぎ、大きな被害を受けたことを日本のマスメディアは報道し、テレビでは日系のデパートが襲撃された映像が繰り返し流された。

加えて、中国当局が国有化は中国の主権の侵害であり、容認できないとの姿勢を明確に打ち出したこともあり、九月中旬以降、尖閣沖の接続水域に漁業監視船（漁政）ならびに海洋監視船（海監）を繰り出し、事態をエスカレートさせる「挑発的」行為を断続的に行った。一〇月中旬には、中国は海軍艦艇を多数参加させ、監視船が衝突した事態を想定した合同訓練を東シナ海で実施した。日本のいくつかの論壇誌が、偶発的な衝突が管理不可能な事態を招きかねないことを危惧して、特集を相次いで組んだのもこの時期である(1)。

何を伝えなかったのか

この四月から一一月にかけての主要マスメディアによる報道過程で、少なくとも指摘しておかねばならない三つの特徴がある。第一は、日本政府の「尖閣諸島は日本固有の領土である」「領土問題は存在しない」という日本政府の主張をそのまま伝え、異議を差し挟むことは一切なかったことである。

しかし、この点に関しては、中国と台湾そして日本側との間で大きな見解の相違が存在するのみならず、国内を見ても識者によって見解の相違がある。

たとえば、孫崎享は、「尖閣諸島の位置付けを『日本固有の領土であり領土問題はない』とするのは国際的にみて適切ではな」く、「尖閣諸島の出発点は、『日中間で、明確に領有権で争っている係争地である』という事実である」（孫崎 2012, 88）と述べている。(2) 田畑光永は、一九七二年九月二五日から二八日まで北京で四回にわたり行われた田中角栄・周恩来の首脳会議の議事録の分析、ならびに一九七八年の日中平和友好条約交渉のために北京を訪れた園田直外相が鄧小平と会見した際の記録を見る限り、「日本政府が固執している『尖閣諸島に領有権問題は存在しない』、『日中間で尖閣諸島問題の棚上げに合意した事実はない』という立場は、一九七二年の国交正常化、一九七八年の平和友好条約の締結という節目における首脳会談の実態とは大きく相違していることは明らかである」（田畑 2012, 108）と指摘する。それに対して、豊下楢彦は、「これらの島嶼（尖閣諸島：筆者）を指す最も古い記述は、明や清の時代の中国の古文書に登場する『赤尾嶼』『黄尾嶼』といった名称です。ですから命名自体は中国のほうが古いと考えられます。しかし、具体的に人々が生活を営み実効支配をしていたという歴史的な確証はありません。そういう意味では、日清戦争の最中とはいえ、他の国が領有を主張していないことを確認したうえで編入措置をとった日本に、国際法上の領有権が存在することは確かです」（豊下 2012, 42）と述べている。このように、国内の専門家からして、意見が異なっているのである。

第二は、石原が購入計画を発表した際の購入対象は、久場島と大正島の二島を除いた三島（魚釣島、北小島、南小島）であるが、なぜ三島しか購入対象としなかったのか、踏み込んで報道することはなかったことだ。この点は、豊下が指摘しているところだが、大正島と久場島はアメリカ軍が射爆撃の訓練場として使用する目的で在日米軍の排他的管理下にある。ただ「実際には30年以上使用されていないのですが、日本政府は返還を求めておらず、未だに米軍の管理下にあって日本人が立ち入ることはでき」(豊下 2012, 43) ない状態にある。それにもかかわらず、一九七一年六月の沖縄返還協定調印の前後に、当時のニクソン政権下で尖閣諸島の帰属問題に対しては「尖閣諸島の領土問題については日中いずれの立場にもつかない」という「中立」の立場が表明され、今日までこれが米国の原則的主張となっている。つまり「米国は、排他的管理下におきながら、『中立』の立場をとってきた」のである。つまり、尖閣問題にはアメリカが深く関わってきたのである。それにもかかわらず、メディアはこの点を一切報道しなかった。

第三は、そもそも尖閣諸島の問題の本質が「領土問題が存在する」あるいは「領土問題は存在しない」とのどちらの立場であっても、実際に緊張が生起した原因は漁業問題にあるということだ。「北緯27度線以北はすでに日中漁業協定が結ばれているものの、27度以南は無協定状態にある」(豊下 2012, 49) こと、この無協定状態こそが最大の問題である。したがって、緊張を打開し、解決の糸口を具体的に提示する上で必要なのは、漁業協定の締結に向けた交渉である。このことがほとんど報道されなかった。日本と中国の漁師の生活や安全に直接関わる、すぐにでも対応すべき問題が見過ごされる一方で、領土問題という大きな政治的係争点のみが取り上げられ、前景化していったのである。

マスメディアの言説に対してはこうした多くの問題を指摘することができるが、ここで述べたいのは、メディア報道が示す議題設定機能上の弱点やジャーナリズム活動の「劣化」という問題ではない。むしろ、重要な「係争点」として尖閣諸島問題を考えるにあたって必要なのは以下の問いだろう。

第一は、なぜこの時期に石原はこうした発言を行ったのか。第二は、六月の時点で一〇億円にも上る寄付金が寄せられるほどの支持がなぜ集まったのか。第三は、さらにいえば、この発言が結果として何を成し遂げたのか、いかなる効果、いかなる剰余価値を生み出したのか。これらの諸点こそが検討されるべきだろう。そしてこの検討から情動の政治とでもいうべき事態が浮き彫りになるだろう。

情動とその持続的編成

石原の発言を許容し、支持する土壌がすでに形成されていたことは間違いない。その背景の一つが二〇一〇年の尖閣諸島における中国漁船衝突事件である。中国漁船が久場島の領海内に侵入し、日本の海上保安庁の監視船に追突し、中国漁船の乗組員が逮捕された事件である。その後、衝突した際の衝撃的な映像がYouTubeにアップされ、中国への反発、反中国の感情が一気に高まったことを記憶している方も多いだろう。ショッキングな、衝撃的な映像が流れることで、中国をいかなる国として知覚するか、知覚の昂進状態、心的興奮状態が作り出されたのである。**図5**に示したように、対中国に対する感情がこの時期から急速に悪化していることも見てとれる。

この二〇一〇年に起きた中国漁船衝突事件のときの衝撃は、もちろん時間が経過するにしたがって徐々に弱まったとはいえ、その記憶は長期にわたり持続し、中国への感情は悪化したまま二〇一二年を迎えていた。

そうした中国に対する不満、苛立ち、嫌悪という、この時期まで持続していた感情に対して、「尖閣を都が所有する」という石原のメッセージは、情動を刺激し、高揚させ、中国に対して攻勢的に対処する姿勢を肯定的に感受（feeling）する心情をますます強固に構成していったのである。そして挑発

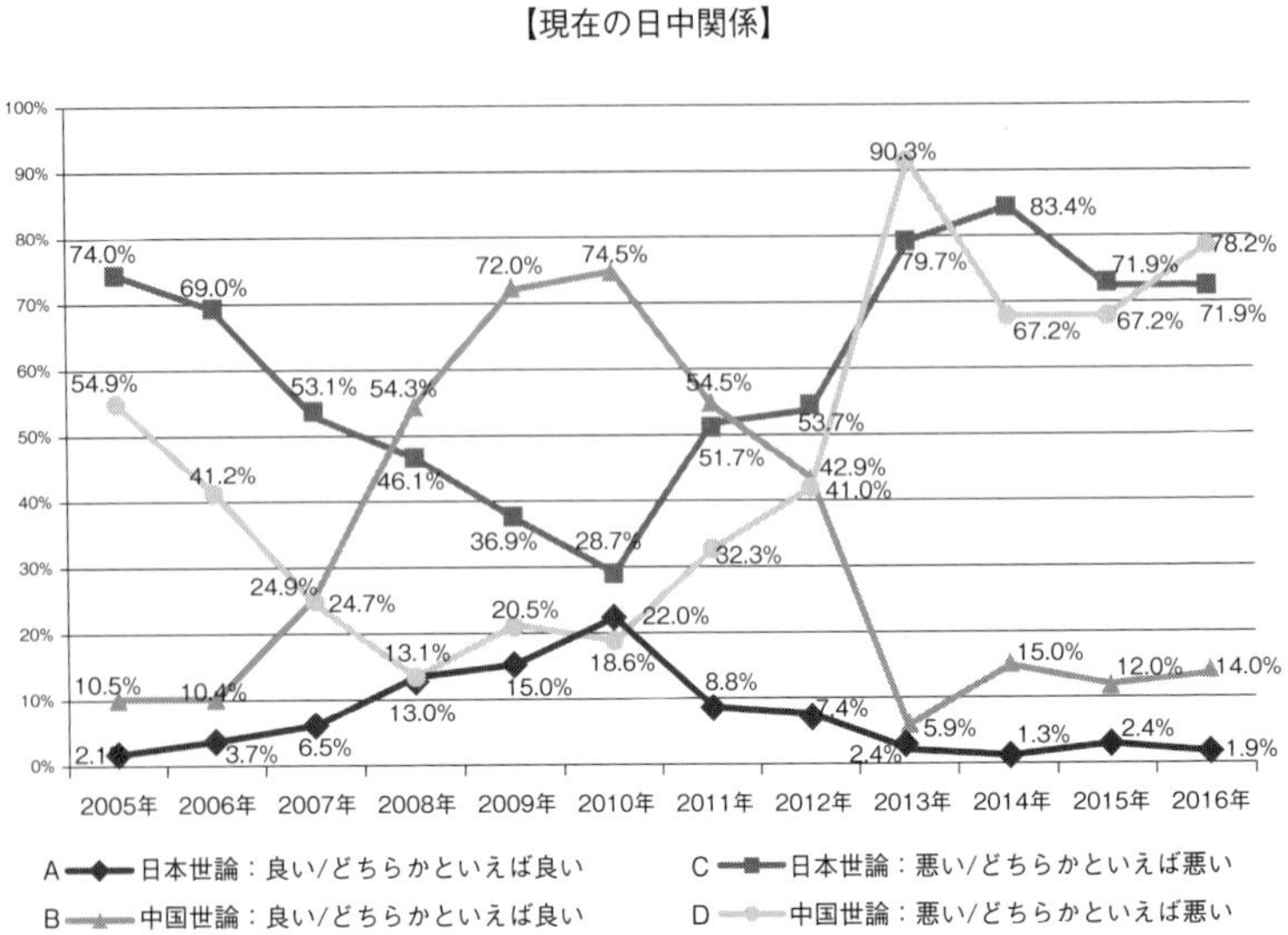

図5　第12回日中共同世論調査（2016年）

的な石原発言に揺さぶられ、挑発された政府は「国有化」を実行した。

二〇一〇年以来続く日中の緊張関係が「国有化」によって極度に高まるなか、現在週刊誌のなかでもっとも発行部数の多い『週刊文春』、そして『週刊新潮』のトップ記事のタイトルは次のような文言で占められた。それは、「国有化」という事態をいかに知覚するのか、中国各地で起きた反日デモをどう知覚するのか、に関わるとてつもない言語態の組織であった。


「日中一触即発！」

「人民解放軍将校が宣戦布告」

「軍艦出撃で尖閣を奪う」

「決死の現地ルポ『日本人は死ね！』腐った野菜を投げつけられた」

『週刊文春』二〇一二年九月二〇日号

「中国をつけあがらせた」

「『尖閣開戦』自衛隊極秘シミュレーション独占入手」

「売春、強盗、産業スパイ……在日不良中国人を追放せよ！」

『週刊新潮』二〇一二年九月二七日号

「中国は必ず潰れる！」

「盗人猛々しいが所詮は〝成金帝国〟」

『週刊文春』二〇一二年一〇月一一日号

「日中〝戦争〟世界はどっちの味方か？」

『週刊文春』二〇一二年一〇月一八日号

「どうすれば勝てるのか　日中文明の衝突」

『文藝春秋』二〇一二年一一月号

驚くべきタイトルである。これらの「白抜き」の大文字が、ほぼ二カ月にわたって、新聞の広告欄で毎週掲載され、電車の中の中づり広告で、何百万あるいは何千万の人々の目に留まったのである。

これらの言語態を目にした人々が、「日中一触即発」や「日中戦争」といった文字で指示された事態をどのように受け止めたのかは定かではない。しかし、推測できるのは、多くの人が、これらの文字が指示する事態、つまり現実の日中関係の緊張状態に関する記事内容の信憑性なり真実性を真に受けて、それらの記事を日にしたわけではない、ということだ。「『週刊文春』だから、こんな見出しで書くよね！」「『週刊新潮』らしい見出しが出ている！」といった感覚でこれらの文字は受け止められ、一瞥されたのではないか。朝の忙しい時間に、新聞の広告欄に踊る過激なこれらの文字たちを一瞥する、電車のなかで中づり広告を一瞥する、ただそれだけだった。そう考えることも可能だろう。

また多くの人は、こうした週刊誌の記事が、人々が何を消費したいか、何を望んでいるか、をつねに感知して、記事を掲載していることを知っている。このことも考慮すべきかもしれない。たとえば、安倍内閣の支持率が高水準で推移すると予測すれば、それに対応した記事を掲載する。こうした掲載の可否を図る基準が、発行部数の増大や、売り上げにもっとも影響することを、多くの読者は理解している。だから、これらの記事は、内容の真実性など真に受けて読まれることなどない。そのように指摘されるかもしれない。

不断に広告に晒されている日常生活の一瞬の出来事にすぎないものとして、これらの文字は消費されているにすぎない、と。

しかし、もし仮にそうであったとしても、この言語態がわれわれの社会的コミュニケーションにとって何ら意味がなかった、何らの効果も及ぼさなかった、というわけではない。このことを認識することが何よりも肝要だろう。これらの言語態は社会の雰囲気を一変させ、言説の空間、言説の場の変調を創り出していったからである。

これらの言語態は、「この記事は正しいこと、真実を述べているかどうか」といった水準で受容されているわけではない。そうではなく、これを一瞥した者にショックを与え、情動を触発し、その情動と一体となった知覚の運動が起動するなかで、圧倒的な効果を及ぼしたのではないだろうか。

換言すれば、「日中戦争」や「一触即発」といった記号が、「本当はどんな状態になっているのか」「中国は本気で戦う準備をしているか」といった検証のための思考の開始を読者に促す記号の役割をはたしたのではなく、むしろ強いベクトルの作用を伴った情動喚起の触媒として作用したということである。中国への嫌悪の感情、中国から不当な扱いを受けたという被害感情へと昇華する「内臓的動揺」「知覚の昂進」状態が構築されたのである。

この点を詳細に検討し、説得的な議論を行うためには、パースの記号論に関する議論にまで立ち返ることが必要だろう。しかも、従来、パースの記号論のなかで、十分な検討が行われてこなかった第一次性、第二次性といわれる基本的カテゴリーに注目しながら、検討を加える必要がある。(3)

2 パースの記号論のなかの三つの解釈項

三つの基本的カテゴリー

パースによれば「記号……は何らかの点であるいは何らかの能力で、誰かに対して、ほかの何かを表意する（stand for）もの」（米盛 1981, 109）である。そして「表意するという作用――記号過程――は三つの要因から成り立つ」とされる。よく知られるように、第一は「リプリゼンタメン＝表意体である記号（sign, representamen）」、第二は「解釈内容（interpretant）」、第三は「対象（object）」である（図6を参照）。ところで、この三つの要素から成立する記号の表意作用に関するパースの定式は、彼の思索の基底を成す①第一次性（firstness）、②第二次性（secondness）、③第三次性（thirdness）というカテゴリーを

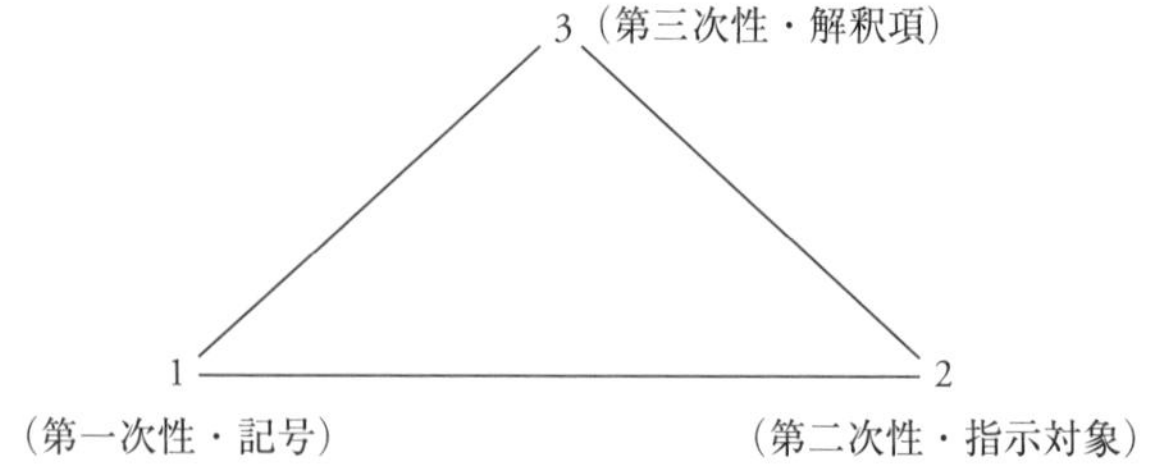

図6　パースによる三項関係による記号論

踏まえている。米盛の考察にしたがってこの点を見ておこう。

第一次性とは、パースの規定によれば「すべての外からの力やすべての理性に関係なく、そのうちにあっても、あるいはその外においても、他の何ものとも関係をもたず、それ自体であるような何か」であり、「質的可能性あるいは潜在性としてのいわば世界の原初的な在り方」（米盛 1981, 70）であるとされる。この規定を考える際の参照軸としてホワイトヘッドの議論に戻るならば、物質にふれた際の「一であり多である」ような「始原的な物的感受」の、いまだ「何か」として言い表すことさえできない「潜在性」が、ここで規定された「第一次性」にきわめて近い概念であると考えることができる。「一であり多である」かぎり、それは質的可能性ないし潜在性に開かれたままの位相にある。「それ自体であるような何か」として、「質的可能性」にとどまるかぎり、この第一次性は十全たる記号の働きをなすものではない。また、パースがそれを「情態の性質（qualities of feeling）」であると述べることからも理解できるように、物質が記号として成立する手前で、まさしく「感じ」として、心身の状態を構成する前記号的な働きをなしている位相なのである。

第二次性は、パースによれば、「そのものが、第二のものと関連し、しかし第三のものは考慮せず、そのものであるようなものの在り方」（米盛 1981, 73）である。具体的にいえば、作用と反作用、中断、闘争といった二つの項が取り結ぶ関係であり、「感覚によって現実的事実を経験」する位相である。

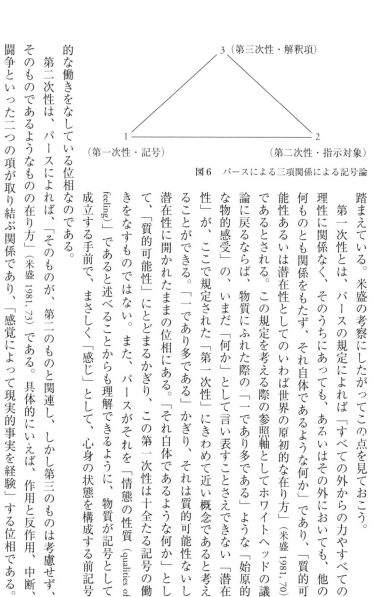

たとえば、米盛が述べるように、「突然の轟音にびっくりしたり、予告なしに起こる停電で仕事を中断されたり」するような「強制的現実的出来事」（米盛 1981, 75）、これが第二次性である。

これに対して第三次性は、「二項関係にも二項関係にも還元不可能な独自の構造または形式を有する三項関係の概念」（米盛 1981, 77）である。パースによれば、一般性、法則、秩序、論理といった特性を有するものであり、記号の定義である「表意作用の同義語にほかならない」。この第三次性こそ、記号が成立する条件である。

たとえば次のような事例で考えてみよう。

一瞬、大きな雷の音が聞こえたとしよう。耳をつんざくような音は聴く者の身体に何らかの強い痕跡＝情動を創り出すだろう。これがいわば第一次性である。そしてこの突然の雷の音に人は身をこわばらせ、物陰に隠れる行動をとるだろう。これが第二次性である。さらにその音はすぐ雨が降り出すことを表意する記号として働く。雷の音は「指標記号」として機能し、これまでの経験に照らして、いますぐにも雨が降ること、そうであれば傘を持っていくべきだ、という思考を促すだろう。つまり、「もし～であれば、そのとき、～が起こるだろう」という条件法的行動様式が働く。これが第三次性といわれる位相である。

いま一つの事例を挙げておこう。米盛が例示したものである。ある人物が快活な声で、あるいは沈んだ声で、「お天気はどうかしら？」と同僚に質問したとしよう。この場合でも、第一次性が存在することは確かである。彼女の声／彼の声自体は、聞き手の身体が不意に何かを感じ取る「情動の性質」をかたちづくるからである。声というベクトル＝力が記号として成立する手前で、前記号的に働く。これが第一次性である。次に、「お天気はどうかしら？」との質問は、聞き手に応答＝反応を迫ることになる。これが第二次性である。

次に、「お天気はどうかしら?」という発話を、聞き手は「天気の良し悪しを質問している」と解釈して、「今日も明日も晴れですよ」という返答を行う。あるいは、「お天気はどうかしら?」という発話は天気の良し悪しを表意したのではなく、自身の行動の可能性を表意した可能性もある。その場合、聞き手は、条件法的行動様式にしたがって、次のように応答するだろう。「大丈夫ですよ、明日の計画は予定通り進行します」と。こうした発話=言語記号の表意作用が第三次性である。

このパースの議論で注目すべきは、記号成立の基本的条件をなす第三次性の前提として、質的可能性ないし潜在性としての第一次性、そして作用と反作用という第二次性、という二つの位相が明確に議論されていることである。この点を繰り返し強調しておきたい。

というのも、記号の表意作用を考える場合、往々にしてわれわれは、第三次性にのみ注目して考察を行ってしまうからである。しかし、音声記号であろうと、文字記号であろうと、何らかの物質を基礎とした記号は、記号が記号として成立する手前で、「情動の性質」を構成し、作用と反作用の運動をつくりだす前記号的な働きをなしている。その事実をパースは看過していないということだ。そしてこのパースの視座は、ジェームズやホワイトヘッドの議論と連続し、重なり合っていることも理解できる。

こうした基本的カテゴリーに立脚して、記号自体の性質を、第一次性、第二次性、第三次性から分類したのが、よく知られている、**表1**に示した分類である。類似記号、指標記号、象徴記号、という有名な三つの記号分類は、基本的カテゴリーである第二次性にしたがって、すなわち記号と対象との二項関係から見た場合の類型である。

情動的解釈項

さて、第三次性のレベルにおける「その解釈内容との関係における記号」の性質から分類されたのが、よく知られる、名辞、命題、論証という分類である。ただし、ここで留意すべきは、この三つの類型があくまで三つの解釈項のなかの第三番目にあたる「論理的解釈項」を適応した場合の分類であることだ。

いま述べた三つの解釈項とは、a「情動的解釈項（emotional interpretant）」、b「力動的解釈項（dynamical interpretant）」、c「論理的解釈項（logical interpretant）」である。この三つの解釈項も、パースの思考の基軸をなす三つの基本的カテゴリーに立脚して設定されていることは明らかである。「情動的解釈内容」は第一次性、「力動的解釈内容」は第二次性、「論理的解釈内容」は第三次性、にそれぞれ対応するからである。そうであるならば、あらゆる記号に関して、「情動的解釈内容」ないし「力動的解釈内容」を媒介した作用が存在し、その作用を論理的解釈項の場合と同様に検討されねばならない。

たとえば、「情動的解釈内容」を介した場合は次のように説明できる。

(1)「牙をむくライオンの写真」がライオンを表意する（類似記号）場合、それが「怖さ」に結びつくような心身の状態をつくりだすだろう。

(2)「突然の雷の音」が嵐の前兆を表意する（指標記号）場合、「不安」とでもいうべき心身の状態を生起するようになるだろう。

(3)「学校」という文字（象徴的記号）は、何らかの心身の状態を構成し、「希望」あるいは逆に「不

	第一次性 記号それ自体の在り方	第二次性 その対象との関係における記号	第三次性 その解釈内容との関係における記号
第一	①性質記号 (qualisign)	④類似記号 (icon)	⑦名　辞 (rheme)
第二	②個物記号 (sinsign)	⑥指標記号 (index)	⑧命　題 (dicisign)
第三	③法則記号 (legisign)	⑥象徴記号 (symbol)	⑨論　証 (argument)

表1　記号様式の形式的なカテゴリー的分類法（米盛 1981，127頁より引用）

安」とでも形容できるような感覚＝心身の状態を抱かせるかもしれない。

では「力動的解釈項」の場合はどうだろう。

(1)「牙をむくライオンの写真」は、咄嗟に後ずさりする反応を招くだろう。

(2)「突然の雷の音」は、身体の震えを招くだろう。

(3)「学校」という文字は、目を輝かせたり、あるいは逆に視線を逸らす身体的動作を帰結するかもしれない。

そして「論理的解釈項」の場合は

(1)「牙をむくライオンの写真」は、「ライオンの敵意」を指示する。

(2)「突然の雷の音」は、「雨が降り出すこと」を指示する。

(3)「学校」という文字は、小学、中学、高校といった初等教育、中等教育の施設を指示する。

いま述べた事例は、あまりに一般的で、当然すぎることがらだ。そう思われるかもしれない。しかし、すでに強調したように、当然すぎることがらであるが故に、第一次性と第二次性に結びついた「情動的解釈項」と「力動的解釈項」に関わる問題は記号学の領域ではこれまで十分に検討されず、等閑視されてきたのである。

言い換えよう。あらゆる記号は、論理的解釈項を介した名辞、命題、論理に基づいた思考記号の展開を可能たらしめるだけでなく、第一次性そして第二次性というレベルを内包しているがゆえに、「情動的解釈項」と「力動的解釈項」による作用をつねに伴っているということだ。

繰り返そう。「学校」という文字は、ある人にとっては、何らかの心身の状態を構成し、「希望」あるいは逆に「不安」とでも形容できるような感覚＝心身の状態を抱かせるかもしれないし、ときには目を輝かせたり、あるいは逆に視線を逸らす身体的動作を帰結するかもしれない。そうした機能を内包しているということだ。こうした事態をわれわれは十分に想像できるだろう。学校でいじめにあっている生徒は、学校という文字を見ただけで、視線を逸らし、身を反らしてしまうことを……。

もちろん、これらの三つの解釈項はそれぞれが単独で、独立して機能しているわけではない。これらは相互に重なり合いながら重層的に知覚と認識の過程を構成しているのである。「学校」という文字が、不快な心身の情態を構成し、身を反らせる反応を生み出し、昨日、「自分が学んでいる空間」で何があったかを想起させ思考の運動を起動させるように、である。

ようやくわれわれは、先ほどの尖閣問題に立ち戻ることができる。

3　論理操作による脅威の自己生産

記号、ことば、触発される情動

先ほどの週刊誌の広告を賑わした言語態の問題に立ち戻ろう。

「日中戦争」「中国は必ず潰れる」といった醜悪な言語態は、「この記事は正しいこと、真実を述べているかどうか」といった水準で受容されているわけではない、と前述した。たとえば、「中国は必ず潰れる」という強い断定調の命題は、「その根拠は」「いつ」「なぜ（何が原因で）」「どのように」潰れるのかという思考を促す思考記号として機能しているのではない。

しかし、思考を促す思考記号として機能していないからといって、それが実効的な効果を有しないという訳ではない、ということも繰り返し強調しておこう。では、これらの言語態はいかなる効果を有しているのか。その点を考察することの重要性を指摘したのである。パースの議論を検討したいま、われわれは以下のような仮説を導き出すことができる。

すなわち、これらの文字・記号は、パースの述べた第一次性、第二次性の水準で、それを一瞥した者にショックを与え、ある情動を触発したのだ、と。そしてそのことを通じて、事態をいかに知覚するのかに関わる心身の運動に圧倒的な効果を及ぼしたのだ、と。

これを、前述のパースの議論を敷衍しながら再考すれば、次のように述べることができる。すなわち、「日中一触即発！」「人民解放軍将校が宣戦布告」「軍艦出撃」「尖閣開戦」といった文字記号は、第三次性の「論理的解釈項」を介した、思考記号として働いたわけではなく、直截に第一次性のレベルにあたる「情動的解釈項」を介して、社会の成員の多くに情動を喚起する触媒として機能したのである。

もちろん、この触媒としての言語態は、唯一の、ただ一つの感情や反応を帰結するわけではない。ある人はこれらの文字を一瞥したとき、文字そのものに対するある種の「嫌悪」の感情を引き起こすかもしれない。そして「根拠に乏しい、過剰な表現」に反発するかもしれない。あるいは一方で、これらの文字が情動を触発し、「不安」「脅威」の感情が湧き起こり、不安の原因を作り出したものへの「嫌悪」の感情を構成するところまで進行していくかもしれない。それらの言語態がどのような帰結をもたらすか、それはたしかに不確定ではある。

とはいえ、この言語態は多くの人々の心身に特異な「情動の性質」を付与し、〈政治〉の機能あるいは政治のリアリティを、事実の認識や論理的な仮説に進む思考のレベルではなく、身体の情動的活性化の水準へと切り替えていったのである。

しかもここで指摘しておかねばならないのは、これらの言語態が週刊誌にのみ現れたのではないということだ。デジタルメディアのネットワーク上で、同様の無数の言語が高速で飛び交い、拡散され、移動していたからである。

こうした現象に一つの名前を与えておこう。「情動のコミュニケーション」という名称である。特定のメディア環境が触媒となって、情動が感染し、伝搬していく状況をこの概念は指し示している。しかもそれは持続し、沈殿しながら、長期にわたり人々の知覚に効果を及ぼしていくのだ。

たぶん石原はそのことを十分理解していたのだ。「都が尖閣を所有する」という命題が大きな反発や反感を買うことはないことを十分に察知していた。すでに、中国に対する脅威、不安、嫌悪の感情が蓄積され、持続していることを彼は感知していたからである。「政府に吠え面かかせてやるんだ」

という石原特有の過激な物言いが、言説空間のルールを一変させ、不安と嫌悪の感情にふたたび火をつけて、情動を触発する。さらにそれが伝搬し、循環して、デジタル通信網の回路のなかの周期的な反復を創り出すことを彼は知っていたのである。

ある奇妙な効果の力

「都は尖閣を所有する」という発言が自己原因となって、その後に現出した経過はすでに前述したとおりである。ただし、重要なのは、その経緯と「国有化」という結果ではない。むしろ石原発言が実際に及ぼした諸効果が考慮されねばならない。彼の発言が何を遂行し、何を成したのか、いかなる効果を及ぼしたのか。その点をあらためて整理しておこう。

第一は、石原発言が東アジアの地政学的バランスを狂わせてしまったことである。このことをまず指摘しなければならない。均衡状態をゆるがせ、変調させること、それが石原発言によって帰結した第一のことがらである。仕掛けたのは日本側であった。そしてそのことを通じて、何よりも先んじて日中間で解決されるべき課題であった漁業協定問題を棚上げにして、問題を「領土問題化」することが全面的に遂行され、東アジアの不安定化が現実のものとなった。

第二は、いうまでもなく、政府を動かして「尖閣諸島の国有化」という事態を実際に創り出したことである。政府が潜在的に「尖閣諸島を国有化する」といった欲望をかかえていたのかどうかは定かではない。しかし、石原の発言がそうした欲望を自覚させ、積極的か消極的か、そのどちらであったにせよ、また中国の反応を予期し考慮しつつも、石原発言に突き動かされて政府は尖閣諸島を「国有化」したのである。

第三は、中国からの強烈な反発を誘発したことである。もちろんそれは当初から十分予想されたことである。石原も、アメリカ滞在中に彼が助言を求めたであろうアメリカ側の関係者も、そして日本政府の関係者も、中国の反発を視野に入れていたはずである。だが中国政府の反発は彼らが予想した以上のものであった可能性が高い。中国政府の関与がどの程度だったか、いまだ不明な点が多いが、中国各地で起きた反日デモの規模の大きさは彼らの予想を超えるものであったのではないだろうか。しかし問題は、そうした予期が外れた、予測を誤った、という点にあるわけではない。

日本に対する反発や憎悪の強度のグラデーションがどの水準になろうとも、石原発言が現実に遂行したのは、反日感情が顕になることで日本の国内世論が刺激され、日中の緊張関係がこれまで以上に悪化することを演出・造形したことであった。より直截にいえば、中国側の反発が強ければ強いほど、緊張関係が強化され、日本の対中国感情が益々悪化していくであろうこと、両国の感情が相互に悪化するメカニズムが戦略的に構築されたのである。新聞やテレビといった既存のメディアが中国の反日デモに関する情報を継続的に流し、それと連動しながら膨大な量のネット上の情報が拡散して、人々の情動が刺激され続ける回路が構築されたのである。その効果が何より重要だったということである。そこでは、「日本は正しく、中国は誤っている」という極端なナショナリズムが容易に構築されていくだろう。

第四は、前述した日中の緊張関係の演出と対中国感情の悪化と連動しながら、日本国内における尖閣諸島問題に関する様々な運動が組織されたことである。九月一八日石垣島の漁船をチャーターして鹿児島県の地域政党「薩摩志士の会」のメンバーの三名のうち二名が尖閣諸島魚釣島に上陸、九月二二日には東京で「頑張れ日本！全国行動委員会」主催による「中国政府の尖閣諸島侵略」に反対するデモが行われた。これら「右派」の運動は多くの人たちの共感を得やすい。「尖閣諸島は日本固有の領土だ」「尖閣を守れ」といったスローガンを掲げることで、彼らの組織や運動をアピールできる空間を手にしたのである。それは、街頭から、デジタルメディア空間まで、広範囲にわたる。

このように見るならば、石原の発言は、「国有化」という主要な目的を達成するとともに、多様な副産物＝剰余価値を産み出したといえる。整理すれば、第一に東アジアの緊張状態を構築することであった。第二に二〇一〇年までほとんど誰もが知らなかった「尖閣諸島」を「日本固有の領土」と見なす想像力を再生産することで、日本という「想像の共同体」を再構築する、巨大な装置を稼働させることに成功したということだ。緊張関係を自ら構築しながら、共同体の感覚を育成する言説やイメージを流布するメカニズムが構成され、それに基づいて国家的威信の強化が図られ、そしてこのプロセスへ多くの人々がコミットメントする、多様な回路と空間が構築されたのである。

これらの多様な回路はいわば、二〇一〇年の中国漁船衝突事件以来ずっと生産された「中国への反感」「中国蔑視」とでもいうべき剰余価値を、戦略上の様々な要衝において再生産するプロセスを再帰的にフィードバックさせる社会的な装置、社会的なメカニズムなのだと言わねばならない。そのいわば集合態としてメディアが組織されたのである。

4　フクシマ、オリンピック

「リアルな脅威」の抹消

ところで、石原発言が生産した剰余価値は、一九九〇年代以降急速に進展した国家的な威信やナショナリズムの昂進の、周期的な反復を保障するメカニズムの回路の再生産、そして情動の捕獲装置の構築であったと見なすだけでよいのだろうか。それだけではすまされないより重要な価値が産出されたのではないか。そう問いたいと思う。

このことを考える上で、なぜこの時期に石原はこうした発言を行ったのか、という問いは決定的に重要な意味をもつ。二〇一二年四月という時点、つまり東日本大震災と原発事故が発生して一年後の時期に、なぜこの発言がなされたのか、ということだ。

この「なぜ」という問いには、そもそも意味はない、という反論もあるだろう。当事者が「いつ発言するか」をどの程度意識していたかどうか、明確な意思があったかどうか、それは論証不可能だからである。また、石原発言が可能となったのは、尖閣諸島を所有していた民間人の同意がこの時期だったからであり、二〇一二年四月という時期はあくまで偶然に過ぎない、という反論も可能だろう。だが、それでも、「なぜこの時期に」という問いを提出する必要があると考えるのは、この問いを立てることによってはじめて、リアルな脅威への不安から、擬装された脅威への不安への転換が行われた、という事実が見えてくるからである。

石原発言が生産した最大の剰余価値は、情動の転換、ということにある。

原発事故が起きて一年が経過したこの時期、巨大地震と津波そして原発事故によって被災し、避難生活を強いられた人々の数は、四月一一日時点で三四万四四七七人に上る（復興庁平成二四年四月一一日「全国の避難者などの数」）。その内訳は、「避難所（公民館、学校など）」が三三〇人、「旅館・ホテル」が五三人、「その他（親族・知人宅など）」が一万七〇六〇人、「住宅など（公営、仮設、民間、病院含む）」が三二万七〇三四人である。被災した多くの人たちが今後の生活、健康、収入への不安、将来の行く末への不安に包まれていた。また福島や宮城や群馬や茨城以外の東日本の各地でも、放射能による健康被害への不安や強い恐怖の感情に包まれ、重苦しい雰囲気のなかで生活することを余儀なくされていた。そういう時期であった。

さらにいえば、政府や東京電力の事故責任問題、メルトダウンの原因究明、事故後の福島第一原子力発電所から海洋に流れ込む高濃度の汚染水の処理問題など、多くの課題が山積していた時期でもある。一方で、原発事故の経験は、これまでにない「反原発」「脱原発」の機運を創り出して、全国各地でデモが行われた。二〇一二年一月一四日の「脱原発世界大行進 in 横浜」には四五〇〇人が参加、三月一一日の「3・11東京大行進及び国会包囲共催」には一万四〇〇〇人、さらに三月二九日には首相官邸前抗議行動が開始され、七月二九日には二〇万人が参加するほどの熱気に包まれた。「原発を今後どうするか」に関する人々の意識が大きく変化し、脱原発、反原発に向けた運動が、重要な政策的論点として浮上したのが、二〇一二年だったのである。

石原発言は、多くの人々の政治意識を、原発問題から領土問題へ、放射能汚染というリアルな脅威から日中の緊張関係が及ぼす脅威へ、とシフトさせる転換点を創り出したのである。言い換えれば、情動の集合的な編成が、リアルな脅威への不安から、自ら作り上げた偽装の脅威への不安へとシフトしたことを意味している。

その変化を物語る一つの傍証を提示しておこう。

朝日新聞の「放射能汚染」と「尖閣諸島」というキーワードで記事検索を行った際の三カ月ごとの件数である。「放射能汚染」で検索すると、二〇一一年七月一日から九月三〇日の期間で四七九件、一〇月一日から一二月三一日の期間で四一三件、二〇一二年一月一日から三月三〇日の期間で三一二件、四月一日から六月三〇日の期間で二一八件、七月一日から九月三〇日の期間で一三六件、一〇月一日から一二月三一日の期間で一四五件である。

これに対して、「尖閣諸島」で検索すると二〇一一年七月一日から九月三〇日の期間では六八件、一〇月一日から一二月三一日の期間で四〇件、二〇一二年一月一日から三月三〇日の期間で五三件、四月一日から六月三〇日の期間で一五三件、七月一日から九月三〇日の期間で八二二件、一〇月一日から一二月三一日の期間で八五一件であった。

もちろん「放射能汚染」と「尖閣諸島」に関する記事件数のデータは、両者の相関関係を直接指し示すものではない。前者の記事が減ったから、後者の記事が増えた、といった関係が存在するわけではない。二つの記事の分量はそれ以外の他の項目の記事件数との関係で相対的に決まるものだからである。

しかしながら、「放射能汚染」の記事が経年変化で暫時減少していくという傾向を示すと考えるにしても、二〇一二年四月からの記事件数が急激に減少したことは明らかである。それに対して、「尖閣諸島」に関する記事は、石原発言があった二〇一二年四月から急激に増加し、中国の反日デモが繰り広げられた九月から一〇月にかけての時期は紙面のほとんどがこの記事で埋め尽くされていたのではないかと思われるほどの多さである。

シンプルなデータにすぎない。だが、これらのデータは、フクシマ原発事故に起因する放射能汚染問題に関する記事が大幅に減少するターニングポイントが二〇一二年四月にあったことを示唆する。

七沢は原発事故に関する報道が減少し、この大惨事が人々の記憶から消失していく事態を「記憶の半減期」の短さと表現した。放射性物質の半減期が三〇年、あるいはプルトニウムの場合には一〇〇年であることと比較して、人間の記憶が薄れていく年数がはるかに短いことを指摘したのである。しかしその「短さ」は自然なことがらではなく、メディア環境の在り方に大きく左右される。報道量の増減、報道の継続性など、いくつかの要因に左右された、その結果ともいえるものだ。

この点から見れば、二〇一二年四月はやはり、七沢が指摘した「記憶の半減期」の短さという記憶の消失を加速させる一つの転換点であったとみるべきだろう。この時期、われわれの関心の矛先と不安、そして脅威を感受する情動の核心は、リアルな脅威から別のものに移行していったのである。

未来の歓喜の先取りと分断の構造

これも意表を突く発言だった。二〇二〇年東京オリンピック開催のために、最後の招致活動を行った際の安倍首相の発言である。(4)

二〇一三年九月七日にアルゼンチンの首都ブエノスアイレスで開催された国際オリンピック委員会（IOC）の第一二五回総会に出席した安倍首相は、七日の夜（日本時間）、二〇二〇年東京オリンピック招致に向けた最終プレゼンテーションを英語で行った。そこで多くの人がいまもはっきり記憶しているだろうあの発言が行われた。「状況はコントロール下にある（The situation is under control）」という発言である。

そのときの発言を再録しておこう。

会長、そしてIOCの方々、私たちにとって二〇二〇年のオリンピックを開催することは名誉なことになると思います。世界でもっとも安全な都市の一つです。それはいまでも、そして二〇二〇年でも同じです。懸念を持っていらっしゃる方もいるかもしれません。福島第一原発について。私はみなさんにお約束します。状況はコントロールされております。私たちは東京にダメージを与えるようなことは許しません。けっしてダメージを与えることはありません。そして新しいスタジアムが完成するのです。財政的にも整っています。私たち日本は本当に信じています。オリンピック・ムーブメントを信じています。私自身も一つの例だと思っています。

この発言にはいくつもの慎重に考えてみるべき点がある。第一は、「福島第一原発について」という発話は、正確にいえば、「福島第一原発の事故について」というべきだろうが、「事故」という語句が意図的に外されている。第二に、「状況はコントロールされております」という発言が示すように明らかな「事実誤認」が語られていることである。しかも、発話の文脈から見て、この時期、もっとも問題視されていた汚染水問題だけでなく、「福島第一原発の事故」の全体が「コントロールされている」と示唆するような統語論的な配置になっている。第三に、「けっしてダメージを与えることはありません」と述べる際の主語が欠落していることである。その主語は明らかに「原発の過酷事故」であるはずだ。しかし、「過酷事故」という主語は意図的にかき消されている。第四に、「私たちは東京にダメージを与えるようなことは許しません」と述べているように、東京が焦点化され、言い換えれば東京のみが特権化されて、語られている。第五に、「私たち日本は本当に信じています」という発話には「何を信じるか」を明示せず、目的語が欠如していることだ。次の発話から、ようやくそれが「オリンピック・ムーブメント」を信じることであることが示唆される。では、オリンピック・ムーブメントとは何か。オリンピック開催にむけて、公共投資などを含めた経済活動が活発化すること、民間の支援やボランティア活動が展開すること、そしてオリンピック開催に向けた期待や熱気が拡大すること、そしてそれらのムーブメントを節合していく各種のイベントを開催して日本全体を「盛り上げていく」ことだろうか。いずれにしても、いくつもの疑問を呼び起こす発言である。

このアピールの後の総会で二〇二〇年オリンピック東京開催が決定、その発表に歓喜し、満面の笑顔を見せる東京招致委員会・竹田恒和委員長や多くの招致委員や選手、さらにIOC関係者の映像がテレビやインターネットを通じて流れたのである。

だが、もう一度思い起こしてみよう。原発事故からわずか二年しか経過しておらず、先にふれた高濃度の汚染水問題の解決に向けた有効な手段が見つからず、対応は困難を極めていた。誰もが、大気中の放射線による健康被害、農産物の放射能による影響などに加えて、海洋の汚染、それによる福島、茨木、千葉の沿岸部の魚介類の放射能による影響に神経を尖らせ、敏感になっていた。首都圏でも多くのホットスポットが発見され、不安が高まるなか住民が放射線の測定を行わざるをえない状況におかれた。そうした時期である(5)。

したがって、福島原発事故後に解決すべき多くの困難な課題を「コントロールされている」と述べた安倍発言が、彼のたんなる願望にすぎず、実態とは大きくかけ離れた「偽り」の発言であることは明らかだった。そのため、この発言に対しては多くの批判が加えられた。一国の責任ある首相があきらかに「偽り」の発言をしていることに対する、当然なされるべき批判であったといえる。しかし、一方で、オリンピック開催を期待するが故にであろう、この発言を好意的に受け止める声、あるいは黙認する姿勢が、批判を上回ったことも確かである。

しかも安倍首相、彼を取り巻く関係者や政府は、多くの批判が沸き起こることを十分に予測しつつも、彼を支持する声がそれを上回ることを予測して、確信犯的にこの発言を行った節がある。自身に満ちた表情で語られた「福島原発は完全にコントロールされている」という命題を、それが「偽り」であることを理解しつつも、その命題を受け入れ、その命題に期待を抱く人たちが存在することを彼は熟知していた、と思われるのだ。そしてこの発言を耳にした多くの人が、パースの「論理的解釈項」ではなく「情動的解釈項」を介してこの発言の作用を受け止め、情動を掻き立てられたのである。正しい発言ではないと理解しつつも、この発言を好意的に受け止め、あるいは黙認する、あるいはそれに加担する姿勢をとる、そうした事態がなぜ生まれたのか。

端的にいえば、不安の中にあるからこそ、閉塞のなかにあるからこそ、その状況を一変させ不安を払拭させたいとする欲望に、安倍発言は火をつけたのだ。彼の発言は、局面を揺るがせ、社会の雰囲気を変えて、現実の過酷な困難を回避し、無いものとしたい、という無意識の欲望との共振関係を創り出したのだ。ここではそう指摘しておこう。

繰り返し指摘するが、彼の発言は、正しい発言ではないと理解しつつも、この発言を好意的に受け止め、知覚するように促す、情動を触発したのである。

リアルな脅威に対面し続けることで生まれる不安の塊を押し殺すように、オリンピック開催という未来の時間軸上での歓喜とエクスタシーを先取りするような潜在的な情動をコントロールしていったのである。この異常な事態は、鵜飼哲が的確に指摘しているように、すでに二〇一二年に始まっていたと見るべきだろう。

鵜飼の指摘を引用しておこう。「この年の8月20日、東京の銀座では、ロンドン五輪で二位になった女子サッカーチームの凱旋パレードが行われた。参加者は50万人ともいわれたが、そこには間違いなく、当時高揚していた反原発運動から人々の耳目を逸らし、同時に2020年五輪招致に向けて東京都民の支持率を力づくでアップさせるという、二重の目的をもったメディアの動員戦略が働いていた。事実、都民の支持率は立候補時の47%から、最終的には70%まで上昇したとされる」(鵜飼 2016, 6)。

開催地決定以降、国立競技場のデザイン撤回問題やエンブレム盗作問題などが生じたとはいえ、二〇二〇年に向けたさまざまなイベントが開催され、今後も数多くの企画が予定されている。「東京2020参画プログラムイベント」公式サイトでは、スポーツ・健康、街づくり、持続可能性、文化、教育、経済テクノロジー、復興、オールジャパン世界への発信、という九つのセクションで総計一二八のイベントを、企業や全国の市町村が主体となって実施することが謳われている。[6] テレビ局も特集を組んでオリンピック開催への期待を膨らませている。そのなかでもNHKは、東京オリンピック・パラリンピック組織委員会「公認プログラム」第一弾として、渋谷の文化村通りと道玄坂一帯を会場とした「東京2020 12時間スペシャル『→2020』Tokyoどこでも競技場@渋谷」を開催、トランポリン、車いすレース、車いすラグビー、走り幅跳びの競技者のパフォーマンスを渋谷の街頭で披露する番組を中継するなど、数多くの企画を明らかにしている。[7] メディア全体が動員されるかたちでオリンピック・パラリンピックへの熱気と高揚感を演出しているのだ。こうしたイベントだけではない。コマーシャル映像にも、街頭や地下鉄の駅のポスターにも、そして行政の窓口に貼られたポスターにも、オリンピックとパラリンピックの公式エンブレムが使用され、日常生活のあらゆる領域で、二〇二〇年開催で享受するだろう喜びと歓喜への期待が増幅され続けている。

これほどまでに「政治的なイベントと化した」オリンピックがあっただろうか。メガイベントであるオリンピックの「負の遺産」――グローバル資本主義の利権、監視強化、巨大施設の管理問題など、いくつもの問題がある――が数多く指摘されているなかで、それらの係争点を無視して、開催前からオリンピックを「神話」のように称賛するメディアなどこれまで存在しただろうか。(8)

そして、この称賛の背後には別の現実がある。

安倍首相の「状況はコントロールされている」という発言が象徴的に示した、人々の情動を刺激し、喜びと歓喜への期待を増幅させる戦略が、いくつもの抑圧と差別の構造を継続的に組織することにつながっている、という現実である。われわれはそのことをけっして見過ごしてはならない。「状況はコントロールされております」という一国のトップの発話は、言説空間の力学を変調させ、その発言から痛ましいいくつもの発話が派生し、分断と差別の構造をつくりだしたからである。

「過剰な反応はやめろ」「もう心配ないのに、なぜそんなに気にするのか」という傲慢な言葉が肥大化し、力をもちはじめ、放射線による健康被害を憂慮する人々の声を抑圧する。「復興の妨げとなるから、不安は口にするな」「風評被害につながるから、表立った活動はするな」という言説が声高に叫ばれるなかで、不安の声はますますかき消され、沈黙を余儀なくされていった。

安倍発言もまた、たんにオリンピック招致成功という効果を上げただけではない。欺瞞に満ちた発言は、石原発言と同様に、ナショナリズムの高揚という事態の陰に隠れた抑圧の構造という剰余価値を生産したのだ。

5 結びにかえて――時間と空間の操作技術

この章では、東アジアの地政学的な問題、フクシマ原発事故、そしてオリンピック開催、という三つの問題系が相互に絡み合いながら、不安と恐れ、歓喜と期待という情動の編成が政治的磁場を動かし、政治的リアリティを構築していることを明らかにした。それは、過去、現在、未来の操作技術でもあり、一方で空間的な操作の技術でもある。

時間の操作という軸でみれば、第一は、〈過去〉の記憶の抑圧と連動した〈現実〉の脅威の隠蔽、不安の抑圧である。第二は、マッスミが「疑似原因」と述べた、〈未来〉の脅威の現前化・前景化であり、第三は、〈未来〉のナショナルな歓喜の先取りである。これらはいずれも「時間」という契機を梃子にした情動的権力の作動という点で共通している。

また一方で空間的な操作という軸でみれば、第一に東アジアという空間に広がる脅威の偽装を通じた、東アジア地域の内と外を分ける境界設定であり、第二にフクシマを周辺化するという戦略のもとで内部の特定の空間を排除し、第三にそれを通じてナショナルな空間の特権性を構築する、という途方もない権力の作動様式が立ち上がっている。

われわれが真に立ち向かうべき課題を回避して過去の記憶を葬り去り、不確かな未来を現実の脅威として語ることで不安と対抗心を掻き立て、輝かしい未来を語ることで不安を覆いつくす。これらすべての政治的プログラムは、過去と現在と未来をコントロールする政治的テクノロジー、そして空間的な境界線を設定する政治的テクノロジー、その双方を駆使して情動の政治を行使しているのだ。

第2部

第6章　社会の地すべり的な転位
――コミュニケーション地平の変容と政治的情動

それ（制度）はちょうど、朝日が突然風景を照らし出して、その様相が一変する以前に、その前ぶれがあるように、思想史のなかにまだ直接姿を現さないうちにその輪郭が素描される一つなのであり、またそれが持続するにつれてますます成長しつづけ、おのれに立ち向かっているさまざまな出来事を自身のうちに取り込んで変容させるが、しかしついには知らず知らずのうちにその運動が逆転して、自分に同化しえないもろもろの状況や関係が自分が消化しうるそれらよりも過剰になり、その結果、状況や関係にも変質が起こり、そしてもっと別の形の状況を出現させることになる。

――メルロ＝ポンティ「間接的言語」

メディア空間の拡張

冒頭の文章は『世界の散文』に収録された「間接的言語」のなかで、デカルト哲学の変身についてメルロ＝ポンティが書いた一文である。デカルトの哲学に対して、スピノザ、マールブランシュ、ライプニッツが、「それぞれの流儀で、いろいろな点を強調し、図と地の関係を変え、それぞれが自分のデカルトの権利を主張した」と指摘するなかで、すでにデカルト哲学がフェメールと同じように「一つの制度」と化していることを述べた文章である。デカルトの哲学について何人もの人間が思考し、自らのデカルト哲学を語る、その営みの内部に「われわれが彼に負うているものとわれわれの解釈が彼に供用するものとの間に、どうやって境界線を引くことができるのだろうか」とメルロ＝ポンティはいう。デカルトが考えたものとデカルトから出発して人が考えたものが一体となって成長し続けるなかで、デカルト哲学はすでに「制度」となり、別の状況を出現させる。一つの個別具体的な営みがあり、そこに何かが付与され、そこから何かが引き出され、それらいくつもの営みが絡まり結びついていつしか「制度」として成立してしまう様を素描したのである（Merleau-Ponty, 1969=1979, 127）。

思想史上の、こうした経緯をここで論述するためにこの文章を引用したわけではない。メルロ＝ポンティの「それが持続するにつれてますます成長しつづけ、おのれに立ち向かっているさまざまな出来事を自身のうちに取り込んで変容させるが、しかしついには知らず知らずのうちにその運動が逆転して、自分に同化しえないもろもろの状況や関係が自分が消化しうるそれらよりも過剰になり、その結果、状況や関係にも変質が起こり、そしてもっと別の形の状況を出現させることになる」という論述に、思想史という文脈を離れて、現在私たちが置かれている状況や社会の変容を考えるための手がかりのようなものを感じ取ったからだ。「制度」は、それを構想し、それを創ることに努力した人間の意図や理念を超えて「持続」「成長」する。しかし、その運動が「逆転」し、自分が「消化」しうるものより「過剰」になり、その結果、状況や関係に「変質」が起こる。いま起きている何かとてつもない変化の渦は、まったく別の文脈で言及されたものとはいえ、メルロ＝ポンティが「制度」について特徴づけた「持続」「成長」の後の「逆転」「過剰」「変質」のプロセスと、どこかで隣接しているのではないか。個人の意図や意思を超えて、いや社会システムの「制度」が固有に有する制御メカニズムさえも超えて、何かが動き出し、何かが「過剰」となり、すべてが高速で回転する渦のような流動体のなかに巻き込まれ、途方もない「変質」を生起させてしまっているのではないか。その先にあるのは何か。そうした不安から逃れることができない。何が、どう変化しているのか。一つの回答を予想できる問いからではなく、むしろ漠とした問いから思考を開始しなければ何も見えてこない。そんな感覚にとらわれてしまうのだ。

社会全体の「持続」と「成長」、そしてその後の「逆転」「過剰」「変質」というプロセスに思考を差し向けるためにどこからスタートすればよいのか。以下では、社会といわれるシステムや構造にとっても、さらにいえば私たち一人一人が社会といわれる何かに結び付いているという感覚やある集合体への帰属の感覚にとっても、もはや無視できないほどの厚みをもちはじめたデジタルメディアが媒介するコミュニケーション・ネットワークに眼を向けよう。Google や Yahoo! であらゆることがらを検索し、Amazon で商品を購入し、Facebook や Twitter そして LINE で情報を四六時中発信し受信することが一般化した現代の、ミクロなコミュニケーション・ネットワークの諸相から社会構成の変化を考えてみよう。実社会の内部と外部にぴったりと貼り付いて、そのプロセス自身が実質的な社会といえるほどの内実をもちはじめた電子的コミュニケーション・ネットワークの問題である。

電話からケータイへ、ケータイからソーシャルメディアへ

「モバイル時代の感じる、伝える、考える」というサブタイトルが付けられた佐藤健二の『ケータイ化する日本語』はモバイルメディアが普及した現代のコミュニケーションを考える上で様々な示唆を与えてくれる。モバイルメディアが「持続」「成長」した一つのかたちである、Facebook や Twitter そして LINE といった一般にソーシャルメディアと呼ばれる媒体を介したコミュニケーション・ネットワークを考えるために、その出発点となった電話そしてケータイ・コミュニケーションについて、佐藤の論考を参考にしながら考えてみよう。

電話は二次的な声である聴覚情報のみをてがかりにコミュニケーションを行う媒体である。そこでは、対面状況において話者同士が会話する場合の空間共有というコミュニケーションを行う際の前提が存在しない。一方の話者の顔色やしぐさを見ながら次に何を話すかその都度無意識に話題を選択しながら、コミュニケーションを次のコミュニケーションへと接続する空間の共有が欠けている。それが電話のメディア特性である。しかし、一対一という限定された電話の回線は、相手の置かれた空間がわからず、空間共有が行われないとはいえ、相手がいる空間を想像するという契機を通じて、空間の疑似的共有を行いながら会話が可能になっているともいえる。はるか昔、固定電話の時代、「隣に誰かいる?」「ううん、誰もいないから大丈夫……」という会話から話がはじまった親密な会話を記憶している人も多いはずだ。ケータイが普及していつでもどこでも通話できる環境が成立して以降、自宅で親の気配を感じながら電話するといった経験はもはや皆無だろうが、「ガラケー」からスマートフォンへ移行したいまでも「いまお話ししても大丈夫ですか?」ということばから会話がはじまる

のは、空間を共有していない話者同士が、その言葉を最初に投げかけキャッチボールを行うことで、それぞれの空間を想像し共有することからはじめて電話による会話が成立することを無意識のうちに理解していることの証左ともいえる。「いまお話ししても大丈夫ですか?」ということばは空間共有のための一つの技法なのだ。

この疑似的とはいえ空間共有という様態の重要性を反証するものとして佐藤が指摘するのがテレビ電話である。テレビ電話は失敗したと考えられている。なぜだろうか。聴覚情報に加えて視覚情報を加味したテレビ電話は回線の向こう側にいる相手の空間を見ることを可能にすることで、より円滑なコミュニケーションを促すようにも思える。ところが、なぜか普及せず失敗に終わった。佐藤の見るところ、それは、〈二次的な声（電話での音声）と二次的な空間の映像（テレビ電話の映像）の出現による感覚の調整と統合における混乱〉（佐藤 2012）が誘発されたからにほかならない。またそれに加えて、自分の私生活の空間とそこにいる私の顔や身体が見られることへの違和感が存在したからだろう。四角の小さい画面で仕切られた映像の出現は、視覚情報が与えられていないからこそ想像を通じて疑似的なかたちで創り出された空間共有の機制を逆に奪ってしまったともいえる。話者の立ち位置とその周りの状況や、話者の目線の先にある対象をも視野に収めることができる対面状況の空間共有とは異なり、断片化した空間映像の情報は空間の共有をむしろ妨げ、「感覚の調整と統合における混乱」を生起してしまったのだ。つまり、ここで指摘された重要な点は、リアルな対面空間をヴァーチャルな空間で置き換えることによってリアリティの感覚が確保されるはずだ、といった単純な想定はけっしてその通りにはいかないこと、むしろそこには越え難いギャップが存在するということだ。

とはいえ、佐藤がこの本で想定していた固定電話や自宅に置かれたテレビ電話とは位相を異にするメディア環境が生まれ、「感覚の調整と統合」の問題に新たな考察を必要とする事態が成立している。たとえば、前述したように、テレビ電話が登場した当初、「自分が見られる」ことへの躊躇いが少なからず存在したと思えるのだが、モバイルメディアを手にしたいまでは街頭や室内で撮った自分の写真や動画を何らの躊躇いもなくアップすることが当たり前の行為となっている。「見られること」への躊躇いから、積極的に自身を「見せること」への欲望の伸長、それほど長いとはいえない期間に何が変化したのか。

また、ケータイがインターネットに接続されてからというもの、とりわけことばを話す電話の機能からケータイ・メールで書かれたことばを伝える位相へ、コミュニケーションのスタイルが移行してからは、「いつ読まれてもいい」「いつ読んでもいい」という技術的・社会的な装置に支えられた関係が生まれ、空間を共有するという感覚すら薄れてしまったといえる。そこではすでに空間の共有そして時間の共有など、必要ないからである。新しいメディアと人間の関わりは何を変化させているのだろうか。

ここで考えうるのは、山内志朗がコミュニカビリティと呼ぶコミュニケーションの可能性の条件、コミュニケーションを行うための前提と感覚されてきたものが微妙に変わりはじめているのではないか、ということだ（山内 2007, 62-63）。

ソーシャルメディア空間のことばと身体

基本的に一対一のコミュニケーション手段であった電話とメールから、ネット上の掲示板への書き込みメールにみられる不特性多数の人間が自由に参加・離脱できるコミュニケーションへ、そしてさらにソーシャルメディアへ、この転位は何を帰結しているのだろう。Facebook や Twitter そして LINE といったコミュニケーション手段については、そのメディア特性に即して詳細な検討がなされねばならないし、すでに多くの人がその特性なりメディア性を無意識のうちに認知しながら使い分けている。あるいは逆にそれぞれのメディア特性に関して誤認もしくは無知であったが故に様々なトラブルが生まれてもいる。各年代で使い方が異なることも指摘されている。学生に聞くと、Twitter そして LINE と比較して、Facebook は自己主張ないし自己呈示や自己顕示といった性格が強く、使いにくいという印象をもっているようだ。実名登録が基本であり、投稿は写真付きになりやすく、「記録をつける」「出来事や起きたことの報告」が大部分で、細かな公開・非公開の範囲設定も便利とはいえ面倒で、更新もさほど多くはなく、反応もあまり期待しない。彼らが Facebook を性格づける際に使う「ビジネス風」「パブリック」という言葉が Twitter そして LINE と Facebook の違いをよく示している。

それに対して、瞬く間に若者の間に浸透した LINE は、仲間やグループとの情報交換メディアとして、これまでのメールや電話の代替物として使われている。実名登録が基本で、トーク機能、グループトーク機能が盛んに利用され、もっとも身近で使いやすいメディアとして意識されている。それだけにリアルな対面状況とネット上の関係がほとんど地続きでシームレスにつながっているようにみえる。連絡であれ、自身の感情であれ、たんなるおしゃべりであれ、断片的な情報がいつでもどこからでも発信可能で、それに対して瞬時に応答が返ってくる LINE の手軽さが急速な浸透に結びついている。佐藤は「『おしゃべり』という『私語』の文化を、ケータイ・メールは黙読ならぬ『黙話』ともいうべき間接性の奇妙な位相へと発展させた」（佐藤 2012, 82-83）と述べたが、一対一を基本としたケータイ・メールにおける「書くこと」「書かれた文字」の特異性は、LINEへと移行するなかで、その特異性を一気に推し進めた感がある。思考を支えていた書く実践が、話し言葉を文字化するだけの実践へと導いたメールであっても、まだ「……さん」「……さま」という呼びかけから始まる手紙の形式の痕跡をわずかながら遺していた。しかしLINEではそうした名前すら消去され、ときには発信者の名前もない情報が飛び交い受容される。頻繁に受信・発信が繰り返されるなか、「……さん」「……さま」という呼びかけなど、必要とされないだけでなく、むしろ不作法なふるまいなのだろう。そしてその文法は、ケータイ・メールの書き方にも影響を与えているようだ。

LINEは、このように「内向きのクローズドなメディア」「個人情報性が強いメディア」だからこそ「第三者を気にすることがない（＝誰かに見られていることを意識しないですむ）」メディアとして、特定の親しい「誰か」とコミュニケーションするためのメディアとして利用され、FacebookやTwitterとはまったく異なるメディアとして意識されているのである。

こうしたコミュニケーションの地平の成立は、佐藤がケータイやメールを考えるうえで重要なポイントとして指摘した「空間感覚」や「他者との距離の質」、そして「技能としてのことば」といった問題に、どのような作用を及ぼしているのだろうか。想定できるのは、前述したように、「技能としてのことば」の一層の衰退ではなかろうか。親しい仲間内の閉じられた空間のなかのコミュニケーションは、佐藤が「技能としてのことば」という概念に込めた意味、つまり「未知の外部に存在する他者と、敬意と配慮に満ちた距離を保ちながら安全に交渉する技術」へのあっけらかんとした無関心さによって担保されている。かれらは、この技術を身につけていないわけではない。コミュニケーションが行われるときと場所を考慮して、たとえばパブリックな場では、「敬意と配慮に満ちた距離を保ちながら」交渉し、コミュニケーションできる能力をそれなりに発揮するだろう。だから個人の能力といったことがらが問題なのではない。問題は、むしろ相手が別の空間にいることを意識し、それ故に空間を共有することの意義や、ことばを通じて他者との距離を推し量り、交渉し、コミュニケーションをはかることに対して、「無関心」でいられることを可能にするコミュニケーションの社会技術的空間が成立していることだ。コミュニケーションを行う空間の特性が変化しているのである。

さらに「個人情報性」の高いLINEの空間にはもう一つの特徴が現れることになる。私的な感情が表出されやすくなるという特徴である。また、LINE独自の「既読機能」は、相手に即返信しなければという「強迫観念」や「切迫感」を醸成する。そのためこの機能は集団の凝集性を高める一方で、それを息苦しいと感じるネガティブな評価も引き出してしまうことにもつながる。

他方、このように同質性の高いLINEとは対極にあるとも思えるTwitterはどうだろう。二〇一〇年頃から日本では「つぶやき」のメディアなどと呼ばれ一気に使われはじめたTwitterは、一四〇字の短い文章で情報を発信するメディアである。これまでのケータイ・メールと明らかに異なるのは、説明などもはや必要ないだろうが、メールが基本的に一対一のコミュニケーションのためのツールであるのに対して、不特定多数に向けた情報発信を可能にしたメディアであるということだ。そのため、注目される情報が発信されれば、何千、場合によっては何万ものフォロワーを獲得し、リツイートされ、様々な回路を介して情報が拡散される。先に「同質性の高いLINEとは対極にある」と述べたのは、この拡散性という特性がきわだっているからだ。また、ワードを検索すれば、誰がどのようなツイートをしているかがすぐにわかる。またハッシュタグを調べれば共通の話題をツイートしている人を見つけることもできる。こうした機能を活かして、趣味や関心事を共有する人とのつながりやネットワークをつくり、実際に会ってオフ会が開かれる場合もある。その意味ではゆるやかな関係を構築するツールとしても機能している。さらに「鍵」と呼ばれる機能を使って、友人などの限定された範囲での情報交換も可能だ。場合によっては、複数のアカントを設定し、友人、高校や大学の友人、趣味仲間、といった複数のネットワークを形成することもできる。このように、様々な利用方法をつぶさに見ていくと、基本的には不特定の膨大な数のユーザーに情報を発信できることがTwitterの基本的な特性であるとはいえ、仲間同士の情報交換ツールとしても利用可能であるという点で、Twitterは複雑な特徴を示しているといえる。いわばTwitterは、一方ではパブリックなものとして位置付けられるFacebookと、他方では親密な閉じたプライベートなものと感覚されているLINEとのちょうど中間に位置する、多面性をもったメディアなのだ。一対多、一対一、そのいずれのかたちでも選択可能なメディアとして利用されているのである。

だからこそ、というべきか。Twitterをめぐる評価はいちじるしく分かれることになる。「すぐに、誰かに、伝えたいと思ったことを投稿する」というTwitterの情報共有の同時性は多くの人たちに評価されてはいるものの、不特性多数の人たちに情報が伝わることの期待と危惧、「言いぱっなし」で済む気楽さと不安、相手と空間を共有できない・コミュニケーションしている感覚が薄いといった不燃焼感がある一方で、逆に閲覧者を制限することで感情や想いの共有感が得られるなど、相反する感情や評価が入り混じっているのだ。

したがって、多面的な特性をもつTwitterを一面的に評価してはならないし、多角的な機能に対応した検討が必要だろう。だが、ここでは不特定多数の「誰か」に情報を発信するツールであるというTwitterの基本的な特徴に焦点をおいて考えてみよう。というのも、ツイートしている人にリプライを投げること、自分がツイートするとフォロワーにリツイートされて自分の存在を認知してもらうこと、これら一連のプロセスが何をもたらしているか、もう少しじっくり考えてみたいからだ。

何人かの学生に自身の周りで起きたことや自身の感情を発信することに躊躇いがないかどうか尋ねると、そんな躊躇いよりも見知らぬ誰かから、ツイートした文字に対してリプライされ、あるいはリツイートされると、自分が見られている、自分のツイートが読まれていると感じて、そのことが嬉しいのだという。Facebook 上の「いいね！」も同種の感覚と考えられるが、Twitter 上の「これ美味しいよ」「これからこれするね」といったツイート内容への「それいいね」といった簡潔な反応に示された共感や支持が嬉しいのだ。それは、他者からの「承認」といった強い意味合いをもつものではない。もっとフラットな感覚なのだろう。

この感覚は、リアルなコミュニケーション空間ではけっして会うことができない政治家や芸能人のちょっとしたプライベートな発言や感情の発露がフォロワーからの共感や親密感を獲得するまたとないツールとなっていることとつながっている。そして、その時々のネガティブな感情ですらツイートする側もリプライする側も周りを気にすることなく表出できることにもつながっていく。ある学生はこのことを「感情の垂れ流し」という的を射た言葉で表現している。「自分が感じたことを、誰かに報告せずにはいられない」「自分の中だけでとどめておけない」という欲望の肥大である。もちろん、これまでも、かつての Web 日記や Blog といったサイトで自身の私的な感情や記録を公開する文化が広まっていたことは事実である。それを興味深く閲覧するユーザーも多かった。しかし、Web 日記や Blog はあくまで「待ち受けのメディア」であり、日記ということばが指し示すように、どこか自己を見つめ直し、内省する過程で生まれた文章が綴られていたのではないだろうか。それに対して、

Twitterはその時々に、瞬時に、自身の思いや感情を、一四〇字という限られた字数で、簡潔に、単刀直入に、発信できる。端的にいえば、嬉しい、悲しい、といった自身が意識して感じている感情はもちろんのこと、無意識に、身体内部で生成した情動を即座に発信できるメディアなのだ。こうした感情の発露は、ワールドカップ日本代表の試合と同時進行でツイートされた無数の「歓喜の声」が集合的沸騰を生成し、それが渋谷というリアルな空間に飛び火して、「参加型ナショナリズム」とでもいうべき新たな状況を創り出すこともある。

繰り返すが、それは、「誰にでも」伝えうる、という意味での、「他者性」への感覚が衰弱したTwitterに特有の空間があるからこそ生まれた状態であることに留意しよう。「ツイ廃」と呼ばれる、必要以上にTwitterに取り憑かれてツイートを更新し続け、「感情を垂れ流す」ユーザーの存在はその極端な事例として位置付けうるだろう。匿名性の高い空間であるからこそ、「誰かに」見られるという「他者性」への強い感覚と、「誰にも」見られていないという「他者性」への感覚の衰退、この相反する心理状態のなかで、ユーザーがこの境界線上でバランスを失い片方へ傾いてしまったとき、感情や情動は容易に表出されるということだ。

こうしてみると、一見、対照的な特性をもつように思えるTwitterとLINEは、それぞれが逆の方向にベクトルを走らせているように見えながら、半円を描いて一点に収斂しているかのようだ。つまり一方で、きわめて親しい同質的な集団のコミュニケーション・ネットワークで連絡や他愛もない話や感情を交換する空間、他方では匿名の見知らぬ人に向けて情報発信できる空間。この二つの空間が、実はそのどちらも、「他者との距離の質」を変えるということ以上に、「他者」の存在を感覚することが希薄化した空間であるという点で共通しているのではないかということだ。

そしてこの空間では、「私が確かに感じたこと」を「本音」とみなして発信できる、発信してもかまわない、という性質すら付与される。感情、情動が現働化し、実在化する開口部が予想もできないかたちで広がっている。

他者への感覚が希薄化し、感情や情動が現働化する開口部の広がりという空間特性は、その空間の内部で話される〈ことば〉そのものも変化させずにはおかない。

ラカンの述べた三つの審級を参照枠として考えるなら、空間の在り方の変化は、象徴界が司る法、つまり語彙の選択や活用法に関わる実際のことばの運用方法を、意識的か無意識的かにかかわらず、変化させずにはおかないということだ。一旦、これまで誰もが差し控え、口にすることを躊躇っていたことばが誰かによって「つぶやかれ」、何ら批判もされず流通すれば、言葉の秩序は一気に変容し、自らが何を欲望し何をよきものとイメージするのかも変化する。強烈な感情の露出は、伝搬し、このコミュニケーション・ネットワークを加熱させていく。一気にサイバーカスケードといわれる現象も生まれるだろう。

インターネットが登場した初期段階では、匿名性の高いコミュニケーション空間が広がることで、ユーザーが自己のキャラクターを操作できることの自由さあるいは開放性を強調する言説と、それに対する危惧を表明する言説が繰り返し語られた。だが、いま浮上している問題はコミュニケーション・ネットワーク空間の変化と結びついた別の位相に移行しているようだ。まじめなホワイトカラーの男性がリアルな対面的コミュニケーションの場面では絶対に使わない〈ことば〉をネット上では多用し、他者を罵倒し、揶揄すること。ネット上で差別的な発言を繰り返す人物がリアルな関係ではそんなことをいう人とは思えない礼儀正しい人であるという事実。ネット上での発言はけっして「演技」ではない。リアルなコミュニケーションとネット上のコミュニケーションがシームレスにつながり、かつそれぞれの空間内部で使われる〈ことば〉の象徴的秩序がまったく異なるものへと変化したことを十分認識しているが故に「演技」ではなく「本気」「本音」で語られる〈ことば〉なのだ。しかも、こうした〈ことば〉が、一国のトップによって多用され、多くのフォロワーすら獲得していることをわれわれはどう考えればよいのか。

そして、さらにいえば、この特定のメディア空間におけることばの用法の変化は、この空間からはみ出し、路上や街頭の空間へ、そしてマスメディアの空間にも浸潤している。〈ことば〉の世界が、なし崩し的に、その根底から、覆されている。

コミュニケーション・ネットワークの「逆転」「過剰」「変質」

メルロ＝ポンティを引用しながら、「制度」は「持続」し、「成長」することを指摘してきた。しかし、その運動が「逆転」し、自分が「消化」しうるものより「過剰」になり、その結果、状況や関係に「変質」が起こる」と述べた変化の核心を、私はコミュニケーション・ネットワークの「成長」と「持続」の先に生じた、このような事態に見ていたのだろう。

神話であることを理解しつつも、インターネットが登場した当初、従来のマスメディアが伝える情報とは異なる、あるいは補完する、多様な情報が発信され、自由な社会が生まれることを多くの人が夢見たのではないだろうか。世界の多様な人々がつながり、自由に意見を表明できる社会が来ると期待したのではないだろうか。デジタル・デモクラシーといった用語が専門書のタイトルともなった時代である。

その後、次第しだいに成長し、様々な機能が付加されるなか「制度」と化したインターネット。その成長は当初インターネットに期待された自由で解放的なコミュニケーションを達成し、旧来の巨大なメディア産業に独占されてきた知の生産と移動を相対化するといった夢をたしかに実現しつつあるかのように見える。たとえばこの間、悲惨な状況がまたしても繰り返された、ガザ地区に対するイスラエルの攻撃を伝えるソーシャルメディアの情報、あるいは「アラブの春」の出来事が生起するに際してソーシャル・ネットワークが重要なファクターとして機能したこと、こうした事態を看過すべきではないし、さまざまなデジタルメディアの可能性を正当に評価しなければならないと思う。

だが、デジタルメディアが媒介するコミュニケーション・ネットワークの空間は、自らが創り出した何かを「消化」することさえできず、「過剰」なものを産出し、状況や関係を「変質」させ、社会の地すべり的な転位を生み出してもいる。それはコミュニケーション・ネットワークの空間で起きている氷山の一角の出来事でしかない、もっとそれが果たしているまっとうな機能や可能性を評価すべきだという声もあるだろう。しかし、それでも、憎悪や嫌悪を顕にすることばや感情が流通し、一方ではナショナル・アイデンティティへの共感を暗示する私的なことばや感情が循環する状況が、コミュニケーション・ネットワーク空間の内部に切り開かれた、「感情や情動の開口部の広がり」によって担保されるということをいささかも軽視してはならないと思うのだ。

コミュニケーション・ネットワークを通じた膨大なメールや画像や動画の交換、そのプロセスの一つ一つに、ささやかな喜び、楽しみ、興奮、安心や不安、怒り、といった感情や情動がサーキュレイションされる。このプロセスのただなかで、他者との距離の質の変容、そこで話され書きこまれることばの質の変化、これらテクノロジーと深く連動したメディアと社会的コミュニケーションの基底部分で起きている変貌とを関連させながら、情動の政治学、政治的情動の問題が考察されるべきなのだろう。

コミュニケーション資本主義と情報のモジュレーション

理路整然とした情報の流れ、いわば制御された情報の流れとは対照的な、情報がどの回路を媒介して移動するか、その情報を発信した人間や、それを中継した人物にとってさえも制御できずに情報が流れる状況を、タルドのコミュニケーション論を参照しながら「分子的な微粒子状の流れ」と概念化したドゥルーズはいま生起している事態をすでに予期していたのかもしれない。

「社会とは模倣であり、模倣とは一種の催眠状態である」(Tarde, 1895=2008, 138) とのタルドの有名な指摘は、あらたな社会構成が生成する始原に、ドゥルーズが後に概念化した「分子的な微粒子状の流れ」による反復と模倣があることを指示するための言説であった。一旦流れはじめた情報は、人間の意思や目的など無関係に、増幅され、制御できない独自の自律性とリアリティを獲得していく。そしてその過程はたんなる意味やメッセージが移動し伝達されるだけのプロセスではなく、「熱狂」や「催眠」や「憎悪」といった感情や情動が伝搬する過程でもある。タルドは、それを、一九世紀の後半、新聞が大都市の中に投入されリテラシーを獲得した労働者や群衆がその記事を読み、噂し、口伝えに情報が拡散していく過程の中に「発見」したのだった。

以前、私は、現在のデジタルメディアが造形したコミュニケーションの様態と、タルドが「発見」

したこの一九世紀後半の状況を重ね合わせながら、社会構成の変化を描いてみることを試みた（本書第8章参照）。それは、いささか無謀な企てではあったが、それを試みたのは全域的な社会の転移を捉えるためにはコミュニケーションの変化をまなざす視点からの考究がぜひとも行われるべきだと考えたからである。だが、現代のコミュニケーションを「分子的な微粒子状の流れ」による反復と模倣として特徴づけることが可能だとしても、これまでこの小論で論じたことからも理解されるように、それはあくまでいくつもの保留や限定を付したかたちでしかないだろう。

第一に、コミュニケーション・ネットワークはそれ自体、拡散的な情報の流れを基盤とした「開放的な空間」を自動的に生み出すわけではないということだ。それはむしろ既存の、あらかじめ組織された諸個人のアイデンティティや帰属意識をつなぎとめ、閉鎖的な関係を息苦しいまでに強化する可能性をすら孕んでいる。

第二は、現代のコミュニケーション・ネットワークが、一九世紀後半の新聞の読者たる公衆と群衆によって自生的に発生した「分子的な微粒子状の流れ」などではなく、Facebook や Twitter そして LINE という数年のうちに巨大化した多国籍企業が開発したプロトコルによる制御や非対称性のなかに織り込まれているということだ。ある有名な動画サイトの運営者は「どんな映像であろうとかまわない、映像がアップされ、流通し、それを見た人がコメントし続けてくれる限り、利益は生まれ、資本は循環する」と述べていたが、その言表は、水嶋一憲が的確に指摘するように、「言葉やつぶやきや文章、音楽やサウンド、写真や動画などのメッセージ……の内容が理解されたり、応答が返されたりすることであるというよりも、それらの寄与がより一層流通し、循環し続けていくという絶え間のない運動状態それじたい」が、資本にとって何より重要なことがらとなったことを象徴的に指し示している。「コミュニケーション資本主義における情報と情動のフローは、いまや終わりのない、果てしなく続くループをかたちづくっている」（水島 2014, 24）というべきだろう。

それを踏まえていえば本章で論じたのは、他者との距離やその質、そこで交わされることばの質、空間共有への感覚といった様々な局面から構成されたメディアと身体の関わりのなかで生ずる変容が、コミュニケーション資本主義とダイレクトに接続されていること、より正確にいえば、コミュニケーション・ネットワークの資本主義の駆動エンジンが、他者との距離やその質、そこで交わされることばの質、空間共有への感覚といったメディアと身体の関わりのなかで生ずる微細な変容を前提として、それを掛け金としているということだ。

第三は、「分子的な微粒子状の流れ」という情報のフローの空間は、北野圭介の言葉を用いるならば、「常に暴力の契機が孕まれているのではないか」「動態化のみならず整流化という特性ももち、絶え間なく自己の作動図式を更新し続ける、そうした両価的ベクトルにおいてこそ、フローは捉えられなければならない」のではないか、といった疑念や問いを一切排除できるような、自生的なスペースではない、ということだ。たとえ、複数の情報が分子的に流れ、更新されたとしても、ランキングシステムやグーグルの検索システムが示すように、メディアの技術的・社会的なアレンジメントから切り離されてそれらの情報が自由に流動しているわけではけっしてない。あるいは誰か特定の声だけを過剰に拡散し、コミュニケーション・ネットワークを過熱させ、逆に整流化して鎮静化するような、「暴力の契機」がつねに差し挟まれている。マスメディアに対するあからさまな圧力ではなく、匿名性が高いが故に個人の自由な情報発信であるかのような装いをとって情報がアップロードされ、中継される、デジタルメディア特有の情報のモジュレーション＝調整においてこそ、フローの空間は捉えられねばならない。

私たちはもはや、現代の資本主義と深くリンクし、情報のモジュレーション＝調整と連結したデジタル化されたコミュニケーション・ネットワークから離脱して生きることなどできない。だからこそというべきか、逆に、その空間における、他者との距離やその質、そこで交わされることばの質、空間共有への感覚をあらためて冷静に見つめ直し、〈ことば〉がさまざまな特異性の間のネットワークを構成する構想力とイメージを喚起するような力を持ち続けうる在り方を、想像し実践し続けなければならないのだろう。

終わりに

この小論を書いている時期におきた一つの出来事を最後に述べておこう。いつもの出来事であったといえばそれまでなのだが……。拉致問題の打開を図るべく北朝鮮に向かった外務省の高官が帰国後、総理官邸でその報告を行い、ただちに総理が官邸前で記者会見を行った。夜九時の定時のニュース番組は何らの躊躇いもなく総理の会見ということのみでただちにニュース項目を差し替え、官邸前の屋外で行われた会見をそのまま伝えた。その内容は、会見をただちに行う必要性があると思えるほどの重要な中身ではまったくなかった。しかし、それはそれで送り手側もかまわないのだろう。会見の伝えるべきメッセージの意味や内容が問題ではないからだ。緊急の事態であるかのように特別のニュース枠が設定され、総理が「真剣に」拉致問題に対処している、北朝鮮との交渉に妥協することなく対処するという身振りとイメージが伝わり、視聴者の感情や情動を触発すればそれでよいのだ。そしてこのイメージとコメントはすぐさまネット上にアップロードされ、断片化した情報のかたちをとってテレビなどもはや見ないネットユーザーにさまざまな回路を通じて伝搬していった。もう一度繰り返そう。「情報のモジュレーション＝調整においてこそ、フローの空間は捉えられねばならない」のだ。

第7章　ポストメディア時代のコミュニケーション・モード
——SNSは何を変えつつあるのか？

二〇〇〇年代から急速に変化したメディア環境

……　先生は、ご著書『情動の権力——メディアと共振する身体』（せりか書房、二〇一二）の第三章で、新しいメディア環境がつくられるときには、「メディア」と「身体」と「政治」の、三つの関係性を再考する必要があると書いておられます。なかでも、特にそこで生じる「情動」と「運動」が重要になってくる、と。今世紀に入って、インターネットをはじめとする電子メディアを中心とした新しい環境が急速につくられてきましたが、先生はこの状況を、どのように見ていらっしゃいますか。

ご指摘の章は二〇〇七年の論文を収録したものです。その頃からそうしたことを考えるようになりました。八〇年代・九〇年代、多くのメディア研究者は「記号」や「文化」の問題に関心を寄せました。「カルチュラル・スタディーズ」にも影響されながら、メディアの記号的な構成とそのテクストの能動的な読みのプロセスを分析することが積極的に行われていたと思います。私自身も記号が構成するテクストの魅力や訴求性を分析しながら、一方で、そこにどういう権力作用が生じているのかといった研究を進めていました。しかし、二〇〇〇年代に入ったあたりから、これでは現実に起こっているところに研究が届いていないのではないか、と思うようになりました。

当時はうまく言語化できませんでしたが、ゼミの女子学生の話が考える一つのヒントを与えてくれました。それは従来のような広告ではなく、消費者同士のネットワーク上での会話が、購買を左右する大きな契機になっているという話でした。昔でいえば噂話として処理されたことがらですが、個人の私的な発言がネット上で拡散されることで大きな意味をもちはじめた。当時は「ブログ」の時代でしたが、ブログに商品への意見を書くと、それに賛同や反対のメールが送られてきて、そういうものが購買の指標になっている、と。いまでいう「バイラルマーケティング」の萌芽がこの時現れていたわけです。

これは、従来のボードリヤールが指摘した記号を軸とする消費社会のシステムとは異なり、コミュニケーションを媒介にして資本が稼働する、「コミュニケーション資本主義」の端緒だったように思います。その辺りから、広告に代表される記号の意味作用とは別のメカニズムがあるのではないか、と考えるようになりました。しかも、当時首相だった小泉純一郎（二〇〇一～〇六年在任）が、大衆に非常に人気があったことも象徴的でした。彼が印象的なフレーズを口にするたびに、人びとがわっと沸騰するような現象が起こるわけです。これも従来の記号論的な分析では見えてこない現象です。他愛のないとも思える一言や印象的なことばが人々の心を触発し、政治や経済を引っ張っていく。それは、ことばの意味というよりは、ことばのリズムや強度といった、意識的な読解よりは無意識の身体的な反応のレベルでの情動に関連していたといって良いでしょう。そうした従来とは異なる、何か別なことで社会が動きはじめていることに気付かされるきっかけがいくつかあったということです。

個人的な話になりますが、そうしたことを考え始めたちょうど二〇〇五年の一年間、ロンドンに滞在しました。そこで現在は「ポスト・カルチュラル・スタディーズ」や「ニュー・マテリアリズム」と総称される研究、特にドゥルーズやガタリの思想の英語圏における紹介者であり、現代アートの研究者でもあるブライアン・マッスミの研究などに出会う機会を得ました。そうした経験を通して、私が感じ始めていた資本主義のメカニズムの変化を、社会全体のデジタル化と関連した「記号から情動への変化」、「記号の解釈から身体運動への変化」、そして「情報の拡散性や散逸性」といったキーワードで考え始めるようになったのが、帰国した二〇〇六年頃からのことです。

カルチュラル・スタディーズは、記号論や言説分析を文化がはらむ政治的な作用の具体的な分析へ架橋し、メディアと権力の問題、メディアによって再生産されるイデオロギーと、それに対する抵抗、あるいは排除と包摂の問題を問い直したという点では非常に意味があったし、今日でもその有効性は失われてはいないと思います。ただ、その視座は意味の生産と解釈という枠組みに固定されている。しかし現在の広告では、クルマの宣伝でも、意味作用のレベルよりは、車体の質感を際立たせる色調補正や光の反射を意図的に強調する手法に焦点が移行しているわけです。そこでは、アップルのノンリニアビデオ編集ソフトが使われる。要するに、先程ことばのリズムや強度といいましたが、映像の質感を構成する彩度や光沢といった、身体の感覚器官を刺激する要因が重視されるようになっている。iPhone（アイフォン）でも、そのブランドを維持するのは、その重さや薄さといった形状やその表面の加工、触れてみて手触りが良いといったような、身体的な感覚が重要視されている。

もう一つ例を挙げると、店舗の商品の配置でも、認知心理学を援用しつつ、どの色合いの商品をどのような配列で並べるか、人々の店舗や商品への印象を好意的に導くための計算を緻密にやっている。

これは記号論的な視点ではつかみきれない現象です。社会がその方向に変化しているのであれば、社会学もメディア研究もそれに対応した新しい研究の視点や方法を開発せざるを得ない。いまは、そのくらい企業や資本主義の方が先を走っている状況だと思います。記号や意味作用といった水準から、色彩や音響やリズムや触感といったもっとマテリアル＝物質的な、身体的な水準へ、それが冒頭で指摘していただいた「運動」「情動」というキーワードで指示したことがらです。

……　日本では「affection」を「感情」と訳してきましたが、このところようやく感情とは少し異なる「情動」ということばが使われるようになってきました。情動には、外界からの刺激が記号を媒介しないでダイレクトに伝わるという働きもあるんですね。

affection を情動と訳したり、emotion を情動と訳したり、まだまだ未分化なところはありますが、マーケティングやメディア研究で用いられる情動ははっきり感情（emotion）と区別されている。その点はとても重要です。感情は、「悲しい」「嬉しい」「苦しい」と表現できる意識化された心の状態です。それに対して情動は、意識を介する時間的な余裕を与えることなく、外界の刺激や情報がダイレクトに身体を触発し、マッスミが「内臓的感覚（visceral sensibility）」と述べる次元で身体が反応している状態で生じます。たとえば、路上を歩いている際に、後ろで「キーッ!!」というものすごい音が鳴ったとき、私たちはとっさに「脅威」を感じてその状況から逃げようとしますね。そのとき、その音が「クルマが急ブレーキをかけた音だ」とは知らないまま、認知できないまま、行動するわけです。つまり「経験の内容」とはなっていない。その一瞬、その音は「経験の強度」としてのみ感じられている。それが情動（affection）です。そこからしばらく経つと、意識が生じ、「あれはクルマの急ブレーキの音だ」と知り、「怖かった」という感情が喚起される。つまり、そのときに初めて感情（emotion）が起こってくる。このように述べると、情動と感情との違いを理解してもらえるのではないでしょうか。

マーケティングの分野では、最新の脳科学や認知心理学が導入され、身体と商品、身体と映像、身体と音響の一瞬の出会いに生成する情動の「活用」に向けた研究が日々進歩している状況だと思います。

必要とされるコミュニケーション・モデルの相対化

……記号論的な消費社会論では、差異化が重要視されていました。すなわち、商品は他の商品と差異化されることによって新たな価値が生じ、人々の購買意欲を喚起するという考えです。

今日のマーケティングは、消費者が記号の配列にそれほど魅力など感じなくなっていることをかなり理解しているのでしょうね。最近のコマーシャル映像は一九八〇年代と比較して、斬新さや革新性が乏しくなっているような気がします。そこにかける予算も縮小しているのかもしれません。さて、「消費資本主義」から「コミュニケーション資本主義」への移行に関する質問ですが、それにふれる前に「情報」概念について述べておきましょう。

情報とは一般に「差異を生み出す差異」（ベイトソン）と定義されます。差異が存在するからこそ、他と区別され、認知でき、解釈できる。一九七〇年代以降、「情報社会」や「高度情報社会」さらには「ネットワーク社会」といったことがいわれ、こうした情報の理解の下に、行政、企業、教育、医療などあらゆる領域で、デジタル信号に変換された情報を生産することが資本主義社会全体の営みにとって必要不可欠なことがらになりました。「マテリアルなモノ」をつくることももちろんですが、その商品を他の商品と差異化するために意味のセットとして商品を位置づける広告は、情報の生産という点でもっとも重要な領域の一つであったといえます。しかも広告は、他との差異が重要なわけで、完結した一つのコンセプトとして、一つの物語として、組織されねばなりません。さらに、この広告を伝える主要な媒体は、新聞、テレビといったマスメディアでした。送り手と受け手が存在し、その両者は明確に分かれていることが前提される。意味の織物としてのテクストを生産する送り手と、それを受容する受け手との間で、意味のコードを共有しながらも、それを逸脱する「遊び心」を両者が発揮して、斬新な革新力に満ちた魅力的なコマーシャルも次々に生み出されました。ただ、確認しておくべきは、送り手と受け手との間にははっきりとした境界線が存在し、情報発信の起点と終点が明確にあることを前提に、消費社会論は組み立てられていたということです。

しかしソーシャルメディアが普及した現在では、情報移動の起点と終点ははっきりしたものではなくなりました。情報そのものがぐるぐると回転して、循環すること、サーキュレートし続けることが一般化している。常に高速で移動し循環する膨大な数の情報を前にしては、広告といったテクストであれ何であれ、情報にちゃんと向き合い「読み」を行うということより、たんにテクストとコンタクトする（接触する）、あるいはタッチする（触れる）といった行為が一般化していかざるを得ないのは、良いか悪いかという問題とは別に、いたしかたないことでしょう。そのことと、先程述べた「記号」

「解読」から「身体」「情動」へのシフトという論点はつながるわけですが、それは後で指摘することにして、ここでは、マスメディアからソーシャルメディアへの進展が従来のコミュニケーション・モデル、これまでのコミュニケーション観の再考を促すものであることに注意を喚起したいと思います。

従来の代表的なコミュニケーション・モデルは、一九四九年にアメリカの数学者であるクロード・E・シャノンとウォーレン・ウィーバーによって提示されたものです。情報の送り手と受け手そして伝達回路を通じて送られるメッセージという要素から構成されたコミュニケーション・モデルです。カルチュラル・スタディーズやN・ルーマンの議論は、解釈・読解という契機を重視して「受け手の優位」を指摘するなど、ノイズを極力回避してメッセージを効率的に伝えることを主眼とした「送り手中心」の視点からの脱却を図った点で、大変意味のあることだったと考えます。ただ、それでもシャノンとウィーバーのコミュニケーション・モデルの基本的枠組みを超えるものではないと考えるべきでしょう。

ところでコミュニケーションを、情報の流れの起点と終点が設定され得ると想定し、送り手と受け手とメッセージの三項モデルで捉えるという枠組み自体は、じつはそれほど歴史のある考えではありません。コミュニケーションの語源であるcommunionということばはもともと「共有する」という意味ですが、このことばの歴史を丹念にたどったレイモンド・ウィリアムズの『キーワード辞典』によると、対面で、フェース・トゥ・フェースで話すことではなく、互いに見えないところにいる人間が何かでつながることを意味したことばだった。では、空間的に離れた多くの人間がメディアを介してつながる事態が生まれた一九世紀、つまり新聞というメディアが登場した時期に、それはどう考えられたのでしょうか。送り手、受け手、メッセージという三つの要素からコミュニケーション・モデルが考えられ、人文社会科学の用語となるずっと前の時期に、どのように考えられていたのでしょうか。私が一九世紀に活躍し、二〇世紀初頭に亡くなったフランスの社会学者、ガブリエル・タルドに着目したのは、そうした関心からです。

一九世紀後半には新聞が大量に発行され、大量の読者層が形成され、彼らがその記事を相互に伝え、会話する状況が生まれました。タルドはその現象を「模倣」ということばで捉えます。新聞というメディアを通じて情報が広範囲の人々に伝搬し、その情報を受容した者がその内容を誰かに伝える、すなわち受信者がすぐに発信者となる事態を「模倣」という概念で捉えた。ソーシャルメディアの時代に、このタルドの「模倣」の概念はきわめてリアリティにあふれたコンセプトとして捉え直されるべきではないでしょうか。

ところが、電話が一般化し、さらにラジオやテレビが登場して、送り手と受け手が明確に意識されるようになると、模倣の概念は忘れ去られ、これに対応するかのように、先程指摘したコミュニケーション・モデルが社会科学の専門用語として前面に押し出されてくるようになる。そのベースには、もちろん一九二〇年代・三〇年代から始まるコンピュータサイエンスと通信理論があります。それが、前述のシャノン、ウィーバーのコミュニケーション・モデルへと結実する。その先駆的役割を果たしたアメリカの数学者、ノーバート・ウィーナーが提唱した「サイバネティクス」に関する学会（メイシー会議）が、第二次世界大戦後の一九四六年から一〇回にわたって開催されています。ここに参加したウィーナーをはじめ、コンピュータの生みの親として知られるジョン・フォン・ノイマンや神経生理学者のウォーレン・マカロックなど錚々たる顔ぶれのなかには、グレゴリー・ベイトソンの顔も交じっていました。

ベイトソンは、ご存知のように文化人類学者として未開社会の調査に入り、それぞれ異なる文化圏では、異なるコミュニケーション構造、異なるコミュニケーションタイプがあることを発見した。そういう文系の知とコンピュータサイエンスやサイバネティクスなどの理系の知がリンクして、コミュニケーションは急速に学問の対象となった。そういうことが一九二〇年代から四〇年代に起きたわけですね。

サイバネティクス、通信理論、文化人類学、そしてラジオやテレビの伝達様式を前提としたマスコミ研究など、さまざまなアプローチが登場するわけですが、そのいずれも情報移動の起点と終点があることを暗黙の前提としてモデルを構成している。そのために、タルドが見たように、情報が散逸性をもって拡散し、それが独自のリアリティを構成する事態を見失う結果になった。私はそう考えています。

もちろん、情報の拡散性を主題とした研究がまったくなくなったというわけではありません。たとえば「噂」や「流行」の研究です。こうした研究は社会科学のなかでも昔から連綿と続けられてきました。有名なものでは、G・W・オルポートとL・ポストマンによる『デマの心理学』という本があります。しかし、テレビに代表される、川上から川下に向かって情報が伝達される様式が前景化し、それが効率的な情報伝達の方法として考えられた時代では、噂や流行の研究は、メディア研究の片隅に押しやられ、マイナーな研究とみなされてしまった。

ソーシャルメディアの特性は、誰もが情報の受信者であり、同時に発信者になるという点にあります。膨大な量の情報が循環し続ける。その循環自体が独自の社会的リアリティを構築しているのです。しかも、現代の情報技術は、水平方向の情報の拡散にとどまらず、情報を蓄積し、データベースを構築し、それに基づいて計算を行い、シミュレーションを行い、予測を行い、それらの高次化した情報をフィードバックする機能をあらゆる社会領域に張り巡らしている。アマゾンに代表されるように、ネット上の商品購入情報はレコメンド機能としてフィードバックされ次の購入の指標として利用される。膨大な数の人々の「クリック」という動作が資本を稼働させ、マーケティングに活用される時代です。すなわち、コミュニケーションという行為が資本主義とダイレクトに結びついている。ジョディ・ディーンはその事態を「コミュニケーション資本主義」と概念化したわけです。その指摘を積極的に受け止めながら、水嶋一憲さんはソーシャルメディアの政治経済的機能を精力的に研究していらっしゃるわけですが、彼が強調するように、差異的指標としての広告を主軸とした形態から、情報をサーキュレートし、データベース化し、フィードバックするかたちで組織された「コミュニケーション資本主義」が主要な生産形態となる事態がダイナミックに進行している。こうしたなかで、コミュニケーションというプロセスを従来のスタティックなモデルで思考してしまっては、そこに生成している新たな社会的リアリティの編成を捉えることはますます困難になってしまうでしょう。

脱-主知主義的コミュニケーションの試み

……いわゆる主知主義的思考、これもモダニズムの典型的な思考方法だと思いますが、そうした主知主義的な考え方によって、それまでの人と人のやり取りの多様な状況が、コミュニケーションという、送り手と受け手の二項対立的なフォーマットにモデル化され、そこに多様性が閉じこめられてしまったのではないか、ということですね。

ご指摘のとおりだと思います。長谷正人さんが指摘したことですが、特に日本では、コミュニケーションを考える場合、送り手にも受け手にも、「理性的で自律した個人」という前提が強く意識されすぎている印象を受けます。これは主知主義的な情報観とも結びついていると思います。それはまた、さまざまなことを理性的に判断できる主体同士が行うコミュニケーションから民主主義社会が成立するという、規範的な考え方とも結びついている。たしかに、その規範を貶めてはならないと思います。しかし、こうした主知主義的な情報観、主知主義的なコミュニケーション観からでは不可視化されてしまうコミュニケーションの実相を見失ってはならないはずです。

これまでの情報概念はあまりに主知主義的だったと思います。つまり、認知的な側面にのみ注意がはらわれ、情報が信念や意欲あるいは情動や情念といった人間の活動や関係の基底に関わることが十分考慮されてこなかったといえます。またタルドに言及しますが、彼は「模倣」のもっとも重要な側面が「信念」と「欲求」の模倣にあると見ていました。日常的に行われるコミュニケーションにもそのことは十分に見てとれます。たとえば、私が講義でルーマンの理論を話すとします。学生はその情報を「認知的」な側面から受け取ります。「面白い議論だ」と。しかし、彼らはそれだけではなく、「伊藤はルーマンが好きで話している」「これだけは知ってほしいと思っていつもより熱心に話している」といった具合に、私の情熱や信念をもその情報から受け取ります。「信念」も「欲求」も伝染していくのです。こうしたタルドの情報やコミュニケーションの捉え方の背景にライプニッツのモナド論からの影響があります。タルドはライプニッツから多大な影響を受けている。

「信念」や「欲求」といった非認知的な側面へのタルドの注目も、ライプニッツからの影響を見てとることができますが、より重要なのは「渾然とした仕方で表象される宇宙、微小表象において与えられる宇宙」というライプニッツの論述から理解できるように、意識という光に照らし出された領野だけでなく、陰に隠れてぼんやりとしか見えない領野にまで考察の射程が広がっていることです。このことは、情報とは何か、と考えるうえでも決定的に重要だと思います。差異として明確に知覚可能なものが情報であるだけでなく、ぼんやりとした、濃淡の揺らぎとして、「経験の強度」として感覚できる、前-意識的な、前-個体的な情動や知覚を含み込んだものとして情報を考えることができるからです。そうした反-主知主義的な視点から見えてくる領野のなかに情報やコミュニケーションを位置付けること、それは人間の能力を引き出す触媒であるメディア技術環境を考えるうえでも最重要のテーマとなるでしょう。

…… ユルゲン・ハーバーマスのように、理性によって成立するコミュニケーションを理想化する考え方とは異なるコミュニケーション観ですね。これに対してルーマンのオートポイエーシス的な考え方はどのように位置付けられるでしょうか。これはデジタルメディアの進展と関係があるように思うのですが……。

そうでしょうね、ただ、ルーマンはきわめて主知主義的なスタンスを貫いていると思います。感情や情動の側面、あるいは前-意識的、前-個体的な側面は十分に論じられているとは思えません。しかし、ルーマンが「社会はコミュニケーションの接続でしか成り立たない」と述べた点については、真剣に、そして高く評価すべきだと思います。これは本当にラディカルな主張です。近代社会の諸原理そのものを常に自己反省しながら社会を組み直していく現代社会が登場して初めて、このことが実感として理解できるようになったのではないかと思います。

たとえば「家族」とは何で成立しているのか、と問われたとしましょう。これまでであれば、血のつながり、家という場所における時間や空間の共有といった回答があり得たかもしれません。しかし現代では、離れて暮らしていても、血のつながりはなくても、実体として家族を構成できる、現実に構成しているわけです。そこで、家族を家族たらしめているのは、あるコードに従ったコミュニケーションを接続していく積み重ねしかないのです。ハーバーマスのように、理性的な討議を通じた合意の達成という観点から民主主義を語るよりも、もしかすると一種の跳躍として、賭けとして、コミュニケーションを次のコミュニケーションに接続することに賭けるべきだ、というルーマンのコミュニケーション観にこそ、現代の困難な民主主義のプロセスを重ね合わせてみることができるのかもしれません。ルーマンの理論のラディカルさを私はこの点に見たいと思いますし、電子的なネットワーク環境がいきわたった現代社会だからこそ、彼の理論はきわめて重要な位置を占めていると思います。

…… ネットワークとの接続しかないという状況は、主体と客体、送り手と受け手という二項対立を無化してしまいますね。

大変重要なご指摘です。フランスの哲学者のジルベール・シモンドンという、ドゥルーズやベルナール・スティグレールに大きな影響を与えた人物がいます。彼は、技術環境と人間という大きな問題を考えるうえで、技術と人間という二項対立の枠組みを外して考察することの重要性を指摘します。まず個体が存在し、この個体から出発して個体化を考える従来の考え方を批判するわけです。個体化が生ずる地平や環境、具体的には都市や技術といった他の項との関係で初めて個体が個体として生成する。つまり個体化の前提には「前‐個体的なるもの」が関わっている。その二つの項は安定した状態にあるわけではありません。かといって、均衡状態が失われた状態にあるわけでもなく、常に緊張状態をはらみながら変化し続けるという。それを彼は「準‐安定」と述べています。人間と技術がある種の構造体を成すなかで、人間と技術が「共進化」するというモデルです。ここでは誤解を恐れずに、次のように位置付けてみましょう。つまり、技術は主体でもあり、客体でもある、同時に人間も主体であり、客体である、という二重化された関係です。もちろん、技術は人間が操作するものであり、人間にとっての客体といえます。しかし逆に、技術の在り方が人間の操作の仕方を規定するとすれば、技術が主体であり、人間はその客体である、ということも可能です。これは技術による人間の疎外を意味しているわけではありません。むしろ、技術のアトラクティブな触媒作用が人間の能力を引き出すのであり、技術と人間が共に「部分‐主体（part-subject）」として二重化されるということです。

この技術と人間が相互に接合した状態を、ドゥルーズは「アッサンブラージュ（assemblage）」と表現しました。このアッサンブラージュのなかで、とりわけデジタルメディアに身体が接続した技術環境のなかで、何が生まれているでしょうか。これが問われている。

……　コミュニケーションももちろんですが、メディアという概念もじつはもっと広い。その意味で、メディアについても再認識する必要がありそうですね。

その流れは九〇年代のマーシャル・マクルーハンの読み直しからすでに始まっていると思います。マクルーハンが述べるメディアは、新聞やテレビという個別のメディアを意味するものではなく、外的世界と人間を媒介する技術環境としてのメディアであり、その意味では先程のシモンドンが指摘した技術環境とも重なり合うものです。道路や自動車やオートメーションもマクルーハンにとってはメディアですから。

前述の機械と人間、技術と人間の二重化された関係を、ソーシャルメディアに即して考える際に、とても示唆に富んだコンセプトがレフ・マノヴィッチの「メディア・オブジェクト」という考え方だと思います。マノヴィッチは二〇〇一年に『ニューメディアの言語』（みすず書房、二〇一三）という本を書いていますが、そこでは、デジタルの静止画像やデジタル合成されたフィルム、３Ｄ仮想環境、コンピュータゲーム・ウェブサイトなどを「メディア・オブジェクト」と呼び、このことばに次の三つの意味を込めて使っています。

一つは、コンピュータを従来のようなデータの構造的な構築ではなく、あるテーマに基づくデータと処理の集合体、すなわち「オブジェクトのフロー」で成り立っていると捉えるということです。つまりマノヴィッチのいうニューメディアとは、デジタル化され、コンピュータのアーキテクチャーやプログラミングの過程（コンピュータ化）を経た一種のメタ的なメディアのことを指している。また、それをニューメディア時代の特徴として位置付ける、ということです。

二つめは、彼自身はプログラマーでもあり、アーティストでもあるわけですが、制作されたモノを作品とは呼ばず、オブジェクトと呼ぶということです。一九二〇年代・三〇年代に、従来とは異なる技術環境で制作された作品を当時の前衛的な芸術家が作品として呼ぶことより、オブジェクトと呼んだことを踏まえているわけです。制作者の独創性ではなく、さまざまなテクノロジーによる接合や組み換えによって制作されるモノの在り方に注目したオブジェクトという概念を重ね合わせている。そして最後に、いま述べた点に重なりますが、さまざまなプログラミングを通じて制作された多様なオブジェクトを、文字どおりオブジェクト（対象）として考察することです。つまり、対象として据えるということは、一方で歴史的な文脈にそれを置いて比較検討することを意味し、他方でいま前提とされている技術、環境を常に対象化し、反省し続ける視点を確保するということです。言い換えれば、メディアがつくり出すオブジェクトや現象を他の時代のそれと切り離して、独自のモノ、特有の現象として特権化するのではなく、またそれを絶対視するのでもなく、歴史的視点からも、そして共時的な視点からも、技術と人間の二重化された関係をクリティカルに批評する場を設定するという意図が「メディア・オブジェクト」という言葉に込められるように思います。

ソーシャルメディアがもたらす新しい環境

……　個人を単位とするコミュニケーションの機器は、電話からケータイ（携帯電話）になり、スマートフォンやタブレットへと変わってきました。そのツールもメールからブログを経て、二〇〇〇年代にはソーシャルメディアと呼ばれるTwitter（ツイッター）やFacebook（フェイスブック）、LINE（ライン）へと変わってきましたが、先生はこの変化をどう見ておられますか。

時間と空間を共有する技法ということで考えると、個人的な印象にすぎないのですが、Facebookや

LINEよりもTwitterの登場は本当に大きな変化をもたらしたと思います。Twitterによって「自己提示」ということの重要性が非常に増大した。そのことがケータイからソーシャルメディアへ移行するなかで、もっとも大きな変化だったと感じています。

Twitterはたった一四〇字の短い投稿、いわゆる「つぶやき」を共有する媒体です。メディア研究者のなかには、たった一四〇字で書かれた私的な感想の断片など陳腐な発言の垂れ流しにすぎないという人もいます。しかし、おそらくそれを多くのユーザーが「続けている」ことが重要なのではないでしょうか。その一つひとつは陳腐だったりつまらないものだったりするけれども、それでもつぶやき続け、写真をアップし続ける。それを媒介にしてコミュニケーションを行う。そこに意味があるのではないでしょうか。あまりに平凡で、バナール（banal）すぎる。しかし、バナールだから、研究に値しないとはいえないということです。考察に値するのは、ソーシャルメディアにおいては自己提示（セルフ・プレゼンテーション）ということが前景化したこと、そこにこそ社会的な意味があるのではないでしょうか。

という私も、最初は、「いまここにいるよ」とか「こんなおいしいものを食べてるよ」といったメッセージを匿名の誰かに発信することにどのような意味があるのかわかりませんでした。もちろんケータイのメールの時代でもそういう発信はありましたが、つぶやきと映像（カメラ）が一体化して、その場で撮って不特定多数の人々に送ることができるTwitterになって、そうした営みが一挙に日常化した。発信に「お気に入り」をもらったり、リツイートされたりする。そのことが日常化していることに、もしかすると大きな意味があるのでは？と。社会学者としては、これはちゃんと研究しなきゃいけないんじゃないか、とようやく思ったわけです（笑）。D・マーシィという社会学者が、

『Twitter : Social Communication in the Twitter Age』という二〇一三年に出版した本で、皮肉をこめて、「I Tweet, Therefore I Am」といっているくらいですから……（笑）。

先程のマノヴィッチの「メディア・オブジェクト」は、この点を考えるうえでも、大変参考になる。平凡なつぶやきをまさに「メディア・オブジェクト」と見なして考えましょう。かつては日記をつけたり写真をアルバムに整理したりすることで、自分のアイデンティティや家族の在り方、自分と周囲の人たちとの関係を測ったり保ったりすることが行われていました。つまり、日記、写真、アルバム、これらのモノはある特定の技術環境のもとで可能な「メディア・オブジェクト」として存在していた、ということです。自己の能力の表出であったし、アイデンティティ形成のための技術的手段だった。

いま、ソーシャルメディアで、多くの人たちがたわいもないつぶやきやたわいのない写真をアップし続けていることも、歴史的にはこうした写真、日記、アルバムとつながっている、と考えることが可能です。ただし、コンピュータ化が進展するなかでの「ニューメディア・オブジェクト」である、という新しい側面があるということですね。

一〇〇年後の人たちが、二〇一五年の私たちのつぶやきの膨大なデータを見たら、何を考えるでしょうか。それはものすごい文化的な史料となるのではないでしょうか。二〇一五年に生きていた人間が何をつぶやき、どんな映像をアップしたか。現在の私たちにとってはあたりまえのつまらないことかもしれませんが、人々の何気ないつぶやきの集積がこの先もずっと続いていくならば、五〇年、一〇〇年の間の変化の過程もつぶさに読み取ることができるわけです。面白いと思いませんか。そう考えると、Twitter のユーザーは大きな文化的な貢献をしていると見ることも可能だと思います。

いずれにしろ Twitter などのソーシャルメディアが、自己提示と誰かのリアクションによる自己承認――自己承認ということばが少し強すぎるなら、「見られる」ということでもかまいませんが、そうした見る／見られる関係のなかに身を置くことを常態化させ、ユーザーにとっては自らのアイデンティティの重要な一部を構成する技術環境となったということです。「I Tweet, Therefore I Am」という文章を、もしかすると笑えないのかもしれない……。

自己提示への欲求自体は、もちろんどんな時代にもありました。私たちの世代なら、たとえばファッションがその重要なツールだったといえるでしょう。書くこと、写真を撮ること、これはなかなか自己提示につながりませんでした。プロにでもならなければ、書いても、写真を撮っても、それはごく一部の人たちにしか読まれないし、見られない。論文や小説を書いて発表することもできますが、それは一部の人に限られていたわけですね。それが、自分が書いたものが、どんなささいなことであっても、多くの人に発信できる自己提示のツールになったのは、ブログが登場してきたここ一〇年程の話です。こうした、言説空間、メディア環境はいままでにはなかったものです。

…… さらにLINEとなると、いまの若い人たちは複数のアカウントをもっていて、ログインするコミュニティによって話の内容も、話し方まで変えているようです。フランスの哲学者ジル・ドゥルーズは、主体を分裂したままの集合体、しかも日々刻々と流動化していく人間モデルを提示しましたが、現代のTwitterやLINEの状況は、まさにそれを体現しているように見えます。

インターネットが登場した初期の段階でも、男性が女性になりすましたり、まったく違う人のように書き込みをするといった、ネット上の多重人格化が議論されました。現在ではそれをはるかに超えて進化して、誰もが意識せずできるようになり、それに対する恐怖も警戒も薄らいできています。ちょうどいくつもの部屋をもっていて、そのドアを閉めるか開け放しておくかは、自分で自由にコントロールできるという感覚なんでしょうね。ドゥルーズの用語を使えば、分割不可能な「個人（individu）」が、際限なく分割可能な「分人（dividuel）」へと分解されているということです。ドアの開け閉めは自由にコントロールしている、つまり主体であると本人は考えるとしても、一方でFacebook、LINE、Twitter、というそれぞれのメディア特有の制御技術に規定されたプラットホーム上の「即時的なコミュニケーション」を行うための無数のチャンネルの一つとして、主体が客体としても構築されているともいえる。先程の「部分‐主体」ですね。

変容するコミュニケーションの基盤

昨年から今年にかけて学生を対象にした小さなリサーチから浮かびあがってきたのは、Facebookの使い方についての特徴です。名刺感覚で、プライベートなメディアというよりは、就職活動のプレゼンテーションとして公開しておくような、彼らにしてみるとパブリックなツールとして使われていることです。こうした使い方は、欧米と日本では大きく異なる点でしょうね。

日本では、LINEの方がFacebookよりはるかに利用者が多い状況です。Facebookの利用者が世界で一億人を超えるのに四年近くかかりましたが、LINEははるかに短い一年七ヵ月で一億人を超えました。しかも突出して利用率が高いのが、日本と東南アジアだといわれています。この理由を、こうした地域の言語コミュニケーションが文脈依存的で、日常的にそういうコミュニケーションに慣れている人たちと、同じく文脈依存性の高いLINEというメディアとの親和性が高いからだ、と分析する研究者もいます。この点については、慎重に考えるべきだと私は思いますが……。

ただ、LINEは、ユーザーが相互に文脈を共有し、その文脈に依存しつつ、状況に合わせてコミュニケーションを行うためのメディアであることは間違いないといえるでしょう。仲間内感覚で使われるメディアですね。登録の簡便さも、浸透率の高さに大きく寄与していると思いますが、学生たちは、もっぱら仲間（アソシエーション）をつくり、維持するのに好都合なメディアとして活用している。

確認しておいてよいのは、ソーシャルメディアといわれますが、LINEとFacebookはまったく異なるメディアとして意識され、使い分けられているということです。Twitterはそれと比較すると大変複雑です。

……ぼく自身はLINEで、何十年も途切れていた中学時代の友人とのサークルが復活するという経験をしました。三〇年以上も昔の友人とまるでずっと会い続けていたかのようにLINEで会話をする。ネット上では自分の人格が空間的に分裂するばかりではなく、時間的にも分裂しているような印象をもちました。ごく最近知り合った人、三〇年以上連絡が途絶えていた人が、LINEでは同じタイムライン上に並びます。過去と現在が隣り合っているような、とても面白い体験です。

電話からケータイ時代までを射程に入れて、メディア理論は、空間的な距離をメディアが失効させ、ヴァーチャルな空間共有の感覚と同時に、時間を共有することで生まれる電子的なコミュニティについて論じてきました。しかし、いま指摘されたようにLINEはタイムラインに沿って表示されますから、同時性があるとともに、過去と現在の時間の流れを失効させ、時間の隔たりを瞬時につないでしまうようなかたちで機能している、ということですね。とても面白い指摘だと思います。

大きな枠組みでいえば、新しいメディアによるコミュニケーションが多次元のコネクションをつくる、言い換えると多次元の時空間を編成する役割を果たしている、ということではないでしょうか。これまでは日常的な付き合いの範囲は家庭や職場など、リアルな空間で関係ができた人たちに限られてきました。しかしFacebookやLINEでは、高校時代や小中学校の仲間という空間的にも時間的にも隔たった関係を復活させることもできるし、三・一一東日本大震災の際に被災者や支援の人たちのつぶやきが全国に支援の輪をつくることができたように、リアルとバーチャルが密接につながった関係性も構築できる。それは日常に多様性を持ち込むということですし、現実社会がソーシャルメディアを介した凝集力の高いアソシエーションを内包しているということでもあります。これは一〇年前の、ケータイメールの時代とは明らかに異なる状況です。ヴァーチャルなソーシャルメディアを媒介にしたコミュニケーションが常にリアルな社会と接続可能な実体として成立している、言い換えれば、すでに「もう一つの社会」として構成されているわけですね。

…… インターネットが常時接続可能になったことによって成立した「〈同期〉空間」は、過去のメディア環境の延長として想像可能でしたが、現在起こっていることは、過去のモデルが参照できないような、まったく新しい状況かもしれません。ソーシャルメディアでは自己と他者のコミュニケーションのありかたも、旧来と異なっているようです。

主に中世哲学を研究されている山内志朗さんは、コミュニケーションを支える前提としての「コミュニカビリティ（communicability）に着目しています。つまり、相手とコミュニケーションを始めようとする際に、その前提となる条件のことです。

山内さんによれば、顔の表情や微妙な動作は、コミュニケーションができる基盤をなすコミュニカビリティを共有する技法の一つだといいます。もちろん文化的な違いとともにその技法の差異もあるけれど、コミュニケーションを行う際の根底に、人間としてもっと普遍的なコミュニカビリティが横たわっていて、私たちは無意識ではあるけれど、それをちゃんと体得している、と。だから、人と会ったら何となく微笑んでみるようなことをするわけです。

しかしソーシャルメディアのなかでは、どのようにコミュニカビリティを共有するのでしょうか。いかにコミュニカビリティを発現するのでしょうか。その点が私はとても気になっているのです。Twitter は情報を不特定多数に向けて拡散していくものですから、他者あるいは他者性は確固とした像を結んでいるわけではなく、ぼんやりとした不透明なものかもしれません。一方の LINE は仲間内のメディアですから、もちろんそこに顔を思い浮かべ得る他者はいるけれどもあまりに仲間であるという意識が高く、それゆえに他者という存在の感覚をあまり意識していない、感受していないのではないでしょうか。そんな風に思えるのです。相手と対面した状況では、いくら親しい仲間、友人であっても、「今日は、あいつ、気分がよくなさそうだ」「元気がなさそうだ」とか、他者への配慮が働き、そうした個々の文脈に応じたアクションを行いながらコミュニケーションしていく。まさにこれがコミュニカビリティです。しかし、LINE では、こうした他者への配慮は希薄で、即時的なコミュニケーションが繰り返される。このように考えると、これはまだまだ仮説に過ぎませんが、Twitter と

LINEのコミュニケーションは正反対のベクトルをもつように見えて、実際には他者の存在あるいは他者性への感受性の有無という点で考えると、他者性の希薄化したなかでのコミュニケーションという点で、同じ志向性から成立しているのではないか、と思えてくるのです。

地すべり的に転位するコミュニケーション

LINEのように、仲間内だからこそ、そこにある他者を意識しなくても成立するコミュニケーション。Twitterのように特定の誰かにつぶやきを拡散させるコミュニケーション。どちらにも他者に向き合っているという意識が希薄であるとすれば、そのとき忽然と他者が意識され、他者が立ち現われてくるのは、何かリアクションがあった時ですね。特に話がうまく通じなかったときに、それは顕著に現れます。自分の意見に異を唱えるリプライ（返信）をもらうとか、仲間内で了解していると思っていたことに「？」が付されるとか……。そうならない限り、そこでの他者性は意識されない。そして突然、他者が立ち現われたときに初めて、「私」という存在も意識される。「私」がいったことだ、「私」が発言したことばだ、と。そのときにようやく「私」がふっと意識され、立ち上がる、そうした状況に布置化されているのではないでしょうか。こうした電子的なネットワークという技術的環境のフィールドが敷かれていることで、「いじめ」とは意識せずに相手を傷つけることばを無自覚に発するといった、さまざまな問題が生まれているのではないか、とも思えます。

いずれにしても、自己と他者の関係性がより一層複雑なものに変化しているといえるでしょう。他愛もない話ですが、私がもし学生たちのLINEに入ったとすれば、私は歴然とした他者ですから

（笑）、彼らはもういままでのようにはLINEが使えなくなるでしょう。だから学生が「先生もLINEに入りませんか」というと、私は「本当に入っていいのか？」と念を押すのです。そうすると、彼らもとまどってしまうわけです。つまりLINEには、そもそも他者を意識しなくてすむ環境があって、だからこそしっかりした文章でなくても、発信者を明示しなくても、文脈依存的にコミュニケーションが成り立っているんですね。その感覚は、ケータイ時代の通話やメイルとは異なる位相に突入しているように思えます。

別の角度からの話になりますが、現代のソーシャルメディアが普及した社会はイベントソサエティ、つまり社会自体がイベント化している社会だという見方を提示する社会学者がいます。D・セルボーンという研究者です。イベント社会といえば、テレビを思い起しますね。たとえば日本テレビが毎年夏に「24時間テレビ」のようなイベントを行うことで、メディア自身が出来事をつくり、受け手である私たちもそこに組み込まれていく、といった事例にイベント社会の特徴が象徴的に表れています。はなはだしくは、自分が事件を起こせばテレビが取りあげてくれるから、テレビに出たい一心で事件を起こす、といったことも起こり得るような、メディアとイベントの関係が成立してきたわけです。

テレビは、いつの頃からか何かを伝える伝達のメディアではなく、自分が参与し、何か事を起こすことができる「使える」メディアに変わった。いまテレビの変化について指摘しましたが、問題はソーシャルメディアです。じつはTwitterは、まさにその「使える」メディアであり、誰もが大小さまざまなイベントをつくり出せるメディアなのです。そのことをすでに言及したマーシィが、「Event-driven Society」と呼んでいます。こんな面白いことがここで起きている、こんな美味しいお店がここにあるといった小さなことがらから、大事故がいまここで起きたという大きなことがらまで、自分が面白いと思った情報をネットに上げるだけで、それがイベント化するわけですね。ですから現代では、ソーシャルメディアを通してイベントをつくり、人を動かしていく時代が来ているのだ、と。極端にいえば、「何もない空間」「何も起きない空間」をイベント化することすらできる。

これは、自分もテレビに出たいと思っていたような歴史的な文脈と地続きでありつつも、自らが広告となり、イベントを起こすことが誰にでもできるという点で、これまでにはない現象です。一般の人がツイートして起きた小さなイベントであっても、「面白いじゃん」という数百、数千ものリツイートがあれば、それはとても良い気持ちになり、自己肯定感を満たしてくれるわけです。冒頭でも述べましたが、ソーシャルメディアは、それが自己肯定であれ、自己主張であれ、自己提示、自己表現の可能性を大きく広げている。一般の人たちの意見や気持ちが広く可視化される状況が一気に拡大しているということです。マーシィはこの事態を「民衆的な転換（demotic turn）」と言っていますが、こうした普通の人々の情報発信は文化のバランスを大きく変化させているのです。

……「面白いじゃん」とツイートしたりリツイートされたりするのが情動の体験ですね。

ええ、情動の体験はその「面白いじゃん」が基本ですから。私はそれをやや批判的に見ることも必要かなと思っているのですが（笑）。それでも、たとえば、素人のアップする動画のなかには、プロがつくるものよりはるかに「面白い」作品もたくさんありますから、ツイートしたり、リツイートしたり、情報が次々に拡散していく。新しいメディア環境が一般の人々の自己表現や新たな創造力を広げていく可能性は大いにあると思います。今日のメディア環境は、先程、文化のバランスを変化させると指摘しましたが、言い換えれば、従来の文化の在り方や均衡状態をゆるがし、新しい変化の契機をはらんでいるといってもよいでしょう。

しかし、ここで強調しておきたいのは、誰もがアクセスできる、その意味で公共的なメディア環境が構成され拡張していることを「民衆的な転換（demotic turn）」と表現しましたが、それがダイレクトに社会の「民主主義化（democratization）」と結びつくわけではない、ということです。

繰り返し示唆してきたように、ソーシャルメディアの特性は――Facebook、Twitter、LINE のそれぞれの技術的特徴を反映して、それぞれのグラデーションがみられますが――、短い文字情報と数秒や数分の動画がサーキュレートし続けるなかで、それに対応した即時的なコミュニケーションを瞬時に、いつでも、どこでも、行っていく、という点にあります。冒頭の論点に立ち返ることになりますが、意味の解釈や読解ではなく、前‐個体的な、前‐意識的な構成部分をなしている瞬時の知覚や情動を否応なしに触発し、映像とそれに対するコメント、何気ない発言に対するリプライといった各要素が誘導的、触媒的な複合的作用を行使して、予想もできない偶発的な事態を引き起す可能性を秘めているといわざるを得ません。ある人物への賞賛が、ささいな発言をきっかけに、憎悪や罵倒の発言に変化する、あるいは、国際試合のゲーム進行に連動した同期的なメッセージの流れが集合的な沸騰状況をつくり出していく。こうしたことが一瞬のうちに生起する。これがソーシャルメディア時代の特徴の一つです。

このコミュニケーションのプロセスがしっかり現代の資本主義に組み込まれていることを強調しましたが、いま一つ踏み込んで考えるべきなのは、このプロセスが政治的なメカニズムにも組み込まれ始めているという点です。これまでの政治的合意の調達モデルではなく、別のメカニズムで起動する政治プロセスに情動や知覚が深く関わり始めているのではないでしょうか。それは決して良い方向ではありません。多くの人たちの知恵や知がクロスするなかに成立する集合知への展望が語られる一方で、「本音」と称する強いリズムと口調をもつことばが情動を刺激し、情動が反応する政治的プロセスが次第に力をもち始めているのではないか。そうした危惧も一方で強く感じるわけです。

『世界の散文』（みすず書房、一九七九）に収録された「間接的言語」という論文でメルロ＝ポンティが指摘したように、制度というものは一旦それができると、設計した人たちの意図を超えて持続し成長します。その結果、自らが消化できるもの以上に過剰となり、その運動は質的変化を起こすのだ、と（本書第6章参照）。同じようなことをマクルーハンは、「逆転」ということばで表現しました。

一九九〇年代にインターネットが登場したとき、誰もが見知らぬ他者とコミュニケーションできる可能性に期待しネット民主主義の理想を語りました。個々の属性を超えて、まっさらな自分としてコミュニケーションできる空間の出現を、私自身も期待したものです。しかし、この二〇年の間に制度が整備され、ネット社会はそれこそ全世界を覆うくらいに成長をとげましたが、いままさに逆転し、質的な変容を始めているのではないか。

多様な言論空間をつくるコミュニケーションの可能性やネット民主主義の可能性がまったくないわけではないし、それに対する期待も失ってはいませんが、現時点でのメディア空間が「違う翼をもつ鳥」に出会う空間を構成するのに十分な環境とはなっていないという気がしてならないのです。つまり、当初、設計した制度の理念や理想が、制度化の過程で地すべり的に転位し、逆転し始めている。そんな感覚にとらわれるわけです。

かつてマクルーハンは、鉄道網が組織されることによって、人間の活動の空間が一気に拡大し、時間空間の枠組みが変容したと述べました。さらに時代が進んで電気の時代になると、ラジオやテレビ、いまでは電子的ネットワークによって、人は居ながらにして世界中の情報を得ることができると述べました。マクルーハンのことばを使えば、「電気の時代に、われわれは全人類を自分の皮膚としてまとってしまっているのである」と。まさに現代はそのような状況に近いといえるわけですが、そうなると、世界中から私に向かってやってくる情報を処理することなど不可能になり、感覚麻痺を引き起こさざるを得ない。これが「加熱されたメディアの逆転」現象です。

いまや私たちの生活の多くの時間、多くのコミュニケーション、そして身体的な感覚までがネット社会につなぎ止められています。新しいメディア環境のなかで、ネット空間につくり出される社会性、コミュニケーションの新しい技法、さらにその根底にあるはずのコミュニカビリティの感覚、こうした社会とメディアと身体の結び目はどうなっていくのでしょうか。そうしたさまざまな要素は、ネット空間を超えて、地続きである私たちのごく日常的なコミュニケーションの在り方まで変えていこうとしているのでしょうか。

先程言及したシモンドンは、新しい技術環境と人の接合は、必ずしも適合的であるわけではなく、そこには必ず齟齬や軋轢が生じる、だからこそ技術も変化するし、そこから引き出される人間の能力も変わってくる、というヴィジョンを指し示しました。ソーシャルメディアがもたらした技術環境は革新的です。だからこそそうした新しいメディアが、私たちの何を引き出し、何を拡張していくのか、そのことをしっかりと見届けていく必要があると思います。

……　今日は、長い時間ありがとうございました。

第8章　オーディエンス概念からの離陸
――群衆、マルチチュード、移動経験の理論に向けて

近代社会がその輪郭を示し始め、新聞や印刷物が大量に消費されるようになった一九世紀後半の社会、一方で近代社会から「ポスト近代社会」への移行期といわれるほど大きな変貌を遂げつつある二一世紀前半の現代社会、この二つの社会が一〇〇年を隔てて重なり合って見えるのは、私の幻覚あるいは錯誤にすぎないのだろうか。

「錯誤にすぎない」と切って捨てることは容易だろう。近代社会にようやく離陸しはじめた一九世紀の社会と近代社会の効率性や合理性を凌駕するほど高度に「発達」した現代社会が相同的であるはずがない。あるいは新聞が多くの読者を獲得した程度の社会とデジタルメディアという高度なテクノロジーを通じて縦横に情報を発信できる現代社会との間にはいかなる類似性も存在しないはずだ、と。

だが、本当に「錯誤にすぎない」のだろうか。

たしかに一〇〇年以上も隔たった社会に相違が存在するのは当然のことだ。しかし、両者に何らかの類似性や相同性がないか、検討してみる価値は十分に存在するように思えるのである。また、その検討から、両者に挟まれた二〇世紀を位置づけ直し、相対化すること、さらに、ラジオとテレビが伝える情報をリビングという固定した空間で聴取し視聴することが一般化した時代に形成され、メディア研究の前提ともされてきた視座や概念を反省すること、そうした作業を進めるために有効な補助線

を描き出すこともできるのではないか。そうした期待を抱きながら検討を試みたいのである。

1　モバイルメディアを携帯する集合的主体は誰か

移動と運動の経験

ケータイ端末やiPhoneに代表される電子テクノロジーの小型化と高性能化によって、家庭、通勤通学の移動空間、労働環境、そしてレストランやバーといった空間など、あらゆる場所で、あらゆる時間帯で、モバイルメディアが用いられている。

朝、ケータイの目覚まし音で起床する。通勤通学の際には、身体的な移動を可能にする高速度の電車の中で、モバイルメディアの画面を見つつ、電車のドアの上部に設置された液晶パネルの小さなスクリーンに映る映像を見ながら、そしてときには窓の外に広がるビルや木々が高速で水平方向に移動するパノラマ的な風景に目を向ける。次の瞬間にはTwitterで情報を送信する。職場ではデスク上のPCを見ながら企画書を作成し、メールの送受信が繰り返される。昼食時にはまたTwitterで「つぶやき」、友人からのメールに返信。仕事が終わり、きらびやかな映像を映し出した巨大なスクリーンがいたるところに設置された街に出る。人で溢れた街路でも無意識のうちにケータイを取り出してメールのチェック。友人と待ち合わせ、居酒屋に入りタッチパネルで料理を注文。帰宅後もまたFacebookで友人と情報交換する。そして一日が終わる。

このあまりにも一般化した日常生活の出来事なり営みが指し示しているのは、大量の情報が高速移動しているというにとどまらず、空間的な境界を横断するプロセスのなかに人間自身が組み込まれているということだ。モバイルメディアと一体化した人間自身が運動と移動の動態の一部と化している。この情報と人間の運動は、もちろんドメスティックな空間内部に閉じているわけではない。移民や労働力のグローバルな移動そして観光やツーリズムなど、国境を越えて移動する人々、しかも電子的テクノロジーと身体が密接に接合した人間の移動も意味している。

ジョン・アーリ（John Urry）は、このような情報の移動、人間の移動、モノの移動が常態化した社会を描き出すためには、従来の社会学の方法論的規準を見直し、静止や固定を暗に意味する家や定住・居住のメタファーよりも、ホテルやロビーや旅といった複雑な移動のイメージを喚起するメタファーを活用した新しい理論の構成こそが焦眉の課題であると指摘する。移動や旅という〈運動〉に関わる問題を社会学の理論化の焦点とすること、そしてそのことを通じて、〈社会的なるもの〉の実質を捉え直すことを主張する[1]。

さて、こうした一般化した風景をふまえながらここで考えたいのは、モバイル端末を文字通り携帯して、自宅から、職場から、そして路上から、バーやレストランから次の目的地へと移動し、その間つねに情報を発信し続ける彼らは、そして私たちは、いったい何者だろうか、ということだ。ケータイを手にして移動し続ける多くの人々をどう名付け、どう規定すればよいのか。「モバイルメディア・ユーザー」だろうか？　「ネットユーザー」だろうか？

たんなる「モバイルメディア・ユーザー」なのか？

この問いに対して、もちろん一つの正しい解答が与えられるわけではない。マーケティングの視点からすれば、前記のように「ユーザー」という概念がもっともふさわしいのだろうし、社会学者のアーリの眼には「移動者」という名がもっともふさわしいと見えるだろう。このようにさまざまな名を付与することは可能だ。しかし、そうした複数の選択肢が存在するとしても、モバイル端末を手にした彼ら彼女らの歴史的位置を照らし出すための名称として、「ユーザー」や「移動者」といった概念を用いることで、明晰な理解が得られるとは私には思えないのである。ましてや、ケイタイを手にして移動し続ける私たちをいまさら「オーディエンス」と呼ぶ人はもはや誰もいないだろう。元々ラテン語の <audienia><audient> に由来し、〈音〉や〈声〉に耳を傾け、聴くこと、聴く者を指す、「オーディエンス <audience>」という概念で考えてしまったのでは、情報を発信する能動的な個人と現在の情報環境の変容を見誤ってしまうだけだろう。これまでメディア研究において前提とされた「オーディエンス」そして「ユーザー」や「移動者」といった概念が、モバイルメディアと一体化した集合的主体が内包する潜在力やその社会的位置を的確に把握する用語として不十分であるとするならば、ではいったい、いかなる概念が適切なのだろうか。いかなる概念が提起されるべきなのだろうか。

あらたな概念を見つけ出すために以下で試みる作業はあまりに迂回すぎると思われるかもしれない。しかし、冒頭で述べたように、新聞が多くの読者を獲得し、その内容が瞬く間に人々の会話を通じて拡散していった一九世紀の社会に眼を転じてみたい。ベンヤミンが第二帝政期のパリを考察の対象とした際に、「読書する公衆としての群衆」が成立したと述べた、あの時代である。この時期に社会の前面に登場した、「移動」する多数者たる「群衆」や「公衆」という集合的な主体類型、そして彼らが相互に作用しあう様を捉えた――ジョルジュ・ルフェーヴルが「心的相互作用」と呼んだ――タルドの「模倣」概念が、今日のメディア・テクノロジーと集合的主体がしっかりと結びついた複合体が織りなす情報現象・社会現象を考える上できわめて示唆に富むと考えるからである。それら概念の現代的アクチャリティをすくい上げてみたいのだ(2)。

2　一九世紀のメディアと群衆

包摂されざる集合的主体としての群衆と都市

すでにメディア論の古典の位置を占める『世論と群集』は一九〇一年に出版された。タルドが死去した一九〇四年の三年前の刊行であり、タルド晩年の著作である。

この本の歴史的位置を測定し、かれが何を見ていたのかを明らかにするために、当時のフランス社会の状況をまず振り返っておくべきだろう。フランス社会が近代社会としての輪郭が与えられ始めた一九世紀である。

歴史家の喜安朗によれば、一九世紀前半の五〇年の間にパリの人口は五〇万人から一〇〇万人に倍増する。

> これほどの短期間での人口激増は前例のない異常ともいえるものである。ところが前述のように都市基盤の整備がこの人口増大に追いつかず、パリは都市としての骨格を失ったかにみえた。それに旧体制を支えていた社団がフランス革命によって解体されたことがパリの住民の流動化に拍車をかけ、新しい社会的結合関係を求める人びとは、「セルクル」(サークル)という通称で呼ばれていた出会いの場を形成するようになる。……
>
> そうなるとアソシアオンのなかには、社会変革を考える知識人のもとで労働者などの民衆が

活動するものや、労働者のみによる思想的結社、また共和主義者による革命結社が出現する。それに加えて自発的なストライキ運動も規模を拡大し、多様な社会運動がパリ社会を動揺させていく。

こうして骨格を失ったかにみえるパリに蓄積される貧困、コレラ流行のもたらすパニックは民衆蜂起の発生を予感させる状況を生み出し、多様な社会運動と革命結社の動きがこれに並行していて、都市の危機は空前のものとなる（喜安 2009,7-8）。

喜安はこうした状況を、「パリ統治の危機は、パリの歴史を通じて、もっとも深刻なものであった」と特徴づけている。この不安と危機が最終的に一八四八年の二月革命とそれによる政治的混乱や労働者の蜂起につながることは、よく知られている通りである。つまり、一八四三年生まれのタルドの時代が、農村部から都市への人口の移動、都市の貧困層の拡大、そしてこうした状況のなかでの都市部の労働者層による「社会的結合関係」や「政治的結社」の創出、さらにそうした緩やかな紐帯を背景とした政治的蜂起やストライキが多発した激動期であったことだ。

この激動はもちろん四八年の二月革命で収束したわけではない。その年の一二月にはルイ・ナポレオンが大統領に選ばれ、翌年のクーデターを経て、五三年にフランス社会は第二帝政下におかれる。「官僚的・軍事的装置として強化された」ボナパルト国家において、民衆、労働者、農民が自発的に自然発生的に立ち上がり、「産業的コミューン」といった斬新なスローガンを打ち上げるまでに至る経緯を、アンリ・ルフェーヴルは『パリ・コミューン』で詳細に描いた。

第二帝政下において生産と資本の集中と集積が急速に進むなか「経済学者が繁栄と呼んだこの状態

から利益を受けるのは地主、地方ブルジョアジーのわずかな層」であった。分割地農民の大部分は劣悪な経済環境におかれ、「三〇〇万人の農民が自己に所属する土地を完全に、あるいはほぼ完全に奪われており、そのうち六〇万人は窮乏にさらされている」(H・ルフェーヴル 1965=2011,152)と記述している。さらに「パリの労働者のわずか十パーセントだけが、職人的あるいは半職人的企業ではない大産業で働き、言葉の正確な意味でのプロレタリアートを構成」(同書 134)していたにすぎず、「この期間のフランスの労働者、特にパリの労働者は、少数の場合を除いて、極めて低賃金しか受け取る」ことしかできなかったという。それに加え、一八六二年、オースマン男爵によるパリ改造によって、パリ中央区に住んでいた労働者や職人は移転させられ、「セーヌ県でパン券の権利をもつ人々は一〇〇万人以上」と推定された。その結果、「彼らはできるだけ自分の家の外で、したがって(なぜそうしてはならないのか)酒屋や、カフェや、酒場で暮らす」ことになったという。アンリ・ルフェーヴルの指摘にしたがえば、「いわゆる耐久消費財も、社会保障も、休暇も余暇も存在しない」状況下で、「自然発生の諸条件、すなわち、自己の道と表現を探し求める革命的本能の諸条件」が生まれ、アナーキストからプルードン派および固有の社会主義者にいたるまでの幅広い、未組織の、多様な集合的主体が「反国家主義的な運動」に立ち上がる状況が形成された。各地でストライキや騒動が頻発し、騒動は暴動に変わる。「模範的な『プロレタリア独裁』の樹立としても記憶される」(河野健二)一八七一年のパリ・コミューンはこうした経緯の後に成立したのである。

一七八九年の大革命を念頭において書かれたジョルジュ・ルフェーヴルの『革命的群衆』の叙述は、いま対象としている一九世紀における群衆のありようとさほど変わらなかったのではないだろうか。彼は次のように記述している。

食糧危機の時には、行く先々で、船や荷車のまわりには人だかりができ、行く手をさえぎったり略奪したりするのである。物乞いが拡がり、やがては乞食の集団が徘徊し始める。しかし、何物にもまして怖るべきは、大都市で、パン屋の店先にひきもきらずにつめかける人々の「行列」であった。蜂起する結集体に早変わりするのに、これほど適した集団はないからである（G・ルフェーヴル 1934=2007,24）。

前記の「これほど適した集団」とジョルジュ・ルフェーヴルが述べた集団こそ、群衆にほかならない。この人々の集まりは、意識的に形成されたものではない。しかし、何らかの外的条件や要因がそこに介在するやいなや、その集合体は蜂起する集団に変貌する。これが群衆の特性にほかならない(3)。

こうした事例を彼はいくつも挙げる。全国三部会が招集されるときに開かれる「小教区の選挙集会」であり、そこでは「第三身分に属するひとりひとりが、心の中で反芻していた不満のすべてを総ざらいに並べ立てた」。あるいは、「中央からのニュースを待ち受けたり、代議士や好意的な情報提供者からの手紙が読み上げられるのを聴いたりしようと、街の中で自然に出来上がった人だかり」だ。これも一人一人が結集しようとして集まったわけではない。しかし、いったん不満が表現され、手紙が読み上げられるや、「革命的な行動に決起する集団へと変貌した例が多い」とジョルジュ・ルフェーヴルは述べている。あるいは「路上の群衆のなかにいる労働者」である。そこに政治的ニュースが伝えられるや指導する者がいなくとも、彼らは行動に立ちあがる。

意識的に集合したわけでもなく、指示を出す指導者やリーダーが存在するわけでもなく、いわば未組織の労働者や農民や手工業者や職人が、たまたま人盛りができた場所で、行動に立ちあがる「群

衆」の行動にいちはやく注目したのが、ル・ボンであり、タルドであった。(4)

タルドの議論については以下で検討を加えるとして、ここで確認すべきは次のようなことがらだろう。つまり、一見すると、反社会的な、混乱した状況と考えられる「群衆行動」の主体は、その多くが都市に流入してきた貧困者や広義の労働者であり、彼らはいまだ労働規範を内面化せず、資本の時間的・空間的な包摂からも逃れた集合的な主体であった。さらにアンリ・ルフェーヴルが指摘するように、しだいに組織されつつあった「労働運動を政治的議会主義と既存の社会・経済的な枠組みのなかに統合することをめざす」ドイツのビスマルクの戦術とは異なり、選挙制度を媒介にした政治的正当性のヘゲモニックな調達回路に労働者を包摂しようとする動きはフランスには存在しなかった。つまり、彼らは近代社会の労働・資本、家族、政治といった各システムがいまだ十分制度化されてはいない段階において、それらのシステムに十分なかたちでは包摂されない主体であったということだ。

この彼らにとって、教会の前の広場や路上といった「都市」の空間は、「彼の行動を社会化しているもろもろの制度から、しばらくの間、自由に」なれる特異な空間として機能した。都市の内部に生成した集合的な社会的主体である「群衆 <crowd, foules>」は、経済学的な範疇でいえば、貧困者や未組織の労働者層といえようが、それは私生活や労働といった「私」と「公」の空間から離れた特異な「都市」の空間に生成する未組織の集合体なのである。繰り返し指摘すれば、彼らは政治的主張を公的空間に発信する制度的な回路を持たないなかで、新聞といったメディアや日常の会話による「心的相互作用」を通じて内面化された「集合心性」をバックにしながら、身体的パフォーマンスや暴力を通じてしか貧困や政治的抑圧への不満を訴えることができない存在であったということだ。

読書する公衆としての群衆と「都市／メディア空間」

「群衆」のこうした特徴に加えて、この時期の社会変化として看過できないのは、すでに引用した「中央からのニュースを待ち受けたり、代議士や好意的な情報提供者からの手紙が読み上げられるのを聴いたりしようと、街の中で自然に出来上がった人だかり」ができたと述べるジョルジュ・ルフェーヴルの記述からも示唆されるように、郵便・通信システムの発達に基礎を置いた新聞や印刷物やニュースという当時の最新メディアの普及である。一九世紀、パリのような大都市では、二〇〇紙もの新聞が発行され、識字率の向上のもとで、労働者や一般の民衆にも広く新聞が読まれる状況が生まれた。近代新聞の原型ともいわれる『プレス』が刊行されたのが一八三六年である。政治論説が中心のそれまでの新聞スタイルを変えて、流行や風俗そして文芸欄を中心にした紙面は多くの読者を獲得していく。こうした「新しさ」を身上にした新聞や政治新聞そして政治的パンフレットなど、様々な印刷物が発行され、タルドが「純粋に精神的な集合体で、肉体的には分離し心理的にだけ結合している個人たちの散乱分布」と見なした「公衆 <public>」が広範囲に成立した。

「本質的には肉体の接触からうまれた心理的伝染の束」である「群衆」と、「肉体的には分離し心理的にだけ結合している」ところの「公衆」を混同してはならないと、タルドは繰り返し強調する。しかし、その相違はけっして対立的なものではない。「公衆」とは「散らばった群衆とでもいうべき」ものであるという彼の認識からもそのことは伺える。

たしかに、「群衆」と「公衆」を分け隔てる相違は存在する。「公衆の成立は、群衆の成立よりもずっと進んだ精神的・社会的な進化を前提とする。純粋に抽象的で、しかもきわめて現実的な集団――精神化され、進化し、いわば第二段階の力をもつにいたった群衆――が前提する、純粋に観念的な被暗示性、あるいは接触なき伝染は、それよりずっと粗野で幼稚な社会生活が幾世紀も幾世紀も続いたのちに、ようやくうまれえた」（タルド 1901＝1964,16）とタルドは論述する。「公衆」は「群衆の成立よりもずっと進んだ精神的・社会的な進化を前提と」しているのであって、その点に両者の違いがある。

だが、「公衆」は「第二段階の力をもつにいたった群衆」でもある。それは、「印刷、鉄道、電信という、たがいに相補的な三つの発明が結合して、新聞という恐るべき威力が成立した」時代に、「体をふれあいもせず、たがいに見も聞きもせず」、しかし「同じ新聞を読む」ことで、「信念や感情が似かよっている」「おびただしい数の他人にもこの一瞬に、この考えが分け与えられているという自覚」をもった「群衆」なのだ。ル・ボンがいわば「都市空間」に生起した「群衆行動」に注目したのに対して、タルドはあくまで、身体的な接触を媒介する都市と、地理的に離れていながらも、同じ情報をもつことで、「いま」と「ここ」を共有していると感じさせる空間、言い換えればメディアが媒介する精神的結合の空間が、相互に重層化した「都市／メディア空間」に着目しているのだ。

では、「第二段階の力をもつにいたった群衆」である「公衆」はいかなる性格を有し、いかなる行動を行う主体なのか。ル・ボンが『群衆心理』のなかで「衝動的で動揺しやすく、興奮しやすい。暗示を受けやすく軽信である。感情が誇張的で単純である」と指摘し、きわめて否定的に特徴づけた群衆の特徴をそのまま継承している。そうみなしてよいのだろうか。前述のように、かれが「被暗示性」や「催眠術」といった用語を用いていることからも理解されるように、たしかに群衆の性格を公衆が引き継いでいるとタルドが認識していたことは確かだろう。しかし、ここで重要なことは、別の論考でも示唆したが（伊藤 2012,120）、タルドが「被暗示性」や「催眠術」といった概念を、人間存在の否定的な側面、ネガティブな存在の在り方を表現するものとして一方的に用いたのではなく、強い意志や明晰な論理に心が打たれる、あまりの美しさに心が奪われる、センセーショナルな文体に心が躍る、といった誰もが日常的に経験する生の営み、その意味で人間という存在の根底を照射するコンセプトとして提示していることだ。

さらに重要なことは、「公衆」が、新聞を購読し、記者が書いた記事を読む、たんなる読者や「受け手」（タルドは記者の活動を「上からの暗示」「遠くからの暗示」と表現する）ではなく、「上からの暗示をこもごもに交換しあう」発言者であり、発信者としても見なしていることだ。「公衆」とは、「遠くからのはたらきかけ」とともに「身近な接触からのはたらきかけ」の結節点として存在する、情報の受容者でありかつ発信者なのである。前述したように、タルドの目はあくまで「都市／メディア空間」に向けられている。

この認識は、前記したジョルジュ・ルフェーヴルのそれとも一致しているというべきだろう。彼は、純粋な集合体としての群衆（路上の群衆のような）が一致した行動に立ち上がる集積体へと変貌する契機あるいは基盤に「心的相互作用」が存在することを強調したが、この「心的相互作用」が機能するうえで、「語らい <conversation>」がもっとも重要な働きを演じていることを主張しているからである（G・ルフェーヴル 1934=2007,36）。タルドも同様に、新聞に代表される媒体からの情報が受容され、それが「語られ」、次々に変容しながら情報が拡散していく、その結節点において繰り広げられる「会話」の重要性を特段に重要視する。多くの人々にばら撒かれた新聞の情報は、都市の街頭や路上で繰り広げられる「会話」「語らい」を通じても至るところに拡散し、波状的に広がっていく。

言い換えよう。あくまで流動的な、不規則な、予測もつかない経路を辿りながら、情報が次々と伝播していく結節点として、タルドは「公衆」を把握していたのである。

静かな水面に複数の水滴が落下したとき、互いに干渉しあいながら複雑な波形を描くさざ波のように、さまざまな記事が読まれ、その暗示がさまざまな読者でこもごもに交換され、予測もつかない経路を辿ることで、暗示が強化され、あるいは暗示が解体されるような、「読者する読者公衆としての群衆」のミクロな営みが社会の動態を構成する。場合によっては、それらの無数の営みが大きなうねりとなり、流行現象や熱狂、政治的蜂起や突発的な威嚇・暴動さえも生み出す。そのメカニズムを把握するための装置、それが「模倣」という概念である。

模倣現象に生成する律動的対立

模倣とは「ある精神から別の精神にたいする距離を隔てた作用という意味と、ある脳内におけるネガを別の脳内における感光銀板によって写真のように複製する作用という意味」(タルド 1890=2007,12)であるとタルドは指摘する。後者の意味での狭義の模倣は、ある人物の思想や感情に感化され同じ思想や感情を抱くようになるということだろう。一般に私たちが模倣という場合に思い浮かべる事態である。それに対して、前者の「ある精神から別の精神にたいする距離を隔てた作用という意味」という意味での広義の模倣は、ある人物の思想や感情にふれることで、反発を感じたり、異論を唱えたり、あるいは同感したり、いずれにしてもある作用からの影響を受けている状態を指している。

ところで、広義の模倣であれ、狭義の模倣であれ、ある精神から別の精神にたいする距離を隔てた作用によって、何が伝播され、何が複製されるのか。タルドによれば、それは、「精神的傾向のエネルギー」あるいは「心理的渇望のエネルギー」である「欲求」、そして「知的把握のエネルギー」「心理的収縮のエネルギー」と規定された「信念」である。「……しよう」「……したい」といった欲求、

「……こそ正しい」「……こそ便利だ」といった信念、これらが言語的メッセージとともに伝播され、何らかの作用を及ぼす。それらはエネルギーであることにおいて、集中したり、分岐したり、連続した流れとして現出し、つねに「強度」を伴っている。この「強度」を伴ったエネルギーがある精神から別の精神に向けられる。そのとき、ファッションの流行、新規の発明品の爆発的な流行、世論や世事的主張の伝播が一気に進行する。

しかし、模倣は、単純に、同型のファッションや主義主張が単純に反復され再生産されることを意味しない。タルドによれば、模倣は、すでに示唆したように、「きわめて特殊な種類の反復」にほかならない「対立」さえも内包し、「対立」の後に「順応」へと続く動的な過程だからである。

「対立」は三つの種類に分けられる。第一は、欲求や信念の強弱の度合の差（その意味での対立）がある場合である。お腹がすいた子どもの「すぐに食事がしたい」という欲求の強度とたしかにお腹はすいているが「もう少し後で食事をしよう」という親の欲求とが対立する場合を想起しよう。あるいは、ある主張に強く共感し、社会運動に自ら参加する人物、それに対して同じように主張に共感はするが、それほど強い共感ではなく、運動への参加などしたくないと考える人物との差異を想起しよう。いずれもが「程度の対立」である。第二は、「系列の対立」とタルドが指示するものである。ある人物がある人に愛情を募らせても、その相手がその人物に友情しか抱いていない場合を想起しよう。お互いの欲求の質的な相違（その意味での対立）がある場合である。しかし、その対立は、愛情の強さが相手を変えて愛情を相互に抱く関係に変化して「順応」にいたる可能性もあるだろう。第三は、「記号の対立」である。それは、ある人物への愛情が嫌悪へ変化する一方で、相手は逆に嫌悪が愛情に変化するケース、あるいはある政党への支持が一転して嫌悪や拒否に変わる場合である。これは、「程度の対立」ではなく、「系列の対立」でもなく、独自の対立をなしている。

さらに、いま述べた三つの対立の種類に関して、タルドは「模倣」の過程にもう一つの側面を見る必要があると主張する。それは、対立する要素（支持と嫌悪、愛と友情）が連続的に変化する「律動的対立」のケース、それに対して対立する要素がある一定の期間にわたって持続的に維持され、長期にわたり対立が継続する「闘争的対立」の場合、という二つの側面である。

たとえば、日本の文脈でいえば、「五五年体制」といわれた自民党と社会党の長期にわたる対立は典型的な「闘争的対立」といえる。両者の支持層はそれぞれの政党への支持を長期にわたって維持し、相互に変化することはなかった。

これに対して、「律動的対立」は、AとBとの作用（あるいはA, B, C, D……多数の要素の間の作用関係）のなかで対立要素が連続的に変化する状態を指す。したがって、AとBという二つの項に限定して考えても、「程度の対立」の場合、AとBの間で強-弱、弱-強、弱-弱、強-強という四つの典型的なケースを極にして、強度の差異による無数のケースが生成する。

「諸力が交互に往復する」プロセスである「律動的対立」は、「二つの力が遭遇したり衝突したり、あるいは均衡したりする闘争的対立よりも、いっそう理解しにくい」現象である。しかし、この不規則に動き回る諸力の働きは「正確な反復がおこなわれるための条件そのものであり、また、反復によってヴァリエーションが生まれるための条件」ともなる。ある状態が均衡状態にある場合でも、その内部に微細な差異が存在することをタルドは指摘しているが、「律動的対立」とはこうしたつねに生成変化する諸力の状態そのものといえる。

さらに留意すべきは、この「律動的対立」がいかなる条件で成立するのか、ということだ。タルドはこの点について多くを語らない。だが、前述したように、人口が過剰な大都市のなかで、流動的な、不規則な、予測もつかない経路を辿りながら、情報が次々と伝播していくような、情報回路の多元性が成立した環境が構造化されるなかで、つまり読者公衆たる群衆が広範囲に成立しうる状況が生起した歴史的状況を前にして、「闘争的対立」とは区別される「律動的対立」という概念の着想をタルドが得たことは疑いえない。異質な情報が多元的に移動し、その異なる複数の情報が同時的に受容されるような環境があってこそはじめて「律動的対立」が生まれる。

個人の感情や情動、個人の意見や主張が発信され、その大量の情報の波のなかに個人の感情や情動や意見が巻き込まれることで、一瞬のうちに、しかも時間を追うように個人の感情や主義主張が刻々変化する事態の成立である。「律動的対立」の論理にしたがえば、AとBの二つの項でみれば、前述のように、両者の間で強‐弱、弱‐強、弱‐弱、強‐強という四つの典型的なケースが生まれるが、その四つのケースのなかには、「弱‐弱」「強‐強」という類似の現象が強い強度をもって生成する事態、そしてさらには「弱‐弱」から「強‐強」へ、「強‐強」から「弱‐弱」へ、と一瞬のうちに事態が反転するプロセスも生起するだろう。

タルドが概念化した「公衆」そして「模倣」とは、一九世紀後半に生じた、複数の情報が乱反射しながら「律動的対立」が生起する特異な情報現象を照射するためのキーコンセプトなのだ。

3 「ポストフォーディズム」社会におけるマルチチュード

分子的な微粒子状の情報移動と熱狂現象

よく知られるように、「読書する公衆としての群衆」や「模倣」といった概念群が内包する現代的意義をもっともよく理解していたのはドゥルーズである。彼の「モル的」そして「分子的」といった概念もタルドの思考に触発され導き出されたと考えてよい。

「分子的な微粒子状の流れ」とドゥルーズが述べる情報の流れは、情報を流し始めた最初の公衆やそれを中継し、模倣する無数の公衆の意図や意志など無関係に情報が増殖し、彼らが制御できない独自の自律性とリアリティを構築していく。タルドが見た「模倣」現象そのものである。それは、多くの人々を混乱や不安に陥れ、一方では「うわさ」や一種の「催眠」状態に巻き込む。あるいは広範囲の「流行」現象を生起させる。そして、ときには「熱狂」や「蜂起」といった事態さえ生起させる。

組織された集合体内部の理路整然とした「モル的」な情報の流れとは対照的に、情報が予測できない経路を辿りながら、拡散する「分子的な微粒子状」の流れは、階級、党派、性、そして国境といった社会のさまざまな境界や制度の壁を越境していくだろう。またその流れは、境界の内と外、境界内の上と下、あるいは左右に分かたれたなかに生まれる二項対立（賛成と反対か、支配と被支配）を揺るがし、社会秩序を根底から揺さぶるだろう。その意味で、この情報の流れは、従来のスタイルに修正を加える開放性を具備している。

しかし、その開放性や新しい社会の布置を生み出す力能は単純に肯定できるようなものではない。このことを、タルドも熟知していた。「まったく精神的なもの」である公衆の行動は、愛情によって生気を与えられることもあれば、憎悪によっても生気を与えられる。増幅された嫌悪が「分子的な微粒子状」の流れとなって拡大する過程は、他者を暴力的に、しかも集合的に圧倒的な力をもって排除する可能性をつねに孕んでいるからである。

「分子的な微粒子状」の流れは、原初的な「社会性」あるいは「社会的集合性」を構成する契機である。しかし、それは一方で、排除と暴力という契機も内包する。そのアンビバレントな特性にドゥルーズやタルドの目は注がれていたのであり、「社会とは模倣であり、模倣とは一種の催眠状態である」というタルドの指摘は、「社会性」が成立するその始原に、信念と欲望の「分子的な微粒子状」の流れによる反復と模倣があることを示唆するために語られた命題なのだ。

デジタルメディアと接合する集合的主体の位置

このようにタルドの議論を位置づけてみると、タルドやドゥルーズが指摘する「模倣」や「反復」という現象、さらに模倣現象のなかにタルドが観察した「律動的対立」が、一〇〇年近い時間を経過したいま、私たちの目の前で生成している情報現象そのものではないか、と指摘する誘惑に私は抗しきれない。

現在、急速に拡大しているネット型の情報の移動は、個々の主体によるボトムアップ型の情報の流れを構成し、さまざまな社会的境界を横断し、国境すらやすやすと越境していく特性を持っている。さらに、発信された情報が、次々に、さまざまな回路を通じて、どこに向かって、どのように伝わるのか、それら一連の情報伝達の過程はきわめて不確定で、独自の拡散性と散逸性を持っている。複数の、数えきれない情報が瞬時に流れ、情報の移動は広範囲である。しかも、それぞれの結節点で情報は補完され、差異化され、予測不可能な効果を生み出しながら流通する。

こうしたTwitterやFacebookを活用した個人発の情報の流れは、マスメディアが伝えない、日常生活で生起する様々な問題を広く社会に知らせ、社会問題を認識する契機を創り出す契機となることもある。あるいは、保守派のアルマデネチャド政権に対する抗議活動が一般市民や学生とりわけ女子学生を主体に組織されたイランの「緑の運動」において、TwitterやFacebookが未組織の市民や学生を運動に巻き込む重要な触媒となったことをアレズ(2011)は詳細に論じているが、デジタルメディアが媒介したネットワークを基盤にする社会運動の生起はイランにとどまらない。二〇一一年に起きたエジプトの一〇〇万人規模といわれる反政府デモにおいてもソーシャルメディアが運動の拡大に大きな役割を果たしたことはよく知られている通りである。一人の個人が発信した情報が拡散し、その情報を受容した多くの人がまた情報を転送する過程で、これまで顔を合わせることもなく分散して存在した数万・数十万の人たちがデジタル・ネットワークを介して共時的に「いま」と「ここ」を共有し、路上や街頭に繰り出し集合し、社会運動や反政府運動を一気に拡大していく。

その一方で、この多元的な情報の流れは、これまで圧倒的な好感をもたれていた人物に対する評価を、一つの情報が流通するだけで、一瞬のうちに嫌悪や罵倒の対象に変えてしまうような「律動的対立」を帰結しながら、強度の同質性を生み出す契機ともなっている。

そうしたデジタル・ネットワークを媒介した情報の移動の特徴は、タルドが新聞による情報発信とそれを媒介する人々の「会話」や「語らい」にその原初形態をみた模倣現象の特性そのものではないだろうか。

しかし、ここで強調しておくべきは、分子的な微粒子状の情報移動とでもいうべき「情報の流れ」

が社会システムにとって無視できない状況として成立しているという点で、一九世紀と二一世紀との間にある種の同型性が存在するということ、それ自体が重要なことがらではないということだ。そのことだけが問題なのではない。

むしろより重要なのは、新聞という近代システムと接合した地点に生成した読者公衆としての群衆という社会的な集合的主体が近代の諸制度にいまだ〈包摂されざる主体〉であったことと見合うように、いま私たちの前にいる多くの集合的主体も同じような布置関係におかれているのではないかということだ。最後にこの問題にアプローチしよう。

モバイルメディアを携帯する「マルチチュード」?

情報テクノロジーの革新と結合したポストフォーディズム的産業構造の成立は、すでに多くの論者が指摘するように、情報サービス産業の拡大を帰結し、知識やコミュニケーションそして感情をも資本蓄積の資源に転嫁する一方で、パート労働、非正規労働、派遣労働、任期付雇用など、不安定な労働者層をグローバルな水準で大量に生み出している。

自らの知的活動やコミュニケーションを資源に労働する多くの知的労働者は、仕事と余暇、労働と趣味、公と私、といった境界が曖昧化した時空間のなかで労働に従事する。デザイン制作、画像制作、プログラム制作など知識産業や情報産業といった幅広い業種が交錯し混在する分野で労働する人たちである。あるいは医療や福祉やサービス産業にとって必須のものとなった感情労働に従事する労働者たちがいる。国境を越えて飲食店や看護の現場で働く多くの移民労働者たちもまたこうした労働の担い手でもある。さらにいえば、看護や育児や教育に従事しながらも賃労働とはみなされず不払い労働に従事する労働者たちもいる。ポストフォーディズム的産業の進展とグローバル化の進行の過程で生み出された、多様な、特異性を帯びた、未組織の、労働主体である。[5] 彼らを、ネグリとハートがマルチチュードと呼んだ社会的主体と重ね合わせて見ることは十分に可能だろう。

彼らは強固な組織的基盤をもたず、既存の制度的回路を通じては自らの社会的・政治的主張を公的空間に伝えることができない。いわば、ポストフォーディズム的産業構造へと変貌したグローバル資本主義の進展から生まれたこの集合的な主体は、従来の社会システムの構造的枠組みには包摂されない、制度的枠組みを越えた社会的主体である。「群衆」あるいは「公衆」とは、前述したように、近代の諸制度にいまだ〈包摂されざる主体〉として位置づけうる対象であった。それに対して、今日生起しているのは、ベクトルが反転して作動したかのように、近代の諸制度から弾き出され、かつ同時に諸制度を食い破るような、その意味で両義性を体現する集合的な主体の生成という事態ではないか。

だが、この主体はそれだけで語られてはならない、もう一つの側面を有していないだろうか。それは、最初の節で指摘したように、彼らがモバイル端末を手にして、自宅から、職場から、そして路上から、バーやレストランから、さらには国境さえも越えて移動しつつ、情報を発信し続ける存在でもあるということだ。彼らは、リビングや自室でテレビからの情報を消費するたんなる情報の受容者ではない。他者の発言や情動に対してすぐさま応答し、敏感に反応しながら、プライベートなことがらや不満や怒り、そして政治的意見をも社会的空間に発信する主体でもある。彼ら彼女らのこうした行動もまた、彼らの社会的性格の重要な特性として把握しておく必要があるだろう。デジタル・ネットワーク上の情報の送受信を通じて、ジョルジュ・ルフェーヴルが指摘した「心的相互作用」、タルドが述べた「模倣」が行われ、「集合心性」が形成される、ネットワーク上の群衆とでもいうべき存在

である。(6)

従来の社会システムの構造的枠組みには包摂されず、制度的枠組みを越えた社会的主体であると同時に、無数に広がる情報回路の結節点として情報を発信し、編集し、再創造する集合的な主体。私には、現在の液状化した社会に布置化された集合的な主体と一九世紀にタルドがみた「群衆」「公衆」の位置が重なって見えてくるのである。両者の構造的な近似性である。

もちろん〈包摂されざる主体〉と〈包摂から弾き飛ばされた／包摂を食い破る主体〉という主体の間に存在する歴史的差異や、それぞれの主体が接続されたテクノロジーの差異を無視することはできない。とはいえ、両者はともに、制度の周辺に構造的に布置化された集団的な主体という点でも、分子的な微粒子状の情報移動の結節点として機能しているという点でも、相同的な位置を占めている。冒頭で一九世紀の社会と二一世紀の社会との間に相同的な関係性が存在すると述べた根拠はこの二つの集合的主体の社会システムに占める布置の類似性にほかならない。

一九世紀の文脈から成立した特異な主体を、タルドは「公衆」と呼び、ベンヤミンは「読書する公衆としての群衆」と呼んだ。(7)それと重なり合うように見える現代の集合的な主体を私たちはどう名付けることが可能なのだろうか。

Audience/Communicationという概念の歴史的射程

長きにわたり、メディア研究は「送り手」や「受け手」あるいは「オーディエンス」といった概念によって、メディアに媒介された情報の移動と社会現象を捉えてきた。しかし、「オーディエンス」や「コミュニケーション」といったメディア研究にとって不変とも思える概念が、有線・無線通信の発達そしてラジオからテレビへと続く放送の開始といったメディア技術の進歩はもとより、代議制や社会保障・福祉制度の確立など近代社会の諸制度が多くの人々をシステムの内部に包摂しえた、この時期の社会的文脈や歴史性に規定された概念であることをあらためて反省する必要がある。

そのことは、この小論で示したように、一九二〇年代にマス・コミュニケーション研究が制度化され、「オーディエンス」や「コミュニケーション」といった概念が不変のものとして定着するはるか以前に、「群衆」や「公衆」そして「模倣」といった概念を通じてメディアに媒介された情報の移動と社会現象を捉える試みが存在したことを想起すれば一層明らかとなる。

すでに述べたように、聴くことを指す、元々ラテン語の <audienia><audient> に由来する古フランス語を起源として生まれた「オーディエンス」概念や、ラテン語の <communion> を起源としつつキリスト教の影響下で聖杯拝受を通じた「共同性」という意味を強く内包した「コミュニケーション <communication>」概念を自明のものとしてもはや考えることができない局面にメディア研究は立たされている(8)。繰り返すならば、「送り手」と「受け手」の二つの項の間で、つまり二項の間の関係に閉じたかたちで、単一のメッセージの移動を捉える、従来のコミュニケーション・モデルでは理解できない情報現象が生まれ、ラジオとテレビを特定の空間で聴取・視聴することを前提としたオーディエンス概念では捉えきれないあらたなテクノロジーと人間の接合の構造が成立しているからである(9)。自明視し、前提としてきた、これらの概念から離陸して思考する「冒険」が求められているのだろう。「群衆」「公衆」そして「模倣」といった概念の新たな読解は、その離陸のための一つの試みである。

終章　ポストメディア時代の行方と展望

1

あらためて情動とは何か、という問いから出発しよう。ホワイトヘッドによれば、情動は、「身体経験の原初的形態」から立ち現れるところの、「まさに存在しようとしている世界に対する決定的な関連の感受」であった。「情動的というしかない、どこか他の機会に感じたように受けとられ、また主観的な情念として順応的に自分のものとされる盲目的な情動」である。

しかしそのことは、情動が孕む「直接性」が「自己現前」あるいは「自己所有」であることを意味するわけではない。そのことを繰り返し強調しておきたいと思う。つまり、情動がたしかに「直接的」であるとしても、それは次の瞬間、変化し、変化し続けている、という感覚なのである。したがって、身体は、身体自身と一致することはない。それは記憶を通じて過去を現在にアップデートしつつ自身を折りたたみながら、同時に次の瞬間に向けた「動き」のなかにすでに変化する、ということであるからだ。この生成変化をホワイトヘッドは「過程」という概念に託して、捉えようとしたのである。

ホワイトヘッドのこうした主張を十分踏まえて、マッスミは次のように述べる。「身体はその情動的次元と一致している、と述べることはできない」（Massumi, 2015, 8）と。つねに変化の過程にあるが故に、身体が表明し、身体が成した、すべてのことがらの後でさえ、潜在力として遺されたものを考えることができる。別の角度からいえば、「潜在力として遺されたもの」、すなわち「残余」とは、過剰さ、とでもいうべきものだ。それを、マッスミは、「言語による意味の現実的な生産、あるいは有益な機能の遂行による生産と並んで経験される、潜在力や新しさや創造性の備蓄のようなものなのだ」（Massumi, 2015, 8）と指摘するのである。

しかも、こうした情動は、「世界に対する決定的な関連の感受」として生成するかぎり、それは「思考の運動、しかも意識的とはいえず、曖昧な、十分形成された思考とはいえないという意味で、〈身体的〉な思考の運動」（Massumi, 2015, 10）でもある。それは「ミクロ知覚」なのだ。

こうしたホワイトヘッドからマッスミへ続く情動をめぐる思索は、序章で指摘したガタリの「言表行為の動的編成」という事態とぴったりと重なり合っているといわねばならない。

曖昧にではあれ、何かより以上のものとして直接経験される生の過剰をガタリは「言表行為の動的編成」という概念で表現していたからである。それは途方もない動きをもった身体動作であったり、意味不明な言葉の連なりであったり、そして怒り、笑い、としてみずからを運動へと束ねていくような「生の過剰」なのであり、自然や他者といったあらゆる対象との関係から生じる情動の「強度」の発露なのだ。

そして、怒りや笑いといった情動の具体的な表出は、状況の情動的な変化を生産する。状況に不確定性を持ちこむ。潜在的なものを持ち込むことで、それを一気に露呈させ、社会的な空間を「より開放的な」ものへとブレイクしていくのだ。ガタリも、そしてマッスミも——そして「創造前進こそ現実的存在である」と述べたホワイトヘッドも——そこに人間の「ontopower」を見るのである。

2

情動が成立する過程の不可欠の契機である社会的エコロジー、いまやその基軸となったメディアテクノロジーが構成する社会的な機構はいかなる変化を遂げ、どのような特徴を呈し始めているのだろうか。ガタリは、テレビ的な環境の激変を予測し、小型化し、個人が自在に使うことができるメディアの登場が「再特異性の道に引き込んでいくことのできる多数の集団主体」をより強化していく方途を展望していた。そしていま、たしかにポストテレビの時代が生まれている。

テレビを見るということ自体、何を意味するのか。リビングでテレビジョン・セットを視聴することが「テレビを見る」ことなのか、それともYouTubeにアップされたテレビ番組を見ることも「テレビを見る」ことなのか。こういったことすら明確に規定することが困難な時代に生きている。

すでにテレビジョン・セットなり、映画館なり、単一のメディアが構築していた境界は溶解し、静止画、動画、文字、音声などあらゆる情報がパソコンやネットやスマートフォンのアーキテクチャやインターフェイスに規制されながら利用される環境が構築されている。こうした環境のもとで、第1章と第6章で論及したように、パソコンやネットやスマートフォンのユーザーは、あらゆる情報を検索し、情報を自由に発信し、これらのデジタルメディアを介して自在に他者とのコミュニケーションをとることが可能な主体として現れている。

しかし、一方で本書が議論したのは、こうした高度な複雑性を示すようになったメディアのエコロジー＝生態から構成されたポストメディア社会が、管理から制御へ、記号消費社会から情動のコントロール社会へ、議論と熟慮の政治から情動の強度を掛け金とした政治プロセスへ、と特徴づけることができるような諸特徴を提示しているという点であった。そしてその変容の基底に、ガタリが社会的な機構として規定する「機械の可動的編成」に担保されたコミュニケーション・モード自体の変化が存在することを仮説的に提起したのである。換言すれば、人間の過剰としての「ontopower」が、様々な局面で「politics」なり「生政治 bio-politics」とダイレクトに結びついた「ontopower」へと転倒しているとの見通しを指摘したのである。

今日、デジタル・テクノロジーを基盤とした生産システム、流通システム、通信システム、制御システム、データ・アーカイブ・システム、そしてコミュニケーション・システム、そして表象システムなどが動的に編制された社会的な機構は、現代の「主観性の生産」のもっとも重要な条件となっていることをいま一度思い起こすべきだろう。

ビルに入る際の自動ドアが開くタイミングとスピードは、人の歩くスピードを計算した上で緻密に設計され制御され、人が何らの躊躇もなくドアを通過する経験を組織している。そこにあるのは「快適さ」と「スムーズである」ことを最優先させたテクノロジーである。しかし、ジェームズやホワイトヘッドの議論に立ち返るならば、「快適な」テクノロジーという客観的な性質と「快適である」と感受するわれわれの感覚は分離してはならないことがらであった。つまり「快適な」テクノロジーを「快適である」と感受するわれわれの情動的感受もまた測定され制御されているということにほかならない。

スマートフォンも同様である。画面をタッチする際の「なめらかさ」や「使い勝手のよい機能」、そしてそれらの高度な技術から生まれる「快適さ」こそがデジタルメディア、モバイルメディアの「命」である。スクロールするときの指が感受する「快適さ」、その感覚のもとで、一行数文字から組み立てられた文字列を「下」から「上」にスクロールして文字を「読む」行為は、明らかに紙媒体に印刷された文字列をリニアに眼で追いかける「読書」とは異なっているだろう。眼で読む行為から、あたかも指で読む行為へ、とでも表現したくなるほどの変化である。

この「なめらかさ」あるいは「スムーズさ」を基本としてメディア機能は、自己の主張や意見、あるいは感情を、立ち止まり、一呼吸おいて、表出する、という行為さえ、不可能にしてしまっているのではないか、と思わず主張したくなるほどだ。反省すること、その時間すら奪う、メカニズムのなかにわれわれは接続されているのではないか、と。

快適さとなめらかさ、という価値に主導されたメディア、そして快適さとなめらかさという原初的な感受の相で生起する情動、この両者が交叉する場に成立する「主観性の生産」は何を帰結していくのだろうか。

あるいは、いまだ強力なパワーを発揮しているテレビを中心とした表象システムもまた、資本主義のダイナミズムを維持するために、不安や不安定であることを増幅させつつ、その情動的な「律動」を、さらなる消費やプライドそして愛国主義的心情に変化させている。メディアは、いま人間が向き合い、対応しなければならない潜勢態をいかに経験すべきかを変えているのだ。

これら数多くの問題群を前にして、旧来のテレビや映画そしてデジタルメディアが複合化し、複雑化した、あらたなメディアのエコロジーと「主観性の生産」との現代的な関わりを捉え返していかねばならないのである。

ホワイトヘッド、パース、マッスミの議論を経由したいま、われわれはガタリが提起した「機械の可動的編成」と「主観性の生産」との関係性を、**図7**に示すようなかたちで、より分節化して把握す

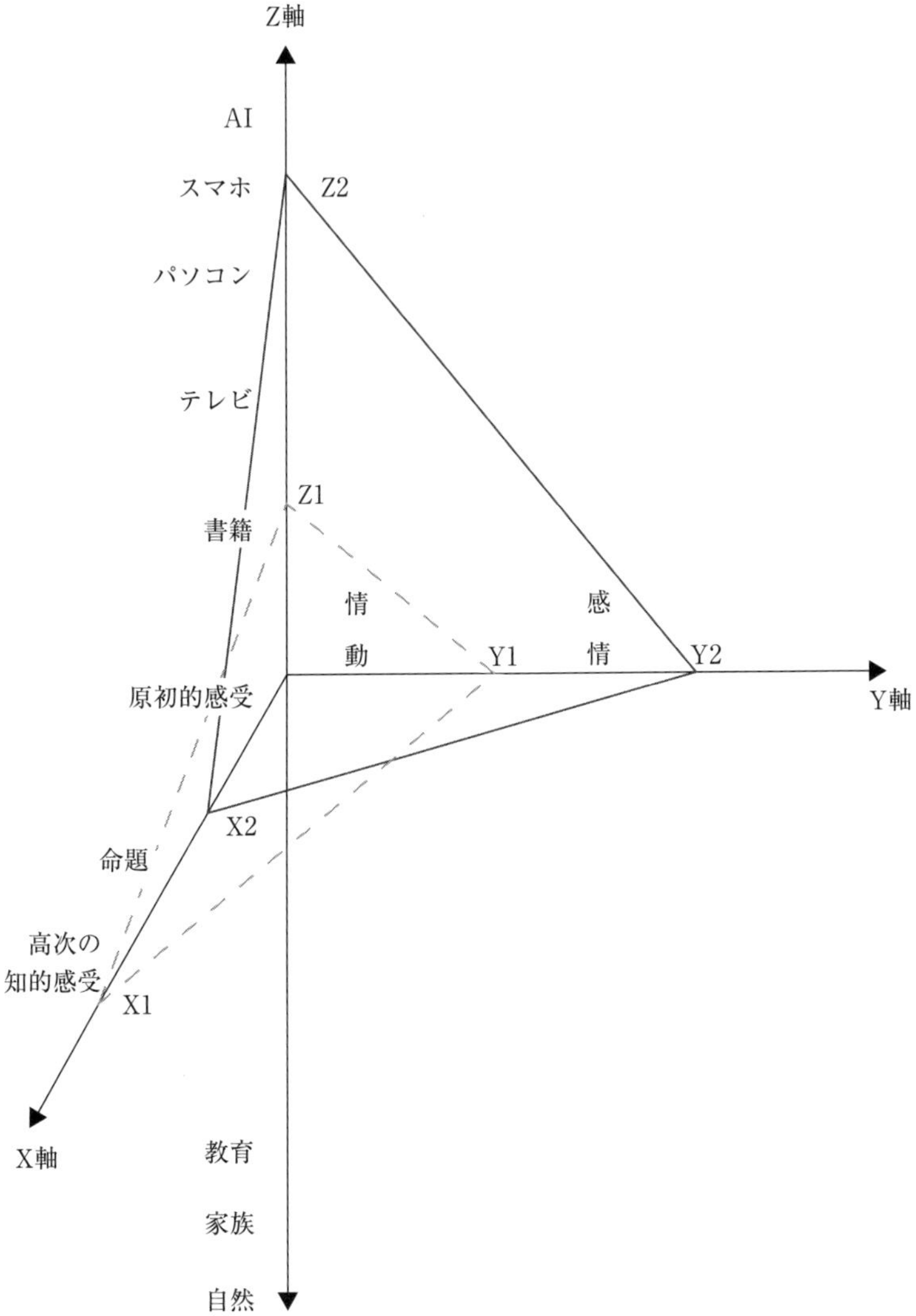

図 7　ポストメディア社会における主観性の生産条件

ることができる。

X軸は「原初的感受」から高次の「知的感受」にいたる生成変化の「過程」を示している。Y軸は「原初的感受」における「内臓的動揺」と呼べるような「律動」と「振動」の「情動的感受」にはじまり、怒りや歓喜へと結晶化するような生成変化の「過程」を示している。これまで論述してきたことから理解できるように、X軸とY軸は切り離されることなく一体のものとしてあり、それぞれが「永続する残余」を内包しながらつねに変化の「過程」にあると考えねばならない。そしてこの二つの軸がつくる平面はドゥルーズとガタリが述べた「平滑平面（Espace Lisse）」として生起するといえるだろう。

Z軸は「主体性の生産の条件」をなす「対象世界の物質・エネルギーの流れ、生命体のエネルギーの流れ、社会的な機構、技術」などから配置された「機械」系を示している。可動的な配置というかぎり、それぞれの要素を線上にプロットすることでは誤解を招きかねないが、あえてこのように図式化し、可能的な配置という動態を以下のような複数の三角形から想像してみることを意図したのがこの図7である（Z軸の下方に記した自然、家族、教育も看過できないが、これらの要素と主観性との現代的かかわりは別途論じる必要があろう）。

すでに現代の「主観性の生産」の条件は、ガタリが繰り返しフロイト派を批判したように「家族」を原基としたフロイト的な抑圧のシステムから、テクノロジーを介した技術環境・メディア環境へとその力点を移動させ、しかもその時々の動的な編成が複数の主観性の生産条件となるような局面に移行しはじめたといえる。X1、Y1、Z1から構成された三角形とX2、Y2、Z2から構成された三角形は微妙なズレを生じさせながらもほぼ同時に成立することもあれば、ゆっくりとした時間の流れのなかで変化し、転位していくこともあるだろう。指摘したいのは、複数の、正確に言えば、無数とも思える、異なる主観性の重なり合いと変化の次元に、現代の主観性の生産のモード＝様態が組織されているということだ。メディア研究は、デジタルメディアが切り開いたこのあらたな存在論的地平で生じている変化の「過程」を精緻に読み解いていくことを要請されているのである。

3

前述した「異なる主観性の重なり合いと変化の次元に、現代の主観性の生産のモード＝様態が組織されている」という事態はけっして現代に特有の事象ではない。第8章で指摘したのはそのことだった。一九世紀の後半、日常の生活世界に、大量の印刷物が溢れ、これまでにない量の情報が飛び交う環境が成立した。しかも私的領域と公的領域が明確な境界線をなしていない「社会的エコロジー」のなかにあって、「ダイヤグラム」を駆使しながら人々が自在に地図を引き直す「平滑空間」が一気につくりだされたのである。

しかし、その後、ブロードキャスティングの制度が作られ、相対的な安定期に入ったと見ることができる。そしていま、ふたたび、「準‐安定」の状況が生起したのだ。しかも、すでに述べたように、ガタリが「特異性」の顕在化と見通した状況へ向かうのではなく、むしろ逆の方向に事態が推移するかたちで、「準‐安定」の状況が生まれている。こうしたなかで、われわれは何を見つめ、どうこの状況に介入していけばよいのだろうか。問いをより鮮明にするなら、いま政治的権力が行使している〈情動的な介入の在り方〉を測定し、日常のなかで対抗的な営みを維持し継続する実践の方法とは何か、という問題に向き合わざるをえないのである。暴力に依拠することなく、激情にそれ以上の激情を立ち向かわせることなく、いかなる実践が可能なのだろうか。

ここでも、われわれはガタリの思考にもう一度立ち返る必要がある。それは、特異性という概念に内包されていた含意を再度抽出することでもある。すでに序章で指摘したことがらだが、特異性とは、個性や独自性といった実体的な、固定したことがらを意味するものではけっしてなかった。

それは、通常、政治的権力が果たそうとする、アイデンティティの境界線を引くことによって差異を強固にし、固定する作用を断固拒否して、項と項との関係がそれぞれの項それ自体を組み替え、生成変化させ、あらたな関係をつねに取り結んでいくような、パフォーマティブな作用を指していた。だから、ガタリは、その実践を、美的なパフォーマンスとして、そして倫理的な——もちろん道徳的ではけっしてない——実践として構想したのである。いま、われわれが照準を合わせるべきは、「微分化＝差異化」された場をより十全に押し広げ、この美的なパフォーマンス、規則的でない振る舞いがいたるところに生起する関係性を組織することだろう。

マッスミは、ガタリの、こうした「ethico-aesthetic-politics＝倫理・美的な政治」の構想に深い共感を寄せながら（Massumi, 2015a, 35）、この「微分化＝差異化」された場ないし空間を、一つの「ことわざ」から説明する。そのことわざとは、walking as controlled falling というものである（Massumi, 2015a, 12）。

彼の説明はこうである。われわれが「歩く」という行為を行うとき、つねに重力という制約条件を被っている。つねにこの条件に制約されながら、「歩く」という行為を実行している。両足で大地を踏みしめている安定状態から、一本の足を上げることで、均衡状態が崩れる。そして足が落ちる運動に身を任せ、前に足を一歩踏み出して、均衡状態を回復する運動が、歩行という運動にほかならない。

それが示唆するのは、制約を避けることではなく、制約とともにプレイすることの重要性である。前述のことわざはそのことを示している、というのである。

ジェンダーという二つの項の対立とその対立を構造化している社会的な重力。人種という項を固定し、項と項の間の対立を激化させる様々な社会的制約と暴力。誰も重力から逃れられないように、誰もこうした様々な制約＝重力から一気に逃れることなどできないとすれば、これらの関係を生き抜くこと、項と項の関係の只中で、項それ自身が変化し、「微分化＝差異化」された場を再構築していくプロセスこそが重要となる。そうマッスミは述べるのである。

そして社会的な重力や社会的な暴力に直面しつつ、生き抜こうとするとき、そこには強い強度の情動が生成するだろう。だからマッスミは「情動とは、われわれ人間の重力の場のようなものであり、自由と呼ばれることがらは、この関係論的な作用のなかで生まれる『動き（flips）』なのである」（Massumi, 2015a, 17-18）と述べるのである。そして、それこそが「状況の開放性（openness of situation）」を押し広げていくのだ、と。

こうした「状況の開放性」を押し広げ、「平滑平面」を拡張していく実践は、対他者との関係に限定されるものではけっしてない。テクノロジーとの関係の相でも同様の事態が想起できる。テクノロジーもまた巨大な重力＝制約条件だからである。

状況の開放性を押し広げ、その開放性の空間のなかで感受する諸経験の〈深度〉を生き抜くことの自由。それは「ハイジャックされた情動」を奪還することでもある。対他者、そして対テクノロジーとの関係のなかでそれがいかに行われ、いかにあらたな集団的生存様式が生まれていくのか。ポストメディア社会の行方と課題はその点にかかっている。

註

序章

（1）「三つのエコロジー」のなかの補注で杉村が指摘するように、ecologie と philosophie を組み合わせたガタリの造語である。その詳細は、『カオスモーズ』やガタリの論文集として刊行された『エコゾフィーとは何か――ガタリが遺したもの』を参照されたい。

（2）「言表行為」に関しては、『闘走機械』のなかの「機械的時代と無意識の問題」、『エコゾフィーとは何か――ガタリが遺したもの』に収録された「機械状無意識と分子革命」に詳しく述べられている。この二つの論考の執筆過程については杉村の指摘を参考にされたい（Guattari, 2013=2014, 179）。

（3）この「機械」の概念もガタリの理論のなかでもっとも重要なコンセプトの一つである。対象世界の物質・エネルギーの流れ、生命体のエネルギーの流れ、社会的な機構、技術、そして非物質的なものなど、生命体から無機物までふくむあらゆる要素の可動的配列を指している。ガタリ自身による明晰な説明が『エコゾフィーとは何か――ガタリが遺したもの』に収録された「〈機械〉という概念をめぐって」でなされている。

（4）ガタリはマスメディアとりわけ支配的な想像界をつくるテレビを批判的にまなざしていたが、その文脈で、この時期にすでにドナルド・トランプに言及していたことを指摘しておこう。ガタリの洞察力にあらためて驚かされる（Guattari, 1989=2008, 31）。

（5）「ポストメディア社会にむけて」のなかで、ガタリは、「テクノロジー的な情報機械や伝達機械は、一般的な集団的装備のひとつとみなすことができる社会機械と同じように、人間の主観性の核心部分で機能する」と述べた後で、「テクノロジーの変化がこのような領域におけるさまざまな社会的実践に結びつくことを通じて、私たちはいまのような抑圧的時代から脱出し、メディアの利用の仕方の再獲得と再特異化によって特徴づけられたポストメディアの時代に入ることがいずれ可能になるでしょう」（Guattari, 1989=2008, 82）と指摘する。そこで具体的に言及したのは、「データ・バンクへのアクセス、ヴィデオテープ・コレクション、メディア主体の相互利用活動など」であった。

（6）ガタリは「情動」を主題化しているわけではない。しかし、「言表作用の集団的な動的編成」を考えるに際して、「この場合、『集団的』ということばは、個人を超えて社会全体にむかうと同時に、人になる以前の方向や、限定的な秩序立った論理よりもむしろ感情（筆者：ここでは感情と訳されているが、言語は affect である）の論理に依存する言語以前的な強度の方向にも広がっている」（Guattari, 1989=2008, 85）と明確に指摘しているように、主観化の機械構成要素を考慮するとき、「情動」の問題系に十分着目していたことは明らかである。だからこそ、ガタリは「言表行為」においても、「意味をもった記号的次元をふくむだけでなく、他方で純言語学的な公理からはずれた、意味をもたない記号的次元をふくみこんで」（Guattari, 1989=2008, 81）考察することの重要性を繰り返し主張したのである。

（7）「微分的＝差異的」な関係という概念については、『差異と反復』（河出文庫）の下巻の一七頁から二八頁を参照。

第1章

（1）この映画についてはすでに阿部（2014）が優れた分析を行っている。

（2）ドゥルーズのコントロール社会（les societes de controle）という概念にはすでに「管理社会」という訳語が付けられているが、北野（2014）や水嶋（2014）の指摘をふまえて「制御社会」という訳語を用いる。本稿では、制御という概念を、本文で述べたように、サイバネティクスの発想を基盤とした対象のコントロールという意味で用いる。

（3）この点について、筆者はラクラウなどの論考を念頭においている（Laclau, 1985）。

（4）一九九〇年代の研究として、たとえば政治的アクターの平等性を進め、社会資本を強めるといったラインゴールド（Rheingold, 1993）の見解や、最近では参加民主主義的な動向とソーシャルメディアとの関係に焦点を当てたアルマ（Allmer, 2015）やローダ（Loader, 2012）の研究を指摘できる。またヴァーチャル・コミュニティに関しては、その特性を比較的早い段階から論じたデランディの研究（Delanty, 2003）がある。国内でも、吉田（2000）に代表されるようなインターネットと公共圏に関する研究が継続され、「きずな」や「関心のコミュニティ」などに着目した一連の研究がある（土橋 2011）（土橋 2015）。筆者もTwitterやLINEさらにFacebookのユーザーの視点から見たメディア特性の違いについて論じた（伊藤 2014）（伊藤 2015a）。Twitterに関しては、入門書ではあるがバランスのとれた社会学的考察を行っているマーシィ（Murthy, 2013）が参考となる。

（5）日本におけるマイナンバー制度が孕む問題については、柴田（2014）がきわめて重要な論点を提示している。今後、「制御とビックデータ」に関する議論や検討が進むと思われるが、ビックデータについての根本的な問題を明快に論じた大黒（2014）はぜひとも参照されるべき論考である。

（6）北野（2014）は、制御という概念とその社会的な機能を、サイバネティクスを基盤とした情報工学、経営・経済領域、政治領域、そして情動、心の制御、脳の制御、という各領域から包括的に整理している。制御問題を考えるうえで土台となる論考といえる。また、身体能力に対するテクノロジーの介入に関するクレーリーの議論は、現代のデジタル技術に特有のものではなく、彼の本来の研究対象である一九世紀の光学的視覚器械から続く歴史的事態の一環でもあることに留意すべきだろう。

（7）この第三の領域におけるアプローチとして、マッスミ（B.Massumi）の他に、カルチュラル・スタディーズからこの領域へ関心を移行したミーガン・モリス（M.Moris）、ローレンス・グロスバーグ（R.Grossberg）が位置づけられていることは興味深い。さらに政治思想の分野からは、アントニオ・ネグリ（A.Negri）、マイケル・ハート（M.Hardt）が位置づけられている。

（8）また第六の領域では、ウィリアムズ（R.Williams）の'structure of feeling'概念や、ファノン（F.Fanon）の'third person consciousness'の概念、さらにベンヤミン（W.Benjamin）の'non-sensualmimesis'の概念が言及され、「言語」や「記号」に解消されない「感情」や「模倣」の問題が取り上げられていることも注目される。

（9）具体的に論及されているのは、本文でも言及したホワイトヘッドの業績である。

（10）治安悪化を口実として、「潜在的犯罪者」や「不法行為予備軍」とラベリングされた人物を「不法逮捕」「不法拘束」するといった事態は、「潜勢の政治と先制の優越」がミクロな場面で様々なかたちで発動されていることを例証しているともいえる。

（11）二〇一六年三月に東大で開催されたシンポジウム（iii Digital Studies Conference2016:Dream and Power in the Digital Age）で、伊藤（2016）は、現在の日本の文脈に即していえば、福島第一原子力発電所の過酷事故、領土問題に起因する東アジア地域における地政学的な危機、二〇二〇年開催の東京オリンピック、という三つの政治的係争点が、「過去」と「未来」の時間を掛け金とした、「情動の政治」過程に関わっていることを論じた（本書第5章を参照されたい）。

（12）筆者の「時間」に関する関心は、マッスミ（2014b）ならびにマッスミ（2015）によって触発された。

（13）ホワイトヘッドは、「過程と実在」の序文で明確に「私は、また、ベルグソン、ウィリアム・ジェイムズ、ジョン・デューイに大いに負うところがある。私の関心事の一つは、彼らのようなタイプの思考を、当否はともあれ、それと結びつけられてきた反主知主義（anti-intellectualism）という告発から救出することであった」として記述している（Whitehead, 1929, vii=1984, xv）。

（14）映画研究では時間の問題はこれまでも本質的な問題として論じられてきたといえよう。デジタルメディア研究において、時間の問題は、たとえば、ニュース報道におけるニュース項目の時間的配置の在り方、あるいは三年から五年単位でいかなる言説が中心として設定され、それがどのような言説に取って代わられるか、その時間的変化が議論や討議の内容のレベルとは別に情動の活性化にどう関わっているのかなどの具体的分析に組み込むこと、さらにユーザーの移動に関わる時間的推移がメディア経験にどう関わるか、といった問題も提起するだろう。あらためてウィリアムズがテレビ番組を「流れ（follow）」として特徴づけた視点を「時間対象」の問題として捉え直していくべきだろう。後者の具体的な研究としてはすでに土橋（2014）による先駆的な研究がある。

第2章

（1）人文社会科学における情動、情動現象に関する注目は、Wetherell,M.（2012）、Gregg,M and Seigworth,G.J.（2010）、伊藤守（2013）、毛利嘉孝（2015）などに示されている。

（2）ホワイトヘッドの哲学については、『普遍代数論』やラッセルとの共著『プリンキピア・マテマティカ』など応用数学や数学基礎論などの分野の研究にみられる初期、次いで『自然認識の諸原理』や『自然という概念』に代表される自然哲学の研究が行われた中期、そして『過程と実在』や『観念の冒険』など形而上学を展開した後期、という三つの時期に分けて一般的に考えられている。森元斎（2015）などを参照されたい。

（3）ベルグソンの「純粋持続」、ジェームズの「純粋経験」そしてホワイトヘッドの哲学を批判的に吸収しながら「一であり多である」という絶対矛盾的自己同一を指摘したのが西田幾多郎であるが、その点は指摘するにとどめておく。ここで補足的にいえば、ホワイトヘッドは「創造性（creativity）」、「多（many）」、「一（one）」は、同義語であり、「多」という名辞は「一」を前提し、「一」という名辞は「多」という名辞を前提すると述べている（Whitehead, 1929, 29=1981, 31）。

（4）桝田・加藤の翻訳では、Affective Factsに「感情」との訳がつけられているが、文脈から判断すれば、「情動」が適訳と考えられる。伊藤邦武訳でも同様に「感情的事実」と訳されている。なお、本論の後半で議論するホワイトヘッドの『過程と実在』では、affectiveという用語は使用されず、emotionという概念が一貫して使用されている。平林訳では、このemotionに対して「情動」という訳語が採用されている。現在の情動研究にしたがえば、ホワイトヘッドのemotionは、その意味からしてaffectという用語を使う方がより適切であったと判断される。その点から本稿では、平林訳の「情動」という訳語をそのまま採用する。

（5）『過程と実在』のなかでジェームズに関する言及はほとんど行われてはおらず、ロック、ヒューム、デカルトとカントに並んでベルグソンへの言及がきわだっている。しかし、私見ではあるが、この書はジェームズの着想と構想を継承するものであると判断する。

（6）ホワイトヘッドの哲学のもっとも基本をなす「抱握」に関して、別の箇所では「個別的現実性のあらゆる度合に適応しうるもっとも具体的な分析の様態を表現するための、デカルトの精神の『思惟』からの普遍化、またロックの『観念』からの普遍化なのである」と述べられている（Whitehead, 1929, 29=1981, 27）。なお、森によれば、ホワイトヘッドによって「抱握」という概念がはじめて用いられたのは『科学と近代世界』（1925）であるという（森 2015, 130）。さらに彼の指摘によれば、「『把握（apprehension）』という語がしばしば注釈者たちが述べるように、その接頭語についているapという語が意識的な意味合いを帯びている」のに対して、「『抱握（prehension）』という語は、把握のapを取り除いた述語で」あって、「事物を認識するさいに、意識的に事物を理解するのではなく、主観的な意味合いを排除して認識すること」を指示すると述べている（森 2015, 166）。重要な指摘である。

（7）別の箇所では、「満足という名辞は、その過程における完成された相であるところの一つの複合的な完全に決定的な感受を意味」しており、「満足の客体的所与においては、いかなる要素も、満足におけるその要素の機能に関する限り、重なり合うことはない」との指摘がなされている。

（8）感受には三つの相があることが指摘される。第一は「順応的（conformal）」な感受の相で、これは「過去がそれによって現在と合成されるところの、ベクトル的移行の土台として、機能する」とされる。第二は本文で論述した「観念的（conceptual）」な感受の相であり、第三は「命題的（propositional）」感受を含んでいる「比較的（comparative）」感受の相である。

（9）合成とは「一つの具体的な感受すなわち満足において現れる」（Whitehead, 1929, 66=1981, 61）と述べられている。なお、山本は合成と移行と呼ばれる二種類の流動性に言及して、「一方の種類は、特殊な存在者の構造に内属する流動性である。その種類を合成と呼んできた。もう一方の種類は、それによって特殊な種類の存在者が完結するやいなや、過程の消滅がその存在者を、過程の反復によって誘発される他の特殊な存在者のうちで原生的要素として構成する流動性である。この種類を移行と呼んできた」というホワイトヘッドの一文を引用して、合成と移行の概念的差異について論じている（山本 2011, 64）。

（10）冒頭部分の「説明の範疇」という項の13で述べられている（Whitehead, 1929, 35=1981, 34）。

（11）ホワイトヘッドは「生成（becoming）」について、以下のように述べる。まず第一に、説明の範疇の第一の項として「現実世界（actual world）は、過程であるということ。そして過程は、現実的存在の生成（becoming）であるということ。したがって現実存在は被造物であり、「現実的生起」と称せられる」（Whitehead, 1929, 33=1981, 31）。次に「現実的存在のためには、二つの記述が要求されるということ、（a）一つは、他の現実的存在の生成において「客体化（objectification）」する可能性についての分析的な記述である。（b）他は、自分自身の生成を構成する過程についての分析的な記述である」(Whitehead, 1929, 33=1981, 31)と。さらに、「現実的存在は自分自身に関して機能することによって、それ自身の自己‐同一性を失わずに、自己‐形成(self-formation)において多様な役割を演ずるということ。それは、自己‐創造的(self-creative)である。そしてその創造の過程においてその役割の多様性を一つの整合的な役割に変形する。こうして生成(becoming)は不整合を整合へと変形することであり、それぞれの特殊な事例においてこの達成とともに終わるのである」(Whitehead, 1929, 34=1981, 37)と。これをふまえて、「生成は新しさへの創造的前進である」(Whitehead, 1929, 42=1981, 41)と指摘する。

(12)ブライアン・マッスミ(Massumi,2005)による「微小知覚」の力能に対してつけられた概念である。ここでは「存在の力」あるいは「存在の権力」と訳出しておこう。

第3章

(1)第1章で述べたように、ドゥルーズによる情動概念は、彼の指摘をそのまま受け止めるならば、affection 情動=affectio + affectus である。affectio は、手が何かに触ったとき、「表面がなめらかな平面だ」「平面で、硬い表面だ」と感受(feeling)する(=それが身体的な痕跡である)ことであり、そこから「机」とか、「テーブル」といった像(=これが観念的な像)が浮かぶプロセスを指している。この物的な感受から観念=像が浮かび上がる過程はホワイトヘッドの「抱握」と「知覚感受」の議論にほぼ重なる過程といえる。それに対して、affectus は、affectio とは異なり、心身の状態の持続的変化といえる。たとえば、美しい音楽を聞くとき、言葉にできない心身の状態になる。背後で物凄い音が聞こえると、それが何の音か知覚する前に、胸に詰まるほどの圧迫感や恐怖感を感じて、さっと身を避けてしまう。その心身の強度をともなった持続的な変容が affectus なのである。そのため、affectus は、一般に情動とか感情という場合の心身の状態に近い意味合いをもっており、ドゥルーズの『スピノザ』の翻訳者は、affect と affectus をともに情動と訳しているると考えられる。ただし、ドゥルーズがあくまで、情動 affection=affectio + affectus と考えていることは確認されるべきだろう。

ただしここで、affectus と、affectio の違いをより明瞭に訳し分けるとするならば、affectio を「情動の一側念をなす、物的感受から観念の像が浮かぶ知覚の過程」、affectus を「情動の一側面をなす、affectio の過程と随伴した心身の持続的変化・変容のプロセス」が妥当ではないか、と考える。いずれにしても、知覚と心身の状態=情動を一体として捉える視点はホワイトヘッドとドゥルーズに共有されていると考えられる。

(2)ドゥルーズは『シネマ』のなかで「運動イマージュ」「時間イマージュ」に関する議論を展開したが、ここで概念化された「運動イマージュ」とは、ある対象の知覚、知覚による情動の発生、知覚と情動に導かれた行動への移行、という一般的な人間の知覚と行動の図式を映像の体制として組織したものであり、一方「時間イマージュ」とはこうした図式が解体し、もはや行動へと移行できない、ただ立ち尽くし、或る対象がただ「赤」として、或る言葉がただ「音」としてのみ知覚感受するしかない状況を映像の体制として組織したものを指示する。

（3） 佐藤の指摘によれば、「たとえば、『サラリーマン』や『ＯＬ』をわれわれは『勤め人』として見ることができるし、『高校生』は『学生』であり、『警察官』は『公務員』である。このように概念的評価によってえられた性質を少しずらし、新たな永遠的客体を感受する概念的感受の様態を概念的転換（conceptual reversion）と言う」と述べて、reversion を「転換」と訳出している。これに対して、「個々の事物の細部を捨象し、それらに共通の性質をもって、一定の事物をまとめる作用」を「変容」というと指摘し、transmution を「変容」と訳している（佐藤 2016, 14）。

（4） 本論文で参照している平林康之訳のみすず書房版では、「真実の知覚的感受」「真実ではない知覚的感受」の訳語が使用されているが、真偽の判定に関する分類であるとの誤解を生じかねないので、ここでは authentic perceptive feeling を「本来の知覚的感受」unauthentic perceptive feeling を「本来的ではない知覚的感受」と訳出する。

（5） 「変形」という「価値づけ」が「思考の中に誤謬を導入しうる」契機を孕むという指摘を、われわれは、ホワイトヘッドが指摘した文脈を超えて、より深く受け止めるべき時代に生きていると思わざるをえない。「メキシコ人が一人の男を殺害した」という命題が、「メキシコからの移民はすべて犯罪者である」という命題へと公然とすり替えられ、受け入れられ、情動を触発し、共感をえる時代だからである。

第４章

（1） 「ミクロ知覚」という概念はマッスミによるものだが、彼は情動＝ミクロ知覚について以下のように指摘する。まず第一は本文でも述べたが「思考の運動」であること、第二に「それが状況に投げ込まれる……状況の圧倒的な力によって」生成すること、第三に「それは活力（vivacity）の感覚によって、より生きているという感覚によって満たされている」という特質である。そうであるが故に、状況の圧倒的な力はけっして「抑圧」として立ち現れるわけではなく、「ある種の自由」として捉えることができるという。さらに重要なのは、これがパースが述べたアブダクション（abduction）と重なっているという指摘である（Massumi, 2015a, 10）。

（2） パースの記号論において、記号と情動の関連については十分議論されてこなかったといえよう。それは、彼の思索のなかでももっとも重要な範疇をなす、第一次性、第二次性、第三次性のなかの第二次性のみが主題化されてきたからである。彼の提唱するプラグマティズムはこの第三次性に立脚して展開されたといえる。この章ならびに第五章では、それに対して、第一次性、第二次性に着目することで、記号と情動の問題にアプローチすることを試みる。

（3）ダニエル・ブーニュはパースの類似記号・指標記号・象徴記号の階層性を重視して、類似から指標へ、さらに象徴へ、という抽象化について論じている。しかしそれは本書の視座から見れば部分的な理解である。

（4）情動の領域は「相互主観性の意味での in-between ではなく、あるいは主観と客観という二項の感覚をすでにもたらされたなかでの intentional なものでもなく、それが調律＝brewing、攪乱＝stirring、という「裸の活動性＝bare activity」でも呼ぶべきもの」なのであり、それはショックと結びついている、とマッスミは述べている（Massumi, 2015a, 53-54）。

（5）怒りに対する反応は、怒り自体の爆発と同様に身体動作を伴うだろう。したがって身体動作をもし行わなかったとしても、それはそのこと自身が或る種の身体動作なのだとマッスミは述べている。そうであるが故に、そこには「状況に巻き込まれているなかでの直接の身体的行動からけっして切り離されることのない、瞬時の情動に対するある種の評価、どう展開するか潜在的な方向と状況の帰結への評価を通じた、身体に生ずる思考が存在する」とマッスミは指摘する。さらに、この思考が「意識的な反省や言語を通じて自身を分節化できる以前に、いまだ顕な感覚と十分に結びついている、身体的感受のなかに表現されている」と指摘し、それを指示する概念として abduction という名称を与えたのがパースなのだ、と述べている（Massumi, 2015, pp9-10）。前記の註（1）も参照されたい。

（6）マッスミはこのことを「このヴァーチャルな三角形のリアリティは、不可視のもの、もっと一般的にいえば知覚不可能なものがいかに出来事を特徴づけるかについて考えさせる」と述べている（Massumi, 2015a, 185）。さらにいえば、「現実に存在しないものは見ることができない、ということはない」という論理を考えるためには、〈論理の関係論的形式〉を考える必要があるとも述べている。

第5章

（1）たとえば『世界』「特集　日中国交回復40年」二〇一二年一〇月号、『世界』「特集「尖閣問題」東アジアの真の平和のために」二〇一二年一一月号、『世界』「特集「領土問題と歴史認識」――対話の道を探る」二〇一二年一二月号、『現代思想』「特集　尖閣・竹島・北方領土――アジアの地図の描き方」を参照。

（2）孫崎の主張のポイントはいくつかあるが、その一つに「1556年、明は胡宗憲を倭寇討伐総督に任命したあと、彼は……釣魚島などを中国福建省海防区域に入れている。また 1893 年西太后は盛宣懐に釣魚島を下賜する詔書を出し」

ており、「中国側は清時代、尖閣諸島を領有しており、『満州、台湾及 湖諸島ノ如キ日本国カ清国人ヨリ盗取シタル一切ノ地域ヲ中華民国ニ変換スルコト』の中に入っているとみなす可能性が高い」（孫崎 2012, 88）ことを挙げている。

（3） 週刊誌のみならず、当時のテレビニュースもまた情動を喚起するような「語り」で番組を構成していたのではないか。伊藤（2015b）では、「報道ステーション」を対象に分析を加えている。

（4） 本文では安倍発言を取り上げているが、「なぜこの時期に」という問いは、何より石原に向けられねばならないだろう。二〇一一年の都知事選挙で再選された石原は、当選後直ちにオリンピック招致の意向を示し、七月二〇日に正式表明を行った。三・一一東日本大震災からわずか四カ月後のことである。

すでに二〇〇五年の段階で石原都政は二〇一六年オリンピック招致を表明したものの世論は盛り上がらず、二〇〇九年にリオデジャネイロ開催が決定した。石原はその二年後にふたたび招致活動を開始したのである。しかし、二〇一一年段階でもそれを後押しする世論の力は弱く、盛り上がりに欠けていたといわざるをえない。それを打開する一つのきっかけとなったのが二〇一二年ロンドンオリンピック後に実行された選手たちの銀座パレードである。

（5） 経済的な困難だけでなく、様々な精神的苦痛を被る状況にあったこと、そして現時点でもそうした問題が解決されていないことについては辻内（2012）を参照されたい。

（6） 公式サイトを参照（https://tokyo2020.jp/jp/get-involved/certification/event/）

（7） ＮＨＫのサイトを参照（http://www.nhk.or.jp/tokyo2020/shibuya/）

（8） 2020東京オリンピック・パラリンピック開催に対する徹底批判として小笠原博毅、山本敦久編『反オリンピック宣言』（航思社）に収録された論考は、この開催に対する論点・問題点を的確に指摘している。

第8章

（1） この移動の社会学を構想するためにアーリが採用する戦略は、序章で述べたように、ドゥルーズとガタリが展開した身体‐機械接合系の議論と近接している。彼によれば、現代の社会関係とはすでにテクノロジー、テクスト、記号、イメージ、物理的環境といった複数の契機が「相互接続」するなかで形成され、再形成され、人間の能力の大部分は、これらの非人間的な構成要素との接続によって現実化されている。したがって、人間と非人間的な要素が接続した結節点に照準しながら、その結節点自体が可動的で、境界を容易に越境することから生成する一連の事態を、重要な社会的事象として、また個人の新たな身体経験としても、記述する方向が目指されねばならない。ドゥルーズとガタリの指摘にしたがうならば、機械と人間の接合の新たな「配置＝配列（assemblage=agencement）」から生成する出来事を記述する新しいスタイルの模索である（Urry, 2000, 26=2006, 36)。

（2）「群衆――一九世紀の文学者たちにこれ以上正当な権利をもって近づいてきた対象はなかった。群衆は読書の習慣をもつようになっていた広汎な層において〈読者〉公衆というかたちで形成されはじめていた」（ベンヤミン1939=1995,435）と、ベンヤミンは「ボードレールにおけるいくつかのモティーフについて」のなかで述べている。また「パリ――十九世紀の首都」の中では、都市を語るアレゴリー詩人のまなざしと遊歩者のまなざしを重ね合わせながら、それが「疎外されたまなざし」であり、「大都市への、そして市民階級への敷居の上にいる」、つまり「そのどちらにもまだ完全には取りこまれてはいない」状況からのまなざしであると指摘した上で、「彼は（遊歩者は）群衆のなかに隠れ家を求める」（ベンヤミン,1935=1995,346）のだという。「群衆とはヴェールであり、見慣れた都市は幻像と化して、このヴェール越しに遊歩者を招き寄せるのである」と。遊歩者にとって群衆とはヴェールであるとのベンヤミンの認識図式をここで詳細に論ずることはできないが、市民階級にはいまだなりえず、市民階級への敷居の「こちら側」にいるのが読者公衆としての群衆であることだけは確認されよう。

　また芳川は、「ベンヤミンが『遊歩者』と『群衆』というタームでそれぞれ示唆したものを、バルザックはすでに『通行者』という一つの言い方で指示していた」と指摘し、バルザックが「遊歩者にも群衆にもなる前の、第一帝政期の都市の通行人の姿」（芳川 1999,41）を描写していたことを詳細に論証している。遊歩者、群衆は、まぎれもなく「通行者」、移動する者の系譜に位置づけられる。詳細な「群衆論」は別途書かれることになるだろう。

（3）ジョルジュ・ルフェーヴルは『革命的群衆』のなかで、駅の周辺とか工場が終わり人がどっと街路や広場に出てくることでできる、諸個人の、自覚されていない一時的な「群衆」を、純粋状態にある「群衆」として、「集合体<agregat>」と規定する一方で、統一的な行動を共にとることを諸個人が自覚した「群衆」を「結集体<rassemblement>」と規定し、この双方の間には中間的な性格の多くの結合形態が存在することを指摘した。それが「半意識的集合体<agregat semi-volontaire>」である。このそれぞれの段階で「心的相互作用」から生成する「集合心性」の働きを重視した。

（4）ル・ボンの群衆論についてはここではふれない。すでにジョルジュ・ルフェーヴルによる的確な批判が加えられているからである。すなわちジョルジュ・ルフェーヴルは、群衆による集合的行動にいちはやく注目した点でル・ボンを評価するが、フランス革命において、指導者に唆された盲目的な「群衆」、無自覚な「暴徒」が登場したとして断罪するル・ボンの視座が、群衆概念を明確にすることもなく、「心的感染」といった曖昧な概念で集合的現象を個人意識のレベルで捉える皮相な議論にすぎないとして批判を加えた。

　他方で、「心的相互作用」や「集合心性」の働きを重視するこうしたジョルジュ・ルフェーヴルの視点が、革命期の民衆の行動を共通の感情や理性的な判断にもとづく自覚的な連合として捉える主知主義的・理性主義的議論をも批判するものであったことを看過してはならない。

（5）　本文で指摘した、ポストフォーディズムの経済体制の下で成立したグローバル権力とその内部から生み出された労働主体をマルチチュードと概念化したのは、いうまでもなく、ネグリとハートである。マルチチュードが、多様な、特異性をもつ、未組織の労働主体であるのは、水嶋が的確に指摘したように、マルチチュードが、一方では工業労働者のみを対象とした、すなわち既存の労働組合や政党組織によって組織され、社会保障といった制度に包摂された狭義の意味での「労働者階級」からも、さらに他方では賃労働者を念頭に置いた広義の意味での「労働者階級」からも区別される、社会的主体を指しているからである。

（6）「帝国」というネットワーク状の権力に対抗する特異な集合的主体としてネグリとハートが規定するマルチチュードをモバイルメディアというテクノロジーと接合された主体と見なすことは可能であり、かつ必要なことである。日本社会における雇用形態別雇用者数の推移を見る限り（総務省統計局ホームページ「長期時系列データ」参照）、正規の職員・従業員の低下（二〇〇九年三五〇〇万人）とパート・派遣・契約社員などの増加（同年二〇〇〇万人弱）傾向という実態を考慮すれば、「モバイルメディアを携帯した」「路上や街角ですれ違う」多くの「群衆」が、賃金差別や雇用保険への加入すら拒否された〈社会の諸制度から弾き飛ばされた／諸制度を食い破る存在〉であると想定することは否定できない実体的な根拠をもちえている。

（7）「モバイルメディアを手にするマルチチュード」と規定したいという思いもあるが、もちろんこうした規定はネグリやハート自身のマルチチュードの規定から逸脱したものとして強い批判に晒されるだろう。ネグリとハートによれば、「マルチチュードは一群の特異性からなる」主体であり、差異を排除した統一性を象徴する〈人民〉とは対照をなしている。また他方では、「マルチチュードは多種多様なものであるとはいえ、バラバラに断片化した、アナーキーなものではない。その意味でマルチチュードの概念は、群衆や大衆や乱衆といった複数の集合体を指示する他の一連の概念とも対比されなければならない」（ネグリ・ハート 2004=2005,172）と明確に指摘しているからである。「（群衆や大衆や乱衆といった）これらの主体は、自分自身では行動できず、誰かに導いてもらわなければならないという意味で、根本的に受動的な存在なのである。……他方のマルチチュードは、特異性同士が共有するものにもとづいて行動する、能動的な社会的主体である」と。グローバル権力に対抗するマルチチュードと、現代の日本社会に生成した未組織の周辺化された、そしてモバイルメディアを携帯する労働者を実体として重ね合わせてみることは可能だが、その政治意識の違いを考慮すれば、単純に同一視することはできない。未組織の周辺化された、そしてモバイルメディアを携帯する労働者がマルチチュードへと現勢化していくのか、それともまったく別のベクトルの方向へ向かうのか、その両義性を照射するコンセプトが必要なのだ。

（8） 語源と語義を示す事例の豊富さで有名な『オックスフォード英語辞典』（OED）によれば、<audience>は元々ラテン語の<audienia><audient>に由来する古フランス語を起源としている。<audienia><audient>とは、いうまでもなく〈音〉や〈声〉に耳を傾け、聴くことを指している。それは、第一義的には「聴くこと、話されたことに注意を振り向けること」を意味し、「法廷における聴く行為」、「君主あるいは政府の構成メンバーに対する聴取」、「身を入れて聴く個人」という多義的な意味を内包している。これらの意味の上に、「本や新聞の読者」「演劇やテレビ番組の観客や視聴者」という今日私たちが一般的にイメージする<audience>概念が成立している。

この語の由来から浮かび上がる重要な論点は、<audience>という概念が、その根本のところで、一心に耳を傾け、その声や音に注意を振り向ける、〈聴きとる〉〈聞き入る〉という特異な行為様式をその概念の根底に内包していることだ。つまり、それは漫然とした状態で音や声が聞こえるといった状態や様態を指しているわけではない。

さらにいえば、聴くという行為は、対面状況にあるパーソナル・コミュニケーションのみを指しているわけではない。すでにマクルーハン（Marshall McLuhan）が詳細に論じたように、西欧社会において、本は声を出して読まれるべきものであり、かつ写本という書く行為においてすら声を出して読むという行為を伴っていた。〈聴きとる〉とはそれ故に対話のみを指すわけではなく、書物を書く、書物を読む、ということとも深く関わっている。では、書物と声との強い結び付き、その背景には何があったのか。

キリスト教初期の教父時代、および、中世紀における音読に関する考察を行ったドム・ジャン・ルクレールの「学問愛と神への憧れ」からマクルーハンは以下の文章を引用する。彼の著作のなかで、もっとも重要な論点の一つをなす箇所である。「もしいかに読むかを知ることが必要になるとすれば、それはまず何よりも、〈聖典の朗読 lectio divina〉に参加できるようになるためのものであった。この営みは何から成り立っているのであろうか。どのように読みはなされるのか。これを理解するためには、〈legere 読む〉および〈medirari 瞑想する〉という二つの語が聖ベネディクトにとってもっていた意味、そして全中世期を通じてもち続けていた意味を想起する必要がある。これら二つの語が表現していたものを理解して初めて、中世修道院文学の特徴的な性格のひとつが明らかにされるであろう。……略……中世においては古代におけると同様、ひとびとは今日の読書家とはちがって主として眼では読まず、口唇と耳で読んだのである。彼等は見たものを発音し、それを耳で聴く。その結果、頁を読むことは「頁の声」を聴く、ということになる。それはまさに聴覚的読書であった。つまり〈legere 読む〉は同時に〈audire 聴く〉をも意味していたのである」

(McLuhan,1962=1986,140)。
　この引用に続いて、マクルーハンは、音読という読書行為と密接に結びついた、聴くという行為が、いかに瞑想、祈り、学び、記憶、といった中世的な理念体系の中心に位置していたことを指し示すために、次の文章も記述している。「これはたんに書かれた語の視覚的記憶をもたらすだけにとどまらない。発音された語の筋肉感覚的記憶および耳にした語の聴覚的記憶がそこから生じるのだ。〈meditatio 瞑想〉とは全身全霊をいまのべた意味での記憶術に捧げることである。したがって、〈meditatio 瞑想〉は〈lectio 朗読〉と表裏一体なのだ。それはいわば肉体と精神に聖なるテキストを銘記する営みである」(McLuhan,1962=1986,141)。

　マクルーハンが注視したルクレールの引用文から理解されるのは、繰り返すことになるが、読む<legere>ことが同時に聴く<audire>ことを意味しており、この〈読む〉と〈聴く〉の一体性が、〈読む〉こと、そして〈瞑想〉すること、この両者の表裏一体性を生み出していたことである。そして、〈読む〉と〈聴く〉の、この一体性こそが、「肉体と精神に聖なるテクストを銘記する営み」であったということだ。聴き取られるべき声にこそ〈真理〉が宿る、とする西欧社会に歴史的に脈々と流れてきた思想的水脈である。言い換えれば、そこにあるのは、単一のテクスト――聖なるテクスト、聖書――から発する単一の声に、身を入れて聴き入ることから真理が開示する、という構図である。

　こうした<audience>概念に累積する歴史的厚みを対象化することなく、「オーディエンス」という概念を用いてきたこと自体が問われるべきことがらなのだろう。

(9)　もちろん、「送り手」「受け手」という二項から組織されたコミュニケーション・モデルや<audience>という概念を再考する試みがなかったわけではない。たとえば、ジョン・ハートレイ(John Hartley)は「不可視のフィクション」と題された論考において、コミュニケーション研究の中で自明視されてきた<audience>とは、学者やジャーナリストなど批判的な知識人が語る言説、放送局や視聴率調査会社などテレビ産業が語る言説、あるいは政治的・法的システムが提示する言説など、さまざまな諸制度がその時々の利害関心にもとづいて描いた、いわばフィクションとしての「オーディエンス像」にすぎないと指摘した(Hartley,1987)。彼は、<audience>を実体的なものとして考える従来の視点を批判したのである。またイエン・アング(Ien Ang)も、視聴率計測の対象として、あるいはメディア研究者によるヒアリング調査の対象者として位置付けられてきた<audience>とは、経済上の、あるいは研究上の、それぞれの関係者(の諸制度)の利害関心の下で捉えられた像にすぎないのであり、オーディエンス研究とはけっして政治的にも学問的にも中立的なものではないことを指摘した(Ang,1991)。その上で、彼女は、<audience>に関する言説を、特定の文化的・政治的な文脈に規定された問いかけ=視座から構築された一つの像にすぎないものとして批判的に読み解きつつ、(自身のアプローチすらその規定性を免れないことを自覚しながら）<audience>の多様な側面を明らかにすることに大きな意義を認めたのだった。

メディア研究内部からの、ハートレイやアングに代表される指摘は、<audience>として捉える既存の枠組みが前提としてきた歴史社会的な文脈を対象化する、貴重な論点の提示であったといえる。しかし、ハートレイやアンが指摘したことがらよりも、より広がりをもつ歴史的な視点から、<audience>概念が内包する前提が問い直されるべきだったといえる。

参考文献

序章

Guattari, F.(1989) *Les trois écologie*, Galilée.（=2008, 杉村昌昭訳『三つのエコロジー』平凡社）

Guattari, F.(1986) *Les années d'hiver*, Bernard Barrault.（=1995, 杉村昌昭監訳『闘走機械』松籟社）

Guattari, F.(2013) *Qu'est-ce que l'Écosophie?:1980-1985*, Textes agencés présentés et par Stéphane Nadaud, Ligne/Imec.（=2014, 杉村昌昭訳『エコゾフィーとは何か——ガタリが遺したもの』青土社）

Deleuze, G. (1988) *Le Pli : Leibniz et le baroque*, Les Editions de Minuit.（=1998, 宇野邦一訳『襞——ライプニッツとバロック』河出書房新社）

Deleuze, G.(1968) *Différence et Répétition*, Presses Universitaires de France.（=1992, 財津理訳『差異と反復』河出書房新社）ならびに財津理訳『差異と反復』上下、河出文庫も参照。

第1章

阿部潔 (2014)『監視デフォルト社会——映画テクストで考える』青弓社

Allmer,T.(2015)Critical *Theory and Social Media: Between Emancipation and Commodification*, Routledge.

Arent,H.(1958=1994) *The Human Condition*, University of Chicago Press.（志水速雄訳『人間の条件』ちくま学芸文庫）

Baudrillard,J.(1970) *La Société De Consommation*, PLANETE.（=1979, 今村仁司・塚原史訳『消費社会の神話と構造』紀伊国屋書店）

Clough, P. T. and Halley, J. (2007) *The Affective Turn: Theorizing the Social*, Duke University Press.

Couldry,N.(2012) *Media, Society, World: Social Theory and Digital Media Practice*, Polity.

Crary, J.(1992) Techniques of the Observer: On Vision and Modernity in the Nineteenth Century, The MIT Press.（=1997, 遠藤知巳訳『観察者の系譜——視覚空間の変容とモダニティ』十月社）

Crary,J.(2001) *Suspensions of Perception: Attention, Spectacle and Modern Culture*, Thr MIT Press.

Crary,J.(2014) *24/7: Late Capitalism and the Ends of Sleep*, Verso.（=2015, 岡田温司監訳・石谷治寛訳『24/7——眠らない社会』NTT出版）

Dahlberg,L.(2011) Re-constructing digital democracy: an outline of four 'positions', *New Media & Society*13(6)855-872.
Damasio,A.R.(1999)*The Feeling of What Happens: Body and Emotion in the Making of Consciousness*, Harcourt, Brace and Company.
Dean, J.(2009)*Democracy and Other Neoliberal Fantasies : Communicative Capitalism and Left Politics,* Duke University Press.
Dean, J.(2010)*Blog Theory : Feedback and Capture in the Circuits of Drive,* Polity.
Delanty,G.(2003)*Community*, Routledge.（=2006, 山之内靖・伊藤茂訳『コミュニティ――グローバル化と社会理論の変容』NTT出版）
Deleuze,G. (1981) *Spinoza: Philosophie pratique,* Editions de Minuit.（=1994, 鈴木雅大訳『スピノザ――実践の哲学』平凡社）
Deleuze,G. (1990)*Pourparlers*:1972-1990, Les Editions de Minuit. =*Negotiations,* 1972-1990 translated by Martin Joughin, Columbia University Press, 1995（=2007, 宮林寛訳『記号と事件――1972-1990年の対話』河出文庫）
土橋臣吾 (2015)「断片化するニュース経験――ウェブ／モバイル的なニュースの存在様式とその受容」伊藤守・岡井崇之編『ニュース空間の社会学――不安と危機をめぐる現代メディア論』世界思想社
土橋臣吾・南田勝也・辻泉編 (2011)『デジタルメディアの社会学――問題を発見し、可能性を探る』北樹出版
Gregg,M. and Seigworth,G. J. (2010)The Affect Theory Reader, Duke University Press.
Hall,S.(1980), 'Encoding/Decoding' in S.Hall, D.Hobson, A.Lowe and P.Willis(eds) *Culture, Media, Language*. Hutchinson.
Hardt, M. & Negri, A. (2000) *Empire*, Harvard University Press.（=2003, 水嶋一憲・酒井隆史・浜邦彦・吉田俊実訳『〈帝国〉――グローバル化の世界秩序とマルチチュードの可能性』以文社）
樋口直人 (2014)『日本型排外主義――在特会・外国人参政権・東アジア地政学』名古屋大学出版会
伊藤守 (2013)『情動の権力――メディアと共振する身体』せりか書房
伊藤守・毛利嘉孝編 (2014)『アフター・テレビジョン・スタディーズ』せりか書房
伊藤守 (2014)「社会の地すべり的な転位――コミュニケーション地平の変容と政治的情動」『現代思想』二〇一四年一二月号
伊藤守 (2015a)「地すべりするコミュニケーション」『談』No.103.
伊藤守 (2015b)「ニュース環境の変化と「不安」の構築」伊藤守・岡井崇之編『ニュース空間の社会学――不安と危機をめぐる現代メディア論』世界思想社
伊藤守 (2016)*Affective Politics in the Communication process in Japan*(working paper), in iii digital studies conference 2016,Dream and Power in the Digital Age.

James, W.(1912,1976) *Essays in Radical Empiricism*, Harvard University Press.（=1998, 桝田啓三郎・加藤茂訳『根本的経験論』白水社）
北野圭介 (2014)『制御と社会――欲望と権力のテクノロジー』人文書院
Laclau,E and Mouffe,C.(1985) *Hegemony and Socialist Strategy: Toward a Radical Democratic Politics*, Verso.（=2012, 西永亮・千葉眞訳『民主主義の革命――ヘゲモニーとポスト・マルクス主義』ちくま学芸文庫）
Loader,B.D. and Mercea,D.(2012)*Social Media and Democracy: Innovations in Participatory Politics*, Routledge.
Lyon,D.(2003)*Surveillance as Social Sorting: Privacy, Risk, and Digital Discrimination*, Routledge.
Lyon,D.(2007)*Surveillance Studies: An Overview*, Polity.（=2011, 田島泰彦・小笠原みどり訳『監視スタディーズ――「見ること」「見られること」の社会理論』岩波書店）
Massey,D.(2005=2014)*For Space*, SAGE.（森正人・伊澤高志訳『空間のために』月曜社）
Massumi,B.(2005)'Fear (The Spectrum Said)' in *Position*, Volume 13, No1, pp-31-48.（=2014, 伊藤守訳「恐れ（スペクトルは語る）」伊藤守・毛利嘉孝編『アフター・テレビジョン・スタディーズ』せりか書房）
Massumi,B.(2007) Potential Politics and the Primacy of Preemption.（長原豊訳「潜勢の政治と先制の優越」『現代思想』二〇〇七年二月号）
Massumi,B.(2012)*Parables for the Virtual: Movement, Affect, Sensation*, Duke University Press.
Massumi,B.(2015a) *Politics of Affect*, Polity.
Massumi,B.(2015b)*The Power at the End of the Economy*, Duke University Press.
Massumi,B.(2015c) *Ontopower: War, Powers and the State of Perception*, Duke University Press.
Morley,D. and Robins,K.(1995)*Spaees of Identity: Global Media, Electronic Landscapes and Cultural Bcundaries*, Routledge.
Murthy.D.(2012) *Twitter: Social Communication in the Twitter Age*, Polity.
見田宗介 (1996)『現代社会の理論――情報化・消費化社会の現在と未来』岩波新書
水嶋一憲 (2014)「ネットワーク文化の政治経済学」伊藤守・毛利嘉孝編『アフター・テレビジョン・スタディーズ』せりか書房
Norris,P.(2001)*Digital Divide: Civic Engagement, Information Poverty, and the Internet Worldwide*, Cambridge University Press.
大黒岳彦 (2014)「ビッグデータの社会哲学的位相」『現代思想』二〇一四年六月号
大山真司 (2014)「ニュー・カルチュラル・スタディーズ2――情動論的転回？」『5 Designing Media Ecology』NO.2

Rheingold,H.(1993) *The Virtual Community: Homesteading on the Electronic Frontier*, The MIT Press.（=1995, 会津泉訳『バーチャル・コミュニティ――コンピュータ・ネットワークが創る新しい社会』三田出版会）
柴田邦臣 (2014)「生かさない〈生‐政治〉の誕生――ビッグデータと「生存資源」の分配問題」『現代思想』二〇一四年六月号
Silverstone,R.(1994) *Television and Everyday Life*, Routledge.
Sunstein,C.(2001) *Republic com*, Princeton University Press.（=2003, 石川幸憲訳『インターネットは民主主義の敵か』毎日新聞社）
田中幹人・標葉隆馬・丸山紀一朗 (2012)『災害弱者と情報弱者――3・11後、何が見過ごされたのか』筑摩書房
辻大介 (2009)「研究室からのメディア・リポート　調査データから探る「ネット右翼」の実態」『Journalism』二〇〇九年三月号
内田隆三 (1987)『消費社会と権力』岩波書店
Wetherell,M.(2012) *Affect and Emotion: A New Social Science Understanding*, Sage.
Whitehead, A.N. (1929) *Process and Reality: An Essay in Cosmology*, Macmillan Pubishing.（=1984, 山本誠作訳『ホワイトヘッド著作集第10巻　過程と実在（上）』松籟社）
Whitehead, A.N. (1929) *Process and Reality: An Essay in Cosmology*, Macmillan Publishing.（=1985, 山本誠作訳『ホワイトヘッド著作集第11巻　過程と実在（下）』松籟社）
Whitehead, A.N. (1938, 1966) *Mode of Thought*, Macmillan Publishing.（=1980, 藤川吉美・伊藤重行訳『ホワイトヘッド著作集第13巻　思考の諸様態』松籟社）
吉田純 (2000)『インターネット空間の社会学――情報ネットワーク社会と公共圏』世界思想社

第2章

Gregg, M and Seigworth, G.J.(2010) *The Affect Thoery Reader*, Duke University Press.
伊藤守 (2013)『情動の権力――メディアと共振する身体』せりか書房
伊藤守 (2016)「デジタルメディア時代における言論空間――理論的探求の対象としての制御、情動、時間」『マス・コミュニケーション研究』八九号
James, W.(1912) *Essays in Radical Empiricism*, Longmans, Green and Co. New York.（=1984, 桝田啓三郎・加藤茂訳『根本的経験論』

白水社）＊併せて伊藤邦武編訳『純粋経験の哲学』岩波文庫も参照した。
Massumi, B.(2012)*Parables for the Virtual: Movement, Affect, Sensation*, Duke University Press.
Massumi, B.(2015a)*Politics of Affect*, Polity.
Massumi, B.(2015b)*The Power at the End of the Economy*, Duke University Press.
Massumi, B.(2015c)*Ontopower: War, Powers, and the State of Perception*, Duke University Press.
森元斎（2015）『具体性の哲学――ホワイトヘッドの知恵・生命・社会への思考』以文社
毛利嘉孝（2015）「ポストメディア時代における文化政治学へ向けて」石田英敬・吉見俊哉・マイク・フェザーストーン編『デジタル・スタディーズ第3巻　メディア都市』東京大学出版会
佐藤陽祐（2016）「A・N・ホワイトヘッドの哲学における『命題』概念の研究――知覚論への『命題』概念の適用について」中央大学博士論文（中央大学学術リポジトリ）
Shaviro,S.(2014)*The Universe of Things: On Speculative Realism*, University of Minnesota Press.（=2016, 上野俊哉訳『モノたちの宇宙――思弁的実在論とは何か』河出書房新社）
清水高志（2015）「鍵束と宇宙――W・ジェイムズのオントロジー」『現代思想』二〇一五年七月号
Wetherell, M.(2012)*Affect and Emotion: A New Social Science Understanding*, Sage.
Whitehead, A.N. (1929)*Process and Reality: An Essay in Cosmology*, Macmillan Publishing.（=1981, 平林康之訳『過程と実在――コスモロジーへの試論（1）』一九七八年校訂版、みすず書房）
Whitehead, A.N.(1929)*Process and Reality: An Essay in Cosmology*, Macmillan Publishing.（=1983, 平林康之訳『過程と実在――コスモロジーへの試論（2）』一九七八年校訂版、みすず書房）
Whitehead, A.N.(1938, 1966)*Mode of Thought*, Macmillan Publishing.（=1980, 藤川吉美・伊藤重行訳『ホワイトヘッド著作集第13巻　思考の諸様態』松籟社）
山本誠作（2011）『ホワイトヘッド『過程と実在』――生命の躍動的前進を描く「有機体の哲学」』晃洋書房
吉田幸司（2015）「非分析哲学としてのホワイトヘッド『有機体の哲学』」東京大学哲学研究室『論集』三四号

第3章

Deleuze, G. (1981) *Spinoza: Philosophie pratique*, Editions de Minuit.（=1994, 鈴木雅大訳『スピノザ――実践の哲学』平凡社）
Deleuze, G. (1983) *L'image-mourement. CINÉMA 1*, Les Éditions de Minuit.（=2008, 財津理・齋藤範訳『シネマ1　＊運動イメー

ジ』法政大学出版局）
Deleuze, G. (1983) *L'Image-temps. CINÉMA 2*, Les Éditions de Minuit.（=2006, 宇野邦一・石原陽一郎・江澤健一郎・大野理志・岡村民夫訳『シネマ２　＊時間イメージ』法政大学出版局）
Deleuze, G. (1990)*Pourparlers:1972-1990*, Les Editions de Minuit. =*Negotiations/, 1972-1990* translated by Martin Joughin, Columbia University Press, 1995.（=2007, 宮林寛訳『記号と事件――1972-1990 年の対話』河出文庫）
Gregg, M and Seigworth, G.J.(2010)*The Affect Thoery Reader*, Duke University Press.
Massumi, B.(2012)*Parables for the Virtual: Movement, Affect, Sensation*, Duke University Press.
Massumi, B.(2015a)*Politics of Affect*, Polity.
Massumi, B.(2015b)*The Power at the End of the Economy,* Duke University Press.
Massumi, B.(2015c)*Ontopower: War, Powers, and the State of Perception,* Duke University Press.
佐藤陽祐 (2016)「Ａ・Ｎ・ホワイトヘッドの哲学における「命題」概念の研究――知覚論への「命題」概念の適用について」中央大学博士論文（中央大学学術リポジトリ）
Wetherell, M.(2012)*Affect and Emotion: A New Social Science Understanding*, Sage.
Whitehead, A.N.(1929)*Process and Reality: An Essay in Cosmology,* Macmillan Publishing.（=1981, 平林康之訳『過程と実在――コスモロジーへの試論（１）』一九七八年校訂版、みすず書房）
Whitehead, A.N.(1929)*Process and Reality: An Essay in Cosmology*, Macmillan Publishing.（=1983, 平林康之訳『過程と実在――コスモロジーへの試論（２）』一九七八年校訂版、みすず書房）
Whitehead, A.N.(1938, 1966)*Mode of Thought,* Macmillan Publishing.（=1980, 藤川吉美・伊藤重行訳『ホワイトヘッド著作集第13巻　思考の諸様態』松籟社）

第４章

有馬道子 (2014)『改訂版　パースの思想――記号と認知言語学』岩波書店
Bougnoux,D.(1998=2010)*Introduction aux sciences de la Communication*, Éditions La Découverte.（水島久光監訳・西兼志訳『コミュニケーション学講義――メディオロジーから情報社会へ』書籍工房早山）
Deleuze, G. (1981) *Spinoza: Philosophie pratique*, Editions de Minuit.（=1994, 鈴木雅大訳『スピノザ――実践の哲学』平凡社）
Deleuze, G. (1990)*Pourparlers:1972-1990*, Les Editions de Minuit. =*Negotiations, 1972-1990* translated by Martin Joughin, Columbia

University Press, 1995（=2007, 宮林寛訳『記号と事件——1972-1990 の対話』河出文庫）
Deleuze, G. (1983) *L'Image-mouvement. CINÉMA 1*, Les Éditions deMinuit.（=2008, 財津理・齋藤範訳『シネマ1　*運動イメージ』法政大学出版局）
Deleuze, G. (1983) *L'Image-temps. CINÉMA 2*, Les Éditions deMinuit.（=2006, 宇野邦一・石原陽一郎・江澤健一郎・大野理志・岡村民夫訳『シネマ2　*時間イメージ』法政大学出版局）
Massumi, B. (2012) *Parables for the Virtual: Movement, Affect, Sensation*, Duke University Press.
Massumi, B.(2015a) *Politics of Affect*, Polity.
Massumi, B.(2015b) *The Power at the End of the Economy*, Duke University Press.
Massumi, B.(2015c) *Ontopower: War, Powers, and the State of Perception*, Duke University Press.
Gregg, M and Seigworth, G.J.(2010) The Affect Thoery Reader, Duke University Press.
Peirce, C.S.（原著 1935 および 1958）（=1986, 内田種臣編訳『パース著作集2　記号学』勁草書房）
Peirce, C.S.（原著 1935 および 1958）（=1986, 遠藤弘編訳『パース著作集3　形而上学』勁草書房）
Wetherell, M.(2012) *Affect and Emotion: A New Social Science Understanding*, Sage.
Whitehead, A.N. (1929)*Process and Reality: An Essay in Cosmology*, Macmillan Publishing.（=1981, 平林康之訳『過程と実在——コスモロジーへの試論（1）』一九七八年校訂版、みすず書房）
Whitehead, A.N. (1929)*Process and Reality: An Essay in Cosmology*, Macmillan Publishing.（=1983, 平林康之訳『過程と実在——コスモロジーへの試論（2）』一九七八年校訂版、みすず書房）
Whitehead, A.N. (1938, 1966)*Mode of Thought*, Macmillan Publishing.（=1980, 藤川吉美・伊藤重行訳『ホワイトヘッド著作集第13巻　思考の諸様態』松籟社）
米盛裕二(1981)『パースの記号学』勁草書房

第5章

伊藤守（2015a）「ニュース環境の変化と『不安』の構築」伊藤守・岡井崇之編『ニュース空間の社会学——不安と危機をめぐる現代メディア論』世界思想社
伊藤守（2015b）「政治を語るテレビニュースのことばと身体」伊藤守・岡井崇之編『ニュース空間の社会学——不安と危機をめぐる現代メディア論』世界思想社

伊藤守・岡井崇之編（2015）『ニュース空間の社会学――不安と危機をめぐる現代メディア論』世界思想社
七沢潔（2015）「操作された『記憶の半減期』――フクシマ報道の4年間を考察する」『サステナビリティ研究』vol.5 法政大学サステナビリティ研究所
七沢潔（2016）『テレビと原発報道の60年』彩流社
小笠原博毅・山本敦久編（2016）『反東京オリンピック宣言』航思社
Peirce, C.S.（原著 1935 および 1958=1986）内田種臣編訳『パース著作集2　記号学』勁草書房
Peirce, C.S.（原著 1935 および 1958=1986）遠藤弘訳『パース著作集3　形而上学』勁草書房
孫崎享（2012）「尖閣問題　日本の誤解」『世界』二〇一二年一一月号
田畑光永（2012）「『領有権問題』をめぐる歴史的事実――平和的解決のための糸口はどこにあるのか」『世界』二〇一二年一二月号
多和田葉子（2014）『献灯使』講談社
豊下楢彦（2012）「『領土問題』の戦略的解決と日本外交の『第三の道』を求めて」『現代思想』二〇一二年一二月号
辻内琢也（2012）「原発事故避難者の深い精神的苦痛――緊急に求められる社会的ケア」『世界』二〇一二年一〇月号
塚原東吾（2016）「災害資本主義の只中での忘却への圧力――非常事態政治と平常性バイアス」『反東京オリンピック宣言』航思社
鵜飼哲（2016）「イメージとフレーム――五輪ファシズムを迎え撃つために」『反東京オリンピック宣言』航思社
Wetherell, M.(2012) *Affect and Emotion: A New Social Science Understanding*, Sage.
Whitehead, A.N. (1929)*Process and Reality: An Essay in Cosmology*, The Macmillan Company.（=1981, 平林康之訳『過程と実在――コスモロジーへの試論（1）』一九七八年校訂版、みすず書房）
Whitehead, A.N. (1929)*Process and Reality: An Essay in Cosmology*, The Macmillan Company.（=1983, 平林康之訳『過程と実在――コスモロジーへの試論（2）』一九七八年校訂版、みすず書房）
Whitehead, A.N. (1938, 1966)*Mode of Thought*, Macmillan Publishing.（=1980, 藤川吉美・伊藤重行訳『ホワイトヘッド著作集第13巻　思考の諸様態』松籟社）
米盛裕二（1981）『パースの記号学』勁草書房
『文藝春秋』二〇一二年一一月号
『週刊文春』二〇一二年九月二〇日号、二〇一二年一〇月一一日号、二〇一二年一〇月一八日号

『週刊新潮』二〇一二年九月二七日号

第6章

伊藤守（2013）『情動の権力——共振する身体』せりか書房
伊藤守（2014）「オーディエンス概念からの離陸——群衆からマルチチュードへ、移動経験の理論に向けて」伊藤守・毛利嘉孝編『アフター・テレビジョン・スタディーズ』せりか書房
北野圭介（2014）『制御と社会——欲望と権力のテクノロジー』人文書院
Merleau-Ponty, M., (1969) *LA PROSE DU MONDE*,（=1979, 滝浦静雄・木田元訳「間接的言語」『世界の散文』みすず書房）
水嶋一憲（2014）「ネットワーク文化の政治経済学——ポストメディア時代における〈共〉のエコロジーに向けて」伊藤守・毛利嘉孝編『アフター・テレビジョン・スタディーズ』せりか書房
佐藤健二（2012）『ケータイ化する日本語——モバイル時代の〝感じる〟〝伝える〟〝考える〟』大修館書店
Tarde, J-G. (1895) Monadologie et Sociologie in Essais et Melanges Sociologiques, Lyon-Paris, Storck et Masson.（=2008, 村澤真保呂・信友健志訳「社会法則」『社会法則／モナド論と社会学』河出書房新社

第7章

Allport, G. W.&Postman, L. (1947) *The Psychology of Rumor*, Russell&Russell.（=2008, 南博訳『デマの心理学』岩波書店）
Bateson, G. (1972) *Steps to Ecology of Mind*.（=2000, 佐藤良明訳『改訂第2版　精神の生態学』新思索社）
Dean, J. (2009) *Democracy and Other Neoliberal Fantasies :Communicative Capitalism and Left Politics* Duke University Press.
Dean, J. (2010) Blog *Theory : Feedback and Capture in the Cirtuits of Drive*, Polity.
Habermas, J. (1981) *Theorie des Kommunikativen Handelns Band1&Band2*, Suhrkamp.（=1985, 河上倫逸ほか訳『コミュニケイション的行為の理論（上）』未来社、=1986, 藤沢賢一郎ほか訳『コミュニケイション的行為の理論（中）』未来社、=1987, 丸山高司ほか訳『コミュニケイション的行為の理論（下）』未来社）
長谷正人・奥村隆（2009）『コミュニケーションの社会学』有斐閣
伊藤守（2013）『情動の権力——共振する身体』せりか書房
Luhmann, N.(1984) *Sozoale Systeme: Grundriß einer allegemeinen Theorie*, Suhrkamp.（=1993, 佐藤勉監訳『社会システム理論　上』恒星社厚生閣、=1995, 佐藤勉監訳『社会システム理論　下』恒星社厚生閣）

Manovich, L. (2001) *The Language of New Media*, The MIT Press.（=2013, 堀潤之訳『ニューメディアの言語――デジタル時代のアート、デザイン、映画』みすず書房）
Massumi, B. (2002) *Parables for the Virtual: Movement, Affect, Sensation*, Duke University Press.
McLuhan, M. (1964) *Understanding Media: The Extensions of Man*, McGraw-Hill.（=1982, 栗原裕・河本仲聖訳『メディア論――人間の拡張の諸相』みすず書房）
Murthy, D. (2013) *Twitter: Social Communication in the Twitter Age*, Polity.
大山真司 (2014)「ニュー・カルチュラル・スタディーズ2――情動的転回?.」『5：Designing Media Ecology』『5』編集室
Reteson,J.&Bateson,G. (1968) *Communication; The Social Matrix of Psychiatry*, W.W.Norton&Company.（=1989, 佐藤悦子・ロバート・ボスバーグ訳『コミュニケーション――精神医学の社会的マトリックス』思索社）
Tarde, J-G. (1901) *L'Opinion et la Foule*.（=1964, 稲葉三千男訳『世論と群集』未来社）
Tarde, J-G. (1890) *Les Lois de l'imitation: étude sociologique*.（=2007, 村澤真保呂・池田祐英訳『模倣の法則』河出書房新社）
Therborn, G. (2000) "At the birth of second century sociology: times of reflexivity, spaces of identity and nodes of knowledge", *British Journal of Sociology* 51(1)
Williams, R. (1984) *Keywords: A Vocabulary of Culture and Society*, Oxford University Press.（=2011, 椎名美智・武田ちあき・越智博美・松井優子訳『完訳 キーワード辞典』平凡社ライブラリー）
山内志朗 (2007)『〈畳長さ〉が大切です』岩波書店

第8章

Ang, I. (1991) *Desperately Seeking the Audience*, Routledge.
Ang, I. (1996) 'On the Politics of Empirical Audience Research', in Ang,I. *Living Room Wars*, Routledge.（=2000, 山口誠訳「経験的オーディエンス研究の政治性について」吉見俊哉編『メディア・スタディーズ』せりか書房）
Benjamin,W. (1935) *Paris, die Hauptstadt des XIX. Jahrhunderts*.（=1995, 浅井健二郎監訳・久保哲司訳「パリ――十九世紀の首都」『ベンヤミン・コレクション1』ちくま学芸文庫）
Benjamin,W. (1937) *Uber einige Motive bei Baudelaire*.（1995, 浅井健二郎監訳・久保哲司訳「ボードレールにおけるいくつかのモティーフについて」『ベンヤミン・コレクション1』ちくま学芸文庫）
Hardt, M.&Negri, A. (2000) *Empire*, Harvard University Press.（=2003, 水嶋一憲・酒井隆史・浜邦彦・吉田俊実訳『〈帝国〉――

グローバル化の世界秩序とマルチチュードの可能性』以文社）

Hardt, M.&Negri, A. (2004) *Multitude: War and Democracy in the Age of Empire,* Penguin Press.（=2005, 幾島幸子訳・水嶋一憲・市田良彦監訳『マルチチュード――〈帝国〉時代の戦争と民主主義』上下、ＮＨＫ出版）

Hartley, J. (1987) 'Invisible Fiction: Television Audiences, Paedocracy, Pleasure', *Textual Practice* 1(2)

McLuhan, M. (1962) *The Gutenberg Galaxy: the making of typographic man*, Toronto University Press.（=1986, 森常治訳『グーテンベルグの銀河系――活字人間の誕生』みすず書房）

McLuhan, M. (1964) *Understanding Media: The Extension of Man,* McGraw-Hill Book.（=1987, 栗原裕・河本仲聖訳『メディア論――人間の拡張の諸相』みすず書房）

Lefebvre, G. (1934) *Foules revolutionares*（=2007 二宮宏之『革命的群衆』岩波書店）

Lefebvre, H. (1965) *La Proclamation de la Commune* (26 mars 1871), Gallimard.（=2011, 河野健二・柴田朝子・西川長夫訳『パリ・コミューン』上下、岩波文庫）

Tarde, J-G. (1898) *Les Lois Sociales: Esquisse d'une Sociolagie*, Felix Alcan.（=2008, 村澤真保呂・信友建志訳「社会法則」『社会法則／モナド論と社会学』河出書房新社）

Tarde, J-G. (1895) *Monadologie et Sociologie in Essais et melanges Sociologiques*, Lyon-Paris, Storck et Masson.（=2008「モナド論と社会学」『社会法則／モナド論と社会学』河出書房新社）

Tarde, J-G. (1890) *Les Lois de l'imitation : Étude sociologique.*（=2007, 村澤真保呂・池田祥英訳『模倣の法則』河出書房新社）

Tarde, J-G. (1901) *L'Opinion et la Foule.*（=1964, 稲葉三千男訳『世論と群集』未来社）

Deleuze, G, & G. (1980) *Mille Plateaux : Capitalisme et schizophrenie,* Les Editions de Minuit.（=1994, 宇野邦一・小沢秋広・田中敏彦・豊崎光一・宮林寛・守中高明訳『千のプラトー――資本主義と分裂症』河出書房新社）

Deleuze, G. (1968) *Différence et Répétition*, Presses Universitaires de France.（=1992, 財津理訳『差異と反復』河出書房新社）

Deleuze, G & G, F. (1972) *L'Anti-Œdipe : Capitalisme et schizophrénie,* Les Editions de Minuit.（=2006, 宇野邦一訳『アンチ・オイディプス――資本主義と分裂症』上下、河出文庫）

Deleuze, G. (1988) *Le Pli : Leibniz et le baroque,* Les Editions de Minuit.（=1998, 宇野邦一訳『襞――ライプニッツとバロック』河出書房新社）

Urry, J. (2000) *Sociology Beyond Societies: Mobilities for the twenty-first century,* Routledge.（=2006, 吉原直樹監訳『社会を越える社会学――移動・環境・シチズンシップ』法政大学出版局）

喜安朗（2009）『パリ——都市統治の近代』岩波新書
芳川泰久（1999）『闘う小説家バルザック』せりか書房
水嶋一憲（2011）「帝国とマルチチュード——ネグリ／ハート『〈帝国〉』『マルチチュード』」『社会学ベーシックス9　政治・権力・公共性』世界思想社

終章

Massumi,B.(2015a) *Politics of Affect*, Polity.
Massumi,B.(2015b) *The Power at the End of the Economy*, Duke University Press.
Massumi,B.(2015c) *Ontopower: War, Powers and the State of Perception*, Duke University Press.

あとがき

二〇一三年に刊行した『情動の権力――メディアと共振する身体』（せりか書房）に対して、多くの方からコメントをいただいた。そのなかでもっとも多かったのは「伊藤さん、情動に焦点を合わせたのは分かるけれど、これ、どうやって、実証するの？」「具体的な分析はどうできるの？　難しいよね」というコメントだった。私自身もこの本を出版した後、どう進めていくのか、考えあぐねていた。「実証する」ということ自体、どういうことなのか、そのことを考えねばならないのだが――数量調査やインタビュー調査だけが「実証」の方法なのかという疑問も含めて――、情動現象を捉え、記述することはなかなか難しいと率直に思っていたのである。

そこでとりあえず取り組んだのは、『情動の権力』で考察の主軸としたライプニッツ、タルド、ドゥルーズ、マッスミの線から離れて、別の角度から情動を考え、記述するための概念なり語彙を増やしていくということだった。今回、ホワイトヘッドやパースに焦点を当てたのはそういう経緯からである。しかし、よく考えてみれば、本文でも指摘したが、ドゥルーズの前にホワイトヘッドが存在し、ガタリの前にパースが存在したことを考え合わせるならば、前述の「離れて」という戦術は、結論からいえば、「少し離れて」くらいのことだったのかもしれない。

しかし、マッスミの思索に導かれてホワイトヘッドの「抱握」概念にふれることで、情動をより精緻に捉えることができるようになった。また情動現象を考察するための語彙が格段に増したことは確かである。

もう一つの収穫もあった。ホワイトヘッドの「抱握」概念に向き合うことで、そして情動の視点からパースの記号学を再読することで、二人に対する印象が大きく変化したことである。「どうすれば人間は正しく思考できるのか」という視角から厳密な論理で思索を展開した人、としてイメージしていたかれらが、その問いと表裏の関係にある、「どうして人間は間違えてしまうのか」という問いも抱えながら考察を行っていたのだ、と気づかされた。

いずれにしても、〈どうして人間は誤っていると薄々気がついていても、その怪しい言葉に引かれてしまうのか〉、このことを正面から考えることは、これまで以上に重要になっていることだけは確かだと思う。

本書の各章の初出は以下の通りである。

序　章　情動化する社会を読み解くために　書き下ろし

第1章　「デジタルメディア時代における言論空間――理論的探求の対象としての制御、情動、時間」『マス・コミュニケーション研究』八九、二〇一六年

第2章　「『事態の潜勢態』をめぐって――ホワイトヘッドの『抱握』概念から」　書き下ろし

第3章　「知的感受と情動の強度――『抱握』理論の公共的性格」　書き下ろし

第4章　「情動と社会秩序の宙づり――ホワイトヘッドとパースの社会学的射程」　書き下ろし

第5章　「情動の政治――フクシマ、領土、オリンピック」　書き下ろし

第6章　「社会の地すべり的な転位――コミュニケーション地平の変容と政治的情動」

『現代思想』vol.42-16（二〇一四年一二月号）

第7章　「ポストメディア時代のコミュニケーション・モード」『談』特集　メディア化するコミュニケーション「地すべりするコミュニケーション」No.103、二〇一五年

第8章　「オーディエンス概念からの離陸――群衆からマルチチュードへ、移動経験の理論に向けて」伊藤守、毛利嘉孝編『アフター・テレビジョン・スタディーズ』せりか書房、二〇一四年

終　章　ポストメディア社会の行方と展望　書き下ろし

なお、本文中の海外文献の引用に際しては、既存の邦訳を参照しつつ適宜改訳させていただいた。

この四年ほどの間に書いた論考から本書は構成されている。嬉しいことに、二〇一六年に書いた第1章の論考はすでにドイツ語への翻訳がおこなわれ、公開されている（https://www.pubpub.org/pub/transl_ito-diskursraumindigitalenzeitalter?context=revisions）。翻訳者のマーティン・ロートさん（ライプツィヒ大学）に心から感謝したい。

怠惰な私を執筆に向かわせてくれたのは、研究会のメンバーとの議論があったからである。毛利嘉孝さん、水嶋一憲さん、阿部潔さん、清水知子さん、平田由紀江さん、清家竜介さんには心から感謝申し上げたい。特に、今回の執筆に当たっては、この数年来多くのプロジェクトを共に遂行し、発表・報告の機会をいつも提供してくれた毛利さんに心から感謝したい。また水嶋さんからも、ドゥルーズとガタリの位置づけ、マッスミの読解に関しても、示唆に富むアドバイスをいただいた。心から感謝申し上げる。また、小さな居酒屋で、いつも励ましのことばをかけてくださるせりか書房の船橋純一郎さん、そして私とは分野が異なるとはいえ、言語学、思想史、出版史など、あらゆる面で多く

の知的刺激を与えてくださる桑野隆先生（ロシア思想史）にも感謝の気持ちを表したい。若手の研究者との議論からも多くの刺激を受けている。光岡寿郎さん、堀口剛さん、大久保遼さん、近藤和都さん、ありがとう。そして気合いを入れてくれる田中東子さん、山本敦久さん、いつもありがとう。

本書の出版に尽力していただいた青土社編集部の小林宏朗さん、押川淳さんにも心からお礼を申し上げたい。特に小林さんには本書の書き下ろし原稿の執筆を強く勧めていただき、本書全体の構成をガイドしていただいた。小林さんにとって最初の書籍化となった本書が多くの読者に届くことを願っている。ありがとうございました。

最後に、本書を、渡辺潤先生に捧げたいと思う。今年三月に東京経済大学を退職されたとはいえ、大学の講義と研究を続けておられる。若い時分に先生の著作を読んで、「いつかこういう文章を書きたい」「こういう本を書ける研究者になりたい」と思い、一方的に師と仰いだ方だった。その後、東京経済大学大学院で院生の指導を行う機会を与えていただくなど、公私ともにお世話になった。いまだ先生のような「柔らかいタッチで、繊細で、しかも核心をつく」文章は書けないでいる。何とか、次回は、そうした文章を書きたいといつも願っているのだが……。終章で述べた社会的な機構の可動的編成の分析が次の課題となろう。

二〇一七年八月二六日

筆者

ま行

や行

ら行

た行

な行

は行

索引

＊斜体は脚注のページ数

著者　伊藤守（いとう・まもる）
1954年、山形県生まれ。早稲田大学教育・総合科学学術院教授。専門は社会学、メディア・文化研究、人文社会情報学。単著に『情動の権力——メディアと共振する身体』（せりか書房、2013。韓国語版として『정동의 힘 –미디어와 공진（共振）하는 신체』출판사 : 갈무리、2016）、『ドキュメント　テレビは原発事故をどう伝えたのか』（平凡社、2012）、共著に*Media Contents und Katastrophen: Beiträge zur medialen Verarbeitung der Großen Ostjapanischen Erdbebenkatastrophe*（IUDICIUM Verlag, GmbH München, 2016）、共編著に『ニュース空間の社会学——不安と危機をめぐる現代メディア論』（世界思想社、2015）、『アフター・テレビジョン・スタディーズ』（せりか書房、2014）、他多数。

情動の社会学

ポストメディア時代における"ミクロ知覚"の探求

2017年10月10日　第1刷印刷
2017年10月20日　第1刷発行

著者——伊藤守

発行人——清水一人
発行所——青土社
〒101-0051　東京都千代田区神田神保町1-29　市瀬ビル
［電話］03-3291-9831（編集）　03-3294-7829（営業）
［振替］00190-7-192955

組版——フレックスアート
印刷・製本——シナノ印刷

装幀——竹中尚史

ISBN978-4-7917-7017-5　C0036